安会茹 ◉ 著

微言大义

——《论语》研读十讲

WEIYAN DAYI
LUNYU YANDU SHIJIANG

黑龙江人民出版社

图书在版编目(CIP)数据

微言大义:《论语》研读十讲/安会茹著. —哈尔滨:
黑龙江人民出版社,2018.9(2021.3重印)
ISBN 978 - 7 - 207 - 11511 - 9

Ⅰ.①微... Ⅱ.①安... Ⅲ.①儒家 ②《论语》—
研究 Ⅳ.①B222.25

中国版本图书馆 CIP 数据核字(2018)第 220405 号

责任编辑: 常　松

封面设计: 张　涛

微言大义

——《论语》研读十讲

安会茹　著

出版发行 黑龙江人民出版社

地址　哈尔滨市南岗区宣庆小区 1 号楼(150008)

网址　www. longpress. com

印　　刷 三河市华东印刷有限公司

开　　本 787×1092　1/16

印　　张 17.25

字　　数 285 千字

版次印次 2018 年 9 月第 1 版　2021 年 3 月第 2 次印刷

书　　号 ISBN 978 - 7 - 207 - 11511 - 9

定　　价 50.00 元

自　序

　　荀子言："不登高山，不知天之高也；不临深溪，不知地之厚也；不闻先王之遗言，不知学问之大也。"博大精深、源远流长，是形容中国文化最恰当不过的词汇，但中国文化源在哪？长在哪？精在哪？很多人却并不知晓。这些词汇对很多人而言，只是从左耳入、右耳出，是从不入心的。在肯德基、麦当劳遍布大街小巷的今天，人们最感兴趣的好像还是黑格尔、尼采、舍勒、海德格尔这些西方哲学家，如果谁能说出一些关于"现象学""存在主义"的哲学来，人们便认为他真的就是很厉害的了。相反，一谈到中国哲学，人们的第一反应就是哪些是精华？哪些是糟粕？无论是什么理论，我们一定要找出一些糟粕出来，否则好像自己就被划进了迂腐、守旧的行列之中了！荀子这句话是相当好的，"不闻先王之遗言，不知学问之大也"。自己还不了解中国文化，自己还没有深入，又哪里知道哪些是精华，哪些是糟粕呢？

　　《论语》是中国文化典籍中非常重要的一部经典。我们平时讲的四书、十三经之中都有《论语》。它是孔子与其弟子对话的语录结集，深刻反映了孔子的学术、政治、教育等方面的思想。宋朝有一学者名罗大经，其在《鹤林玉露》这部书中曾提到一个典故，即赵普的"半部《论语》治天下"。赵普是宋朝的开国功臣，曾三次拜相。赵普平时最喜读《论语》，故当时有人说赵普只会读《论语》。此语传到宋太宗赵匡义耳朵里，太宗于是问赵普："你是不是只会学《论语》？"赵普面不改色，正气凛然地说："臣平生所知，诚不出此。昔以其半辅太祖定天下，今欲以其半辅陛下致太平。"这一典故，后人是众说纷纭，有指责，有嘲弄，也有赞叹。这则故事，初看起来，虽未免有夸张之嫌，但如深入《论语》，你就会知道，《论语》

真的蕴含着齐家、治国、平天下的大智慧。如果只把此故事当作一个笑谈,或者把此当作儒生的自我标榜,自欺欺人,那么真就应了荀子的那句话,因为我们未闻先王之遗言,当然不知其学问之厚也。

《论语》看似是语录,内容略显散而不系统,实则是深不可探、高不可仰。用"仰之弥高,钻之弥坚"形容丝毫不为过。初见其高,以为须臾能及,然拾级而上,不能尽止,愈见其高;初见其深,以为庶几可入,然顺阶而下,层层叠叠,愈见其深。从格物、致知、修身、齐家,再到治国、平天下,《论语》无一不含,无一不蕴。今偶选十篇以概讲,虽不系统,但也是多年研读《论语》之心得,虽不能大言添补学术界之空白,但也能使读者得闻先王之遗言,从而达到以德润身、以智通理、以文化人的目的。

为学是《论语》的最重要的一个思想,《论语》以《学而》篇开头寓意深刻。不学则不可以明智,无智则不可以明理,所以学是"入道之门、积德之基,学者之先务"。孔子的为学,绝不是简单的知识性学习,也不是为了富贵利禄而学。孔子言"朝闻道,夕死可矣",学的本义是"觉",即觉此道;学习的主要目的是为了"闻道、行道以达道"。"道"贯穿于学习始终,构成为学的"核心",所以孔子讲"君子不器""下学而上达"。依此理,学习的内容,必然是德为主、文为辅,讲的是文以载道。学习方法也不是知识性的记诵与分析,必然与个人的道德修养紧密相关,要主敬存诚、知行合一、持之以恒。

《论语》把为学放第一位,其次就是为政。为政是儒家的一个核心思想,儒家讲"学而优则仕",即儒家思想绝对是入世之学,不仅注重个人之修身,还注重在修己基础上安人、安百姓,所以儒学不可能不谈为政。想到政,普通人会联系到"政权""政客""政治"等词汇,而忘却了"政"的本义。政的本义就是"正",本质就是要正己以化人、正己以安人。既然要正己,就不能离德,所以强调德治一直是儒家的主张,贵民、养民、利民、教民是其核心内容。重德治并非轻法治,儒家是德治与法治并用,但是德为主、法为辅。因为德治能从根本上提高人的道德素养,从根本上解决社会问题,使人们能够在不自觉之中迁善去恶。德治是在源头上解决问题;法治是在后果上惩罚罪人,以儆效尤,起到威慑作用。二者是缺一不可,宽猛相济才能真正起到教化的作用。

儒家最重孝悌,孝悌是作为"仁之本"而存在的。孝悌之道在《论语》及《孝经》中论述得可谓淋漓尽致。孝的义理丰富而深刻，孝有始有终、有大有小、有经有权、有体有用。从爱护自己的身体到立身行道，从养父母之口体到养父母之心、养父母之志，从顺应父母的需求到勇于谏争父母的过失，无不蕴含着孝。并且孝作为百德之本、万行之源，与道相通，孝悌之至能通于神明、光于四海、无所不至。因此，孝绝不是仅仅局限在孝顺父母这一层含义，它能移孝作忠，能以孝养廉，能以孝治国平天下。孝作为百德之本，能完善我们的道德；孝作为万行之源，能恰当处理人与人的社会关系；孝作为仁之本，还能推己及人，亲亲而仁民，仁民而爱物，从而和谐自然一切万物。

仁在《论语》一书中出现的次数有109处之多，可见孔子对仁的重视。孔子虽处处谈仁，但孔子从不像苏格拉底那样要对其做一定义。《论语》多给我们呈现的是仁之相、仁之方、仁之用，也就是仁的表现、实现仁的方法和仁的现实大用。从这三方面下学而上达，我们进而可窥见仁之体。但即使是这三方面，在《论语》中表现得也是异彩纷呈。当然这也是必然的道理，仁之体虽唯一，但散则为万殊。我们从散见的一个个"个别之殊"入手，归纳其相、其方与其用，最终也能上达其体。

中国向来就有礼仪之邦的称谓，这与周公的制礼作乐和孔子对礼乐的重视是分不开的。孔子毕生以恢复周礼为己任，对礼乐的教化是非常重视的。礼取法乎地，主别；乐取法乎天，主和；乐自中出，礼自外作。人受天地阴阳之气以生，在人性上本无差别，但人与人之间毕竟有着君臣、夫妇、父子、长幼之自然之序，所以必须由礼以导节之，使社会整体趋于有序而不乱。天地之间，刚柔相摩，阴阳相荡，形成一股生生不息的创进之流。这股生命之流旁通贯穿于整个宇宙，形成了一个大化流行的和谐整体。而乐就是这种天地自然之和的体现，其强调高下相通，左右相映，从而使社会整体和而不分。礼与乐殊途而同源，二者皆是缘情而设，与政相通。人生而静，但感于物而动，动则必须有节，所以礼乐生焉。礼乐的作用就是使人的感情发而皆中节，行为皆中矩，于是违理悖逆事情不成焉。

孔子被誉为"大成至圣先师"，是著名的教育家，其教育思想也令世人瞩目。教的本义是"上所施，下所效"，育则是"养子使作善也"。二者合而言之，教育实质就是通过以身作则，达到正己化人的目的。所以教育绝不是简单的知识性传授。韩愈曾言："师也者，所以传道、授业、解惑也。"孔子一生无不在传道、授业、解惑之中。道,乃天地之正理,人间之达道,舍此而弗由,须臾不可离,孔子最为重视;业,乃利民利国之事业,非为稻粱谋的功利化之职业,孔子总能因人而授;惑,乃人生之迷惑,孔子总能以其智解人之惑,使人各由其门以达道。同时孔子以四科设教,即"文、行、忠、信"。孔子施教无所隐,然不出这四者。天下义理无穷,皆蕴于文,文乃载道之器,所以夫子必教人学文;人虽明于理,但如不能躬行实践,也只是小人之学,徒饰其口,不能美其身,所以夫子必教人以行;学在于心,如发乎己不忠,待乎人不信,则所知所行皆是虚伪,所以夫子必教人以忠信。人苟能行此四者,则表里如一、知行并进,则可以入德证道矣。

曾子讲:"夫子之道忠恕而已矣。"忠恕何以能成一贯之道?尽己之谓忠,所以忠不单指忠于君,而是指对人对事一种尽心尽力的态度,所以忠与敬、无私、正相通。因尽己之谓忠,所以忠者遇事必反求诸己,而不是怨憎于人,究其目的在成己,即学是为己,不是为人。如心之谓恕,即能以己心体人心。因能体谅于人,所以恕能宽以待人、礼以让人,而不苛责于人。恕因能如心处事,所以遇事能推己及人,其目的在于成人。如此忠恕一内一外,一关注于主观之己,一关注于客观之人,二者合用,则能在成己基础上成人,在利己基础上利人,合内外之德,则与道无违。

人性论思想是整个儒家思想的形而上基础,不谈人性,整个孔子儒学就成了无源之水,无本之木。孔子很少谈及人性,故而子贡曾有"不可得闻"之叹!但从孔子对人性的直接与间接论述中,我们还是可得而窥之的。孔子关于人性的直接论述只有一句"性相近也,习相远也"。性是人的天然禀赋,是生而就有,不学而能的。人与人在性上并无本质区别,人与人之所以有贤与不肖,则是由于后天的习性。另外,孔子在论述命、道、德、仁等概念时,对人性还是有涉及的。"志道、据德、依仁、游艺"构成《论语》一书的总纲,由此句结合孔子的"天命"观,可窥见性与命、与道、与德、与仁的关系。

中庸是儒家最为重视的一个道德范畴,也是人修养的一个最高境界。中庸一词古来有三义:用中、中和、平常,三者各有其理。中作为道之体,必然要用之于生活,中庸也主要表现为在生活中如何用中以达道之体。并且中与和不分,"和而不同"是达于中道的最重要的方法。另外,中作为道之体,因其发自性命,是人人所应行、所能行之事,本就蕴于日常生活之中,是平常中的常道。孔子对中庸之道给予了最高的赞叹,其和而不同、执两用中、通权达变、无可无不可、无适无莫的思想与中庸之道息息相关,由此可见达中庸之方,也可窥见中庸之道的不同境界。

孔子作为一代宗师,被孟子称为"圣之时",即孔子能随时而应,无拘泥不通之嫌。"学、道、立、权"是孔子谈到为学的四种境界,通权乃为学之极致。孔子既重视对常道的坚守,也注重通权达变。经立大常、权应万变。知常必须应变,应变才能显常;应变不可离常,知常才能应变。常与变是对立的统一,二者缺一不可。不应变,常则失去了其生命力;离常,事物的本质也不复存在,也无生命力可言。所以任何事物如果要保持其活力,必须要知常应变。中国文化之所以绵延数千年,成为现今仅存的古文明,最重要一个原因就是因为其常中有变,变不离常。可以说,知常而应变是一个常谈常新的话题,《论语》的研读也会永远处于进行时。

读《论语》十几年,然意犹未尽,今选十篇以谈心得,但仍不能穷尽其要旨。孔子当年读《易》曾"韦编三绝",爱不释卷。孔子之智与德,可谓高矣美矣。子贡曾喻孔子之贤如日月,他人之贤如丘陵;又喻孔子之墙数仞,不得其门而入,则不能见其宗庙之美,百官之富。以孔子的日月之贤,读《易》尚且三绝其韦,况我等之庸庸,读《论语》又岂能浅尝辄止。我等虽不能如子路之登堂,如颜子之入室,但也须由其门而入,以观其圣道之美之富。

安会茹
2018 年 8 月 12 日于哈尔滨

目　　录

《论语》大义之一：为学

　　《论语》共二十篇，有人言《论语》一书是孔门弟子就孔子的言行所做的记述，每篇以该章的前两个字命名，所以其编纂的前后次序之间并没有多大联系，实际并不这么简单。《论语》第一篇就是《学而》，就此朱熹在《论语集注》中说："此为书之首篇，故所记多务本之意，乃入道之门、积德之基、学者之先务也。"①这句话中有四个关键词"本、门、基、务"。由此可知，此篇作为《论语》的首篇是教我们务本的，是人修德立业的根本，是成就圣贤之道的入门之学，是人之为人首先要学习的。因为"人不学，不知道"（《礼记·学记》）。做任何事情，无论用什么方式，人首先要通过"学"以明白义理，否则不可能成功。所以"学"是本、是基础，是先导。其实，整部《论语》处处离不开一个"学"字。据统计，《论语》一书中，"学"出现的次数达 64 处之多，侧面谈及学的还不包括在其中。那学的含义是什么？为什么要学？学的内容与方法又是什么呢？对今天人们的为学又有什么教育意义呢？

第一节　学字释义：学，觉也

　　孔子曾言："生而知之者上也，学而知之者次也；困而学之，又其次也，困而不学，民斯为下矣"（《论语·季氏》）。人如果生就有知，不学就能，便是上等之人，但这等人世间恐怕万人之中也难找到一人。孔子曾言"我非生而知之者，好古，

---

① 　朱熹.四书章句集注［M］.北京:中华书局,1983:47.

敏以求之者也"(《论语·述而》)。连孔子这等圣人都非生而知之者,一般人又焉敢称为"生而知之者",既非生而知之,所以必须要学。那什么是"学"呢?谈到"学"字,人们首先就会联想自己从小学、中学、大学一路的学习,我们所学的是科学文化知识,目的是为了掌握某种知识或技术。而这种意义上的"学"与儒家所理解的"学"相距甚远。儒家的为学,其含义绝不是简单意义上的知识性学习,它关系到人之为人的根本性问题,涉及了关于"道"的具有终极意义的思想与智慧。

关于"学",许慎的《说文解字》解释为"觉悟也"。《白虎通·辟雍篇》云:"学之为言,觉也,以觉悟所未知也。"可见"学"的原始含义是"觉悟",即觉悟所未知的宇宙人生的道理,而非一般意义上的知识性学习。故仲修曰:"所谓学者,非记问诵说之谓,非縆章绘句之谓,所以学圣人也。既欲学圣人,自无作辍。"①即儒家求学重在修身,目的在于用先王之道,导人情性,使人能去非取是,积成君子之德,以觉悟人生之大道。关于这一层含义,朱夫子在《四书章句集注》中有更为清晰的说明:"学之为言效也。人性皆善,而觉有先后,后觉者必效先觉之所为,乃可以明善而复其初也。"②这句话中有三个关键词:善、效、觉。善,意思是说人性本善,这个"善"就是本体意义上的无有丝毫欠缺的本善。程颐说过:"上天之载,无声无臭之可闻。其体则谓之易,其理则谓之道,其命在人则谓之性,其用无穷则谓之神,一而已矣。"③即易、道、性、神是"一而已"的,它们在本体上是相通的。性就是本体在人身上的体现,性善指的就是形而上意义的本体之善。这个本善人人皆有,不会因富贵贫贱而有所区别。因此按照儒家的思想,人人通过穷理尽性都能达"道"这一本体,只是人由于后天的习染而偏离了本性,没有办法回归到本性上,便以为没有,所以人要觉。觉,《说文解字》释:"寤也。从见,学省声。"段玉裁注:"悟也。悟各本作寤。今正。《心部》曰:悟者,觉也。"段玉裁并引《左传》"以觉报宴",释"觉"为"明"。觉的含义,着重的是内心的醒悟。效,《说文解字》:"象也。从攴交声。"段玉裁注:"象也。象当作像。《人部》曰:像,似也。"段又引《毛诗》中的"君子是则是傚"及"民胥傚矣",释"效"为"彼行之而此效之",

---

① 程树德. 论语集释[M]. 北京:中华书局,2016:4.
② 朱熹. 四书章句集注[M]. 北京:中华书局,1983:47.
③ 程颢,程颐. 二程集[M]. 北京:中华书局,2004:1170.

可见，"效"有模仿义。由此可知，觉与效二者的含义有内外之别，"觉，即是通过反省而自得于'内'；效，便是通过模仿、学习而得之于'外'"①。学习就是一个觉悟的过程，即觉悟自己本有之善，但觉悟有先有后，有先觉者有后觉者，后觉者应该效法先觉者之所为，以恢复自己本性之善。因此，学也不是单纯地去思，还要效法先觉者的行为，所以学还涉及了行。"习"字就主要谈到了"行"。

"学而时习之"，人不仅要学还要习。"习"是什么意思呢？"习"一字，《说文解字》这样解释："数飞也。从羽从白。"原义就是指鸟一次次的起飞。另"习"是"羽"和"白"组成的会意字，意思是指小鸟学飞时，首先要拍拍翅膀，翅膀一张开，就会露出肚子上面新生的白色羽毛。故段玉裁注曰："鹰乃学习。引伸之义为习孰。"由此，"习"的引申义就是实践，强调学的东西一定要付诸实行，直到熟练为止。程子曰"习，重习也。时复思绎，浃洽于中，则说也。"又曰："学者，将以行之也。时习之，则所学者在我，故说。"②即习的含义除了温习、复习以外，还强调实践。正因为如此，《学而》通篇之中，我们看到关于学习的相关论述，处处着重的是对道德修养的重视，即所学道理在生活中的实践、运用和落实。因此儒家思想特别强调要言行一致，《曲礼》曰："鹦鹉能言，不离飞鸟；猩猩能言，不离走兽"。即徒有其言，没有其行，非君子所为。所以孔子感叹："巧言令色鲜矣仁"（《论语·学而》），"有德者必有言，有言者不必有德"（《论语·宪问》）。仁乃由于本心，如只在言语上下功夫，矫揉造作，专事谀媚之能，则非仁人所为。真正之仁德之人，必然是见诸实行，非显功于语言。《易经·乾·文言》曰："君子以成德为行，日可见之行也。"《易经·系辞》曰："默而成之，不言而信，存乎德行"，即是指"笃行"为进德之要，徒有其言，不见其行，不可谓德。德兼内外之名，内发乎心，外贱乎身，内外合一，才可谓有德。如果色取仁而行违，不仅不可称之为有德，甚至可能成为德之贼。《礼记·学记》有说："记问之学，不足以为人师"。儒家所谓的"学"，乃进德修业之大事，容不得丝毫造作，也不能有半点伪装，应该踏踏实实地扩充开去，如果言而无信，行而无果，只求取悦于人，则不可谓学！

---

① 陈修武：《论语》首章言"学"申义[C]//论孟论文集.黎明文化事业股份有限公司,1981:241.
② 朱熹.四书章句集注[M].北京:中华书局,1983:47.

第二节　为学的内容

学既然是入道之门,积德之基,那么为学的内容就不能仅仅限于我们今天普通人所理解的知识性学习,它应该还具备更为深广的内容。那么儒家论为学,其为学的主要内容是什么呢?

一、博学于文

孔子在《论语》中有 4 次提到"博学",其中有 2 次提到的是"博学于文",可见"文"是学习的主要内容之一。宋朝周敦颐《通书·文辞》:"文所以载道也。"即,文是载道之器,人要想明道、达道,首先就要学文。那么是什么是"文"呢?

儒家"文"的内容概括讲,即"六艺"。关于"六艺",一般有两种说法,一是指传统的六艺,即礼、乐、射、御、书、数。二是指"六经":《易》《书》《诗》《礼》《乐》《春秋》,其中《乐经》已失传,所以通常又称为"五经"。

(一)六艺

六艺首见于《周礼·地官·大司徒》:"以乡三物教万民而宾兴之:一曰六德,智、仁、圣、义、忠、和;二曰六行,孝、友、睦、姻、任、恤;三曰六艺,礼、乐、射、御、书、数。"《周礼·地官·保氏》中也有:"保氏,掌谏王恶。而养国子以道,乃教之六艺:一曰五礼,二曰六乐,三曰五射,四曰五驭,五曰六书,六曰九数。"

六艺之中,礼为首。礼有五礼之说。如《史记·五帝本纪》:"岁二月,东巡狩,至于岱宗,柴,望秩于山川。遂见东方君长,合时月正日,同律度量衡,修五礼五玉三帛二生一死为挚,如五器,卒乃复。"五礼即吉礼、凶礼、军礼、宾礼、嘉礼。吉礼是五礼之冠,主要是对天地神祇及祖宗的祭祀典礼。嘉礼指国家的喜庆活动及日常调和人际关系、沟通和联络感情的礼仪。宾礼指邦国间的外交往来及接待宾客的礼仪活动。军礼是军队日常操演及征伐时所遵循的礼。凶礼是哀悯吊唁忧患之礼。

礼是六艺之首,它是治理国家的纲纪与根本。无规矩不成方圆,做任何事情都应有一定的规矩所依循,否则就会失去统序而处于混乱的状态。所以《左传·隐公十五年》:"礼,经国家,定社稷、序人民,利后嗣者也。"人虽有善心与善政，但如不依礼而行，其善心也不得现，其善政也不得以施。礼的作用就是要通过合于节度的礼仪，约束与调节人的行为，从而使其发而有度，行而有节，离道不远。《礼记·仲尼燕居》："礼者何也？即事之治也。君子有其事，必有其治。治国而无礼，譬犹瞽之无相与！伥伥乎其何之？譬如终夜有求于幽室之中，非烛何见？若无礼，则手足无所错，耳目无所加，进退揖让无所制。是故以之居处，长幼失其别，闺门三族失其和，朝廷官爵失其序，田猎戎事失其策，军旅武功失其制，宫室失其度，量鼎失其象，味失其时，乐失其节，车失其式，鬼神失其飨，丧纪失其哀，辨说失其党，官失其体，政事失其施，加于身而错于前，凡众之动失其宜。"总之，视听言动都要合乎礼。有礼才有序，有序才有和，有和天下才能大治。

其次是乐。据《周礼·地官·保氏》的记载，"六乐"即《云门》《大咸》《大韶》《大夏》《大濩》《大武》六套乐舞。《云门》是黄帝之时的乐曲，《左传·昭公十七年》："黄帝氏以云为纪，故为云师而云名。"《大咸》又名"大章"，据说是尧帝时的乐舞。《大韶》是舜帝的乐舞，传说为乐师夔所作，《庄子·天下》有："舜有《大韶》。"《大夏》是夏朝之前非常著名的一个大型汉族舞乐，《吕氏春秋·仲夏纪·古乐篇》："禹立，勤劳天下，日夜不懈。通大川，决壅塞，凿龙门，降通漻水以导河，疏三江五湖，注之东海，以利黔首。于是命皋陶作为《夏籥》九成，以昭其功。"《大濩》是商时的乐舞，汤灭夏之后，命伊尹作《大濩》，以歌颂开国功勋。《吕氏春秋·仲夏纪·古乐篇》："汤于是率六州以讨桀罪。功名大成，黔首安宁。汤乃命伊尹作为《大护》，歌《晨露》，修《九招》《六列》，以见其善。"《大武》是武王伐纣后，为歌颂武王的丰功伟绩而作，《吕氏春秋·仲夏纪·古乐篇》："武王即位，以六师伐殷。六师未至，以锐兵克之于牧野。归，乃荐俘馘于京太室，乃命周公作为《大武》。"

作为六艺之三的是"射"。《周礼·地官·保氏》把射列为六艺之三，称为五射。郑玄注引郑司农曰："五射：白矢、参连、剡注、襄尺、井仪也。"贾公彦疏："云白矢者，矢在侯而贯侯过，见其镞白。云参连者，前放一矢，后三矢连续而去也。云剡注者，谓羽头高镞低而去，剡剡然。云襄尺者，臣与君射，不与君并立，襄君一尺而退。云井仪者，四矢贯侯，如井之容仪也。"①从注疏看，此处虽言射艺之

---

① 十三经注疏·周礼注疏［M］.北京：北京大学出版社，1999：354.

精,但同时也着重的是礼的教化。

"御"是六艺的第四方面,称为五御。郑玄注五御为"鸣和鸾,逐水曲,过君表,舞交衢,逐禽左。""鸾",即古代车上的铃铛,"和鸾"同"和銮"。汉班固《东都赋》:"登玉辂,乘时龙,凤盖棽丽,和銮玲珑。"《后汉书·崔骃列传》:"岂暇鸣和銮,清节奏哉?""鸣和鸾"指车行时,其铃发出的节奏要和谐统一。元李治《敬斋古今黈》卷一:"古者登车有和銮之音,谓马动则銮鸣,车动则和应也。銮或作鸾,其义皆同。鸾以其有声;銮以其金为之也。"水曲指水流曲折处,"逐水曲"意指沿着曲折的水沟边驾车前进,训练御者在路面糟糕的情况下驾车的能力。"君表"即表示国君位置的"标识"。国君在会见诸侯、出兵征伐,或者组织打猎时,其所在的位置都有旗帜加以标示,因此有人就认为"过君表"就是指,御者驾车经过"君表"时向国君行礼致敬。孙诒让正义:"君表犹言君位……君在则必有表位,凡车过之,当别有仪以致敬,故五御有过君表之法。"① 交衢指道路交错要冲之处。《孔子家语·入官》:"六马之乖离,必于四达之交衢。""舞交衢"意指当车行在交叉道上,也能熟练驾驶、旋转适度,似舞蹈一般,很有节奏。"逐禽左"指驱车追逐禽兽,并把禽兽统一阻拦在左侧,以便射猎,这应该是御的最高境界了。

作为六艺之五的是"书",称为"六书"。郑玄引郑众注曰:"六书,象形、会意、转注、处事、假借、谐声也"。许慎《说文解字·叙》曰:"保氏教国子,先以六书:一曰指事,指事者,视而可识,察而见意,上下是也。二曰象形,象形者,画成其物,随体诘诎,日月是也。三曰形声,形声者,以事为名,取譬相成,江河是也。四曰会意,会意者,比类合谊,以见指撝,武信是也。五曰转注,转注者,建类一首,同意相受,考老是也。六曰假借,假借者,本无其字,依声托事,令长是也。"②

六艺之最后这部分是"数",称为九数。郑玄引郑众注曰:"九数:方田、粟米、差分、少广、商功、均输、方程、赢不足、旁要"。

(二)六经

《庄子·天运》言:"丘治《诗》《书》《礼》《乐》《易》《春秋》六经"。这是最早的"六经"说。最早《诗》为六经之首,后随儒学社会地位的不断提高,《周易》被称为六经之首,后又被称作群经之首。

---

① 孔诒让.周礼正义[M].北京:中华书局,1987:1013.
② 许慎.说文解字[M].北京:九州出版社,2001:876.

上古《易》有三本：《连山》《归藏》《周易》。前两本已失传，于是《易经》现在等同于《周易》。"易"有三种含义：简易、变易、不易。简易，指世界万物看似复杂，道理实则简明、容易。变易，指万事万物无不处在变化之中。不易，指变化遵循一不易的规律或道体。《周易》把形而上之道与形而下之器紧密结合起来，是一部博大精深的哲学著作，体现了中国古人的高度智慧。

《诗》即《诗经》，是中国历史上第一部诗歌总集，它收集了从西周初年到春秋中叶诗歌305篇。《诗》内容分《风》《雅》《颂》三个部分，表现手法有赋、比、兴。《风》是周时的歌谣；《雅》分《小雅》和《大雅》，是周时的正音雅乐；《颂》主要是宗庙祭祀的乐歌，又分《周颂》《鲁颂》和《商颂》。孔子曾言："《诗》三百，一言以蔽之，曰：'思无邪。'"（《论语·为政》）盖诗人之言诗，有赞有贬，凡善者赞之，以感人之善心；凡恶者贬之，以止人之恶念，从而能够使人为善去恶，得其性情之正。人如能使其心念皆正，自无邪曲，所以说"思无邪"。

《书》即《尚书》。《尚书》所录为虞、夏、商、周各代典、谟、训、诰、誓、命等文献。"典"是史实的记载；"谟"是关于君臣谋略的记录；"训"是臣子对君主的劝导；"诰"是勉励的文告；"誓"是君主训诫士众的誓词；"命"是君主的命令。《尚书》是一部治世宝典，蕴含了高度的政治哲学思想，在中国哲学中占据着重要的地位。

《礼》，又称《周礼》《周官》，为周公旦所作。《史记·周本纪》载："既绌殷命，袭淮夷，归在丰，作《周官》。兴正礼乐，度制于是改，而民和睦，颂声兴。"①《周礼》就相当周朝一部最为详细和系统的宪法，其记载的礼的内容最为丰富，也最为系统，几乎涉及社会生活的所有方面。

《乐》即《乐经》。先秦有《乐经》存世。此说不仅见于《庄子·天下》篇，从郭店楚简中也得到了证实。郭店简《六德》有："观诸《诗》《书》则亦载矣，观诸《礼》《乐》则亦载矣，观诸《易》《春秋》则亦载矣。"但《乐》现已失传，其失传原因也是莫衷一是。

《春秋》是先秦时期史书的通称。中国文化最为重视历史，强调要以史为鉴。当时除周王室外，各国也都设有史官。《春秋》的注解有三种：《左传》《公羊传》

<hr>

① 司马迁.史记[M].北京:中华书局,1999:97.

和《谷梁传》。

从上述论述中可见，"六艺"与"六经"虽都称为"六艺"，但其内容还是有所不同的。"六艺"比较偏重礼仪、文学、技能等"文"方面的教育，"六经"则更重视"六艺"这些"文"所包含的义理。以"六艺"设教，在周初已有，这从《周礼·地官·大司徒》中关于何谓"六艺"的论述中可以看出。另外据《礼记·内则》及杨宽的解释，西周贵族子弟年至六岁，在家里就有老师教他们数数并记东西南北方名；十岁开始小学教育，居宿在外跟老师学习认字写字；十五岁开始大学教育，学习乐器、诵诗、舞蹈，并练习射御；二十而冠，开始学礼。①

二、德主文辅

那么孔子对弟子的教育，是偏重"六艺"还是"六经"呢？

关于这一问题，一说是"六艺"，此观点主要从"游于艺"说起。何晏《论语集解》注"游于艺"云："艺，六艺也。不足据依，故曰游。"邢昺疏云："六艺，谓礼、乐、射、驭、书、数也。……此六者所以饰身耳，劣于道德与仁，故不足依据，故但曰游。"②何晏释"艺"为"六艺"，但未明确说"六艺"是指什么。而邢昺的疏，明确将"艺"诠释为"礼""乐""射""驭""书""数"六种技艺。

朱熹的《论语集注》："游者，玩物适情之谓。艺，则礼、乐之文，射、御、书、数之法，皆至理所寓，而日用之不可阙者也。朝夕游焉，以博其义理之趣，则应务有余，而心亦无所放矣。"③与何晏、邢昺对"艺"的"不足据依"不同，朱熹认为"艺"为"至理所寓，而日用之不可阙"，但"艺"仍为"礼""乐""射""御""书""数"等六种技艺。近代以来，学人注释《论语》，对"游于艺"的疏解仍沿袭前人之成说。如近人钱穆所撰《论语新解》云："孔子时，礼、乐、射、御、书、数谓之六艺。人之习于艺，如鱼在水，忘其为水，斯有游泳自如之乐。故游于艺，不仅可以成才，亦所以进德。"④而今人杨伯峻所撰《论语译注》则译"游于艺"云："游憩于礼、乐、射、御、书、数六艺之中。"⑤

---

① 杨宽. 我国古代大学的特点及其起源[C]//释中国：第四卷. 上海：上海文艺出版社，1998：2658.
② 十三经注疏·论语注疏[M]. 北京：北京大学出版社，1999：86.
③ 朱熹. 四书章句集注[M]. 北京：中华书局，1983：94.
④ 杨伯峻. 论语译注[M]. 北京：中华书局，1980：67.
⑤ 钱穆. 论语新解[M]. 北京：生活·读书·新知三联书店，2005：170.

"六艺"是古来庠序、国学所必修之科目，并且在孔子时代起着重要的作用，孔子以"六艺"设教，有理有据。从礼与乐看，二者均是治国之纲纪，化民之良方。《孝经·广要道章》曾明言，"移风易俗，莫善于乐；安上治民，莫善于礼"。并且《论语》中也多次谈到礼、乐，所以孔子以"礼乐"设教绝无疑义。其次射、御在当时社会中也处于重要的地位。"国之大事，唯祀与戎"（《左传·成公十三年》）。戎，即征伐。春秋战国年间，诸侯割据，大国之间争夺霸主，小国则要设法生存，故战争连年不断。进行战争，射与御就是不可缺少的技艺。《礼记·月令》："天子乃教于田猎，以习五戎，班马政。"郑玄注："教于田猎，因田猎之礼，教民以战法也。五戎，谓五兵：弓矢、殳、矛、戈、戟也。马政，谓齐其色，度其力，使同乘也。"①并且当时，由于战争频繁，战车的多少还是衡量一个国家实力的标志。《孟子·梁惠王》："万乘之国，弑其君者，必千乘之家；千乘之国，弑其君者，必百乘之家"。乘，意为辆，即战车。万乘之国，即指拥有万辆战车的国家，千乘之国即有战车千辆的国家。据相关资料记载，"每乘拥有四匹马拉的兵车一辆，车上甲士3人，车下步卒72人，后勤人员25人，共计100人。"②《论语·季氏》："齐景公有马千驷"，即齐景公有四匹马拉的车一千辆。再来，书与数更是与生活密切相关，清代学者朱骏声言："不明六书，则字无由识"（《说文通训定音·奏表》）。中国汉字的六种造字方式，不经学习是绝对不会读写的。并且生活中的任何事情都与数相关，田地划分、体积计算、赋税摊派等等这些与数密切相关的事情，在原始社会就已经常见，可见数的教育更是由来已久。

由于"六艺"在当时社会中所起的作用，孔子的教学内容含有"六艺"还是很有说服力的。但"游于艺"之"游"字也说明，孔子即使以"六艺"作为教学内容，其着重的绝对不是技艺，而是要由"艺"入"德"再入"道"。

另一说是孔子主要以"六经"设教。《史记·孔子世家》中有："孔子以诗书礼乐教，弟子盖三千焉，身通六艺者七十有二人。"③这里的"六艺"实际指的是"六经"。并且章太炎也曾谈到，六艺到六经的转变应该始自孔子：《诗》《书》《礼》《乐》，乃周代通行之课本。至于《春秋》，国史秘密，非可公布，《易》为卜筮

---

① 十三经注疏·礼记正义[M].北京：北京大学出版社，1999：536.
② 杨汝福."六艺"的价值、地位及其现代思考[J].河池学院学报，2004(5).
③ 司马迁.史记[M].北京：中华书局，1999：1560.

之书,事异恒常,非当务之急,姑均不以教人。自孔子赞《周易》、修《春秋》,然后《易》与《春秋》同列六经。以是知六经之名,定于孔子也。"①如果"六艺"到"六经"的转变自孔子,当然孔子以"六经"设教也合于理。并且孔子也谈道:"不学礼,无以立;不学诗,无以言",还讲到"五十以学《易》,可以无大过"等言辞,并且孔子晚年还修《春秋》,看来孔子以"六经"设教更无疑义了。并且"六经"与"六艺"相比,其道德内涵更为浓厚,所以以"六经"设教似乎更有说服力。

实际"六艺"与"六经"均属文,都是载道之器,孔子无论是以"六艺"设教还是以"六经"设教,其着重的都是其中所蕴含的道。礼乐是毋庸置疑的,礼与乐都是缘情而设,礼通过外在规则的约束,使人各得其宜,各守其位,从而父慈子孝,夫和妻柔;乐通过内在感情的沟通,使人与人之间能够共通情志,和而无怨。"射"这一看似与武密切相关的技艺,也蕴含着丰富的"道德伦理"内容,孔子曾言:"君子无所争。必先射乎! 揖让而升,下而饮,其争也君子"(《论语·八佾》)。

故此,如要概括孔子求学的内容,不如定性方面说"德为主,文为辅"。即孔子教学,不是专注于知识与技术的传授,而是着重于道德伦理的教化。这在《论语》一书中表现的最为明确。《学而》专门讲为学,但是为学的内容主要集中在道德品质的修养。如:

曾子曰:"吾日三省吾身:为人谋而不忠乎? 于朋友交而不信乎? 传不习乎?"

子夏曰:"贤贤易色,事父母,能竭其力;事君,能致其身;于朋友交,言而有信。虽曰未学,吾必谓之学矣。"

子曰:"君子食无求饱,居无求安,敏于事而慎于言,就有道而正焉,可谓好学也已。"

子曰:"弟子,入则孝,出则悌,谨而信,泛爱众,而亲仁。行有余力,则以学文。"

在这里,孔子不仅告诉我们学习的重点,并且还把为学的次第明确告诉我

---

① 章太炎.国学讲演录[M].上海:华东师范大学出版社,1995:47.

们，即"行有余力，则以学文"。弟子求学，当以孝、悌等六事为本，而文只是"行有余力"才做的事情。这里的"行有余力"并不是指时间上的先后，而是本质上的主与次，即德为本，文为末，为学先求其本，无本之文不可取。文与道德修养相比，道德为主，文为辅。对此，朱熹曾引尹氏曰："德行，本也。文艺，末也。穷其本末，知所先后，可以入德矣。"①

并且从孔子的"志道，据德，依仁，游艺"来看，也是从"游艺"一步步上达而入"道"。百工技能至繁至多，并且"矢人惟恐不伤人，函人惟恐伤人"(《孟子·公孙丑上》)，故技能不可不慎，必须要以道德为主宰。"游"的意思就是，既能熟练掌握各种技艺，又不失道德之准绳。由此可见，道、德、仁乃人为学、修身之大本，必须深造其极，方可无谦。博学于艺，则必须以道德加以约束，则本末兼顾，不失中道。孔子教育有四科：德行、言语、政事、文学，另外还有四教：文、行、忠、信。四科首为德育，正其心也，后为文学，游于艺也。四教以文为首，是要以文发其蒙。王应麟的《困学纪闻》："四教以文为先，自博而约，四科以文为后，自本而末。"②

所以无论"六艺"还是"六经"，目的绝不是把它们仅仅作为客观知识的对象来掌握，而是作为教化和启悟的途径。由此而知，《诗》《书》《礼》《易》《春秋》都是文，但其精髓却是蕴含于其中的"道"。《诗》导志而主言，存心为志，发言为诗；《书》记事以导政，经纶一国之政有理有则，凡施于有政，必本于己之修为，此为《书》之主旨；《礼》用以导行，人伦日用之间，不能无序，不能无节，不失其序，不违其节，此《礼》之旨；《易》以阴阳示道，八八六十四卦阴阳交错，以示变易事物背后不易之法则，顺之则吉，逆之则凶；《春秋》以导名分，天地万物皆有分际，乃至于一物一器，一行一业，各有其不同职责不同义务，应是各止其所止，各正其所正，不可互相僭越，所以孔子作《春秋》，而乱臣贼子惧。由此可见，文不是简单文学艺术，文乃圣贤教诲之文字体现，其蕴含的道德修养才是文之精、文之魄。所以《系辞》中说："书不尽言，言不尽意。"马一浮也说："读书在于得意，得意乃可忘言。意者，即所诠之理也，读书而不穷理，譬犹买椟还珠。"③学文之目的就在

① 朱熹.四书章句集注[M].北京：中华书局，1983：49.
② 宋应麟.困学纪闻[M].上海：上海古籍出版社，2018：936.
③ 马一浮.复性书院讲录[M].南京：江苏教育出版社，2005：21.

于领会其中蕴含的道,否则便是舍本逐末,便是舍鱼兔而守筌蹄,无一用处。

第三节　为学的目的

明了为学的内容是"德主文辅",实际也就明白了为学的目的,就是要提升自己的道德修养,最终成就利己、利人,成己、成人的大学问。

一、君子不器

《论语·为政》:"君子不器。"即君子求学要能博施济众,不应固守某一特定职业,仅限于一才一艺。"君"这一字在《说文解字》中的解释是:"尊也,从尹;发号,故从口"。"尹",表示治事,"口",表示发布命令。合起来的意思就是:"发号施令,治理国家"。由此可见,君子的原意是从政治角度来谈的,主要指在位者、《诗经·谷风之什·大东》中有:"周道如砥,其直如矢。君子所履,小人所视。"对此,孔颖达的解释是:"此言君子、小人,在位与民庶相对。君子则引其道,小人则供其役。"①另外,《左传·襄公九年》中有言:"君子劳心,小人劳力,先王之制也。"此处君子、小人之别,仍着眼于地位的不同。

"君"的另一含义指有德者。《白虎通·三纲六纪》云:"君,群也。群下之所归心也"。既然为群下所归,无德何以能使人归之,所以为君者,必能以德服人。并且,君指在位者的同时,并没有排斥其所蕴含的道德含义。以爵为例,古之爵者,皆以德为差。《仪礼·士冠礼》:"以官爵人,德之杀也。"即德大者爵以大官,德小者爵以小官。所以关于"君子"一词之意,马一浮的解释最经典:"先儒释君子有二义,一为成德之名,一为在位之称。其与小人对举者,依前义,则小人为无德;依后义,小人为细民。然古者必有德而后居位,故在位之称君子,亦从其德名之,非以其爵。由是言之,则君子者,唯是成德之名也。"②

"君子不器"中的"君子"应指有德者而言,即君子求学应以"不器"为价值导向。那么何为器呢?

《说文》:"器,皿也。象器之口,犬所以守之。"即器是一个象形文字,就像一

---

①　十三经注疏·毛诗正义[M].北京:北京大学出版社,1999:781.
②　马一浮集[M].杭州:浙江古籍出版社,1996:31.

只看家犬看守的容器。器在《论语》一书中共出现了 **6** 次，基本含义主要有以下几方面：一是指"器度""器量"。如《论语·八佾》中的"管仲之器小哉！"二是指"器皿"。如《论语·公冶长》中的"子贡问曰：'赐也何如？'子曰：'女器也。'曰：'何器也？'曰：'瑚琏也'。"三是指有用之物，当工具讲。如子贡问为仁，子曰："工欲善其事，必先利其器。居是邦也，事其大夫之贤者，友其士之仁者"（《论语·卫灵公》）。四是作动词用，意思是"器重"。如子曰："君子易事而难说也。说之不以道，不说也；及其使人也，器之。小人难事而易说也。说之虽不以道，说也；及其使人也，求备焉"（《论语·子路》）。

"君子不器"中的"器"该作何解释呢？这句话又该如何去理解呢？《论语正义》中，包咸注曰："器者各周其用，至于君子，无所不施。"《周书·宝典》："物周为器。"①即器是一种供人用的器皿。所以孔晁注："周用之为器，言能周人之用也。"皇侃疏曰："此章明君子之人不系守一业也。器者，给用之物也，犹如舟可泛于海，不可登山；车可陆行，不可济海。君子当才业周普，不得如器之守一也。故熊埋云：器以名可系其用，贤以才可济其业。业无常分，故不守一名。用有定施，故舟车殊功也。"②

上面所列举的注解，很多人从"博学通识"角度来理解，即"君子不器"就是指君子求学，不能像一件器皿一样，仅限于一材一艺。这种理解主要着重在知识论的角度，引起了许多人的赞同。如钱穆认为："器，各适其用而不能相通，今之所谓专家之学者近之。不器非谓无用，乃谓不专限于一才一艺之长，犹今之谓通才。后人亦云：士先器识而后才艺。才艺各有专用，器，俗称器量，器量大则可以多受，识见高则可以远视，其用不限于一才一艺。近代科学日兴，分工愈细，专家之用益显，而通才之需亦因以益亟。通瞻全局，领道群伦，尤以不器之君子为贵。此章所言，仍是一种通义，不以时代古今而变也。"③依钱穆的观点，君子求学不应该像器皿一般，只限于一定的用途。尤其在古代，知识范围狭窄，君子更应该无所不通。这种观点，不仅在国内赢得人们的认可，在国外也得到了响应。马克思·韦伯在《儒教与道教》一书中这样写道：

---

① 刘宝楠.论语正义[M].北京:中华书局,1990:56.
② 论语集解义疏[M].北京:商务印书馆,1937:19.
③ 钱穆.论语新解[M].成都:巴蜀书社,1985:34－35.

"经济上的、医药的以及教士的行业,都是些'小技',因为它们会导致专业的专门化。而高等人则追求全面发展,这在儒教的眼里只有教育能够做到,并且也是做官所特别要求的。……儒教高尚的等级理想,与禁欲的耶稣教会的职业概念形成更加强烈的对立,因为前者主张培养出具有通才的'绅士'(Gentmen)或译为'德沃夏克'(Dvorvak)的'贵人'(君子)。这种建立在全才基础上的'美德',即自我完善,比起通过片面化知识(Vereinseitigung)所获得的财富,要来得崇高。"①

另外,金耀基在《从传统到现代》一书中也写道:"儒家思想的基本性格是人文精神……而人文精神则是一全幅的展现,而不能落于一技一艺的,故君子必然是一通儒(一物之不知,儒者之耻),而不是一专才,因为一专才,便无足观了。"②

这种理解的出现与当今人才的专业化情况是密切相关的。现在人的学习状况是学历越高,学识不是越广,而是越专。并且理与文之间严重分化,理者注重逻辑思维的精湛、科学技术能力的高超,但却缺乏一种人文素养。文者又需要理者所具有那种求真务实、勇于开拓进取的科学精神。二者应该是互相补充、相互融通才是。所以社会需要这种通才,而不仅仅是专才。

但"君子不器"是不是仅是指要实现"通才"呢?《论语》中共4处谈到"博学",两处均为"博学于文,约之以礼",另一个是达巷党人赞叹孔子的"博学而无所成名",还有一处是"博学而笃志"。可见孔子并非不赞叹博学,《中庸》中也说到人之为学要"博学之,审问之,慎思之,明辨之,笃行之"。并且古之人为学,"礼、乐、射、御、书、数"均在所学之列,可见所学不可谓不博。但是孔门学问目的在于"下学而上达",博学非目的,通过学以达道才是目的。如果把"君子不器"仅在"博学"层次理解就点因小失大了。孔子讲"志道、据德、依仁、游艺",器在此指的就是艺的范围,能够优游于六艺之中,自然就不是专学、专执某一艺。《尔雅·释言》:"泳,游也。"《尔雅·释水》:"潜行为泳"。潜行就是游于水底,水底就是要深入沉潜于其中之意,所以"游于艺"强调要深入掌握这些文学技艺。但是道、德、仁、艺四者,从求学的本末上看,是一个由本及末的过程。艺是行仁之工具,是孟子所谓的"仁之术",其主旨在于行仁,因此"游于艺"的根本还在于道。一个人为学有所成就之前,必须要博学,以此推行为仁之事业。所以古语中

① 马克斯·韦伯.儒教与道教[M].南京:江苏人民出版社,1995:186-187.
② 金耀基.从传统到现代[M].北京:中国人民大学出版社,1999:13.

有"一事不知,儒者所耻",知耻就是要勇于学习一切技能。君子虽要博学于文,但还要外约于礼。礼从本末上看,虽为道德仁义之后,但却为六艺之首。道德仁义还有诸多技艺都需待礼而成。婚丧、祭祀、军备、政治、教育、伦常失去了礼的约束都会乱而无序,无序则失常、离道日远,所以博学最终还在于由德入道。

"君子不器"的真正用意就在于通过博学以达道,或者说是通过"游于艺"而"志于道"。明了此理,也就真正明了了"君子不器"的真正含义,即只要能够弘道,君子不会把自己陷于一器一技当中,而是能够通权达变,大可以任匡扶社稷之大业,小可以敦伦尽份于庭闱。《论语注疏》:"此章明君子之德也。器者,物象之名。形器既成,各周其用。若舟楫以济川、车舆以行陆,反之则不能。君子之德,则不如器物各守一用。言见几而作,无所不施也。"①器特为一物,其用不能通,但君子能够见机而作,随时应变,不执一、尚权变,所以能够不器。《论语正义》引《礼记·学记》进一步做出解释:"故《礼·学记》言:'大道不器。'郑注:'谓圣人之道,不如器施于一物',如者,似也。君子德成而上,艺成而下,行成而先,事成而后。故知所本,则由明明德以及亲民,由诚意、正心、修身以及治国、平天下,措则正,施则行,复奚役役于一才一艺为哉。"②另《朱子集注》:"器者,各适其用而不能相通,成德之士,体无不具,故用无不周,非特为一才一艺而已。"③君子能够上达道之体,所以在用上就能不拘一格、不限一艺。

君子求学志于道,所以他们也不会因个人得失而有所忧,其所忧皆在道之不行,学之不讲。孔子曾叹:"德之不修,学之不讲,闻义不能徙,不善不能改,是吾忧也"(《论语·述而》)。圣人忧道不忧贫,孔子所忧不在己之穷与困,而在于人不能修养道德,在于人不能讲求学问,在于人闻善不习,有过不改。所以孔子见尧于羹,见舜于墙,因其心时时想的是如何弘道而利民。孔子如此,后来之君子、贤圣亦如此。范仲淹被贬邓州,其心仍不为己忧,其所忧是"近忧其民,远忧其君""先天下之忧而忧,后天下之乐而乐"。林则徐虎门销烟,丝毫不顾个人得失,全是一片忠肝沥胆,"苟利国家生死宜,岂因祸福趋之"是其精神的光辉写照。他们绝不会以器自限,而是以道为则;他们也不会为利益所诱,但可为道义献身。

---

① 十三经注疏·论语注疏[M].北京:北京大学出版社,1999:19.
② 刘宝楠.论语正义[M].北京:中华书局,1990:56.
③ 朱熹.四书章句集注[M].北京:中华书局,1983:57.

二、下学而上达

《论语·宪问》有:"下学而上达"。意指通过人伦日用的形而下之下学以达形而上的道之体。

儒家思想的一个最重要的特色就是与道相通,如孔子曾言:"朝闻道,夕死可矣"(《论语·里仁》)。《荀子·天论篇》中也有说:"天行有常,不为尧存,不为桀亡。"那么什么是道呢?关于这一问题,《论语》中的论述并不多,子贡曾感叹:"夫子之言性与天道,不可得而闻也。"关于"道",《论语》虽然没有给出明确性答复,但是《大学》开篇就给出了明确性说明。《大学》开篇既说:"大学之道,在明明德,在亲民,在止于至善"。朱子对这句话的解释是:"大学者,大人之学也,明,明之也。明德者,人之得乎天,而虚灵不昧,以具众理而应万事者也,但为气禀所拘,人欲所蔽则有时而昏;然其本体之明,则有未尝息者。"①上一"明"字是动词,即是要用功去"明"。"明德"则是名词,指人人具备的本性而言,这一本性不因人而异,而是圣愚皆然,都是虚灵不昧的,不同之处在于人们的习染不同,所以才有昏暗程度不同。求学目的就是要明明德,即通过学习,冲去气禀所拘,物欲所蔽,使心之本体复现光明。明明德的过程就是觉悟的过程。人不仅要自明其明德,还要帮助他人明其明德,即"亲民"。"亲民",朱子释作"新民"。"新者,革其旧之谓也,言既自明其明德,又当推以及人,使之亦有以去其旧染之污也。"②意思是说,当自己通过努力,达到清净的明德境界,也应当推己及人,帮助他人也明其明德。这样人在自觉的同时觉他,达到的最高境界就是"至善"。

另外关于什么是"道",《中庸》开篇也说道:"天命之谓性,率性之谓道,修道之谓教。道也者,不可须臾离也,可离非道也。"即是说,天下之人莫不有性,然性何有而得名,乃是天命所赋予。关于"天命",郑玄的注解是:"天所命生人者也"③,即性乃天然就有,不自外求的东西。另外,天下之事,莫不有道,道又何以得名呢?性乃人人本具,其性本自光明清净,天下人、事、物各遵循其自然本性之光明,则日用事物之间,就形成各自当行之道。比如父曰慈,子曰孝,君曰敬,臣

---

① 朱熹.四书章句集注[M].北京:中华书局,1983:3.
② 朱熹.四书章句集注[M].北京:中华书局,1983:3.
③ 十三经注疏·礼记正义[M].北京:北京大学出版社,1999:1422.

曰忠。盖人之性道本自无二，但人由于气禀不一，习染不同，故有不能率其性者，于是圣人因其当行之道而修治之，节之以礼，和之以乐，齐之以政，禁之以刑，使人皆遵其道而行，以复归其性，是之谓教。是以可知，此道不可须臾离也，人离此道不能明明德；事离此道，事不能成；物离此道，物不能就。人之为君子就是一个不断明道、体道的过程。

道可道，非常道，道虽然我们在理解上有所难度，但是道不远人，道体现在生活的人伦日用之间，想脱离生活再去寻觅一个道，那则如同画蛇添足，弄巧成拙。所以《中庸》中说："君子之道费而隐，夫妇之愚可以与知焉，及其至也，虽圣人亦有所不能焉。……君子之道，造端乎夫妇，及其至也，察乎天地。"此意是指，道最显明，只在寻常，不必索隐。"隐"非是决然不见不闻谓之"隐"，是指"道"至大至广又在至近之间，人们日用而不知故谓之"隐"。"费"是指道具有广大昭明之意，此广大高明之本体，寓于寻常日用之间而不被人知，然则无物不有，无时而弃，况愚夫愚妇作为人乃是万物之灵长，当然也可以明道。但是若推到极致，极尽其广大精微之体，虽圣人亦不能尽知尽行。道如天地无不覆育，无人不具此道，但人由于气禀不一，各尽其质，而知之程度也不可能尽同。道如江海无不容纳，而饮者只能各尽其量而已，故有庸人、君子、贤人、圣人之区别。所以君子之道，源于日用，造端乎夫妇，而其极致则能与日月同参，察乎天地。

由此可知，求乎君子之道在己不在人，所以子曰："道不远人，人之为道而远人，则不可以为道。"（《礼记·中庸》）此明言"道"在人伦日用，不必远求，求之在我，不在人也。只是人不肯自信自力，只谓道远而难求，妄想道只能圣人求得，自己远无其分。所以孟子感言："舜何人也，予何人也，有为者亦若是"（《孟子·滕文公上》）。人人皆可为尧舜，这里的问题不是能与不能的问题，而是为与不为的问题。本善之明德具备每一个人心中，圣人不加多，愚人不加少，只是明之程度有差别。人之为人的目的就是要恢复其本善之明德，而君子就是恢复明德过程中的一个人生境界。孔子为我们列出五等人格境界以示知，分别是庸人、士人、君子、贤人、圣人。比君子低的是庸人、士人，比君子高的是贤人和圣人。也就是说人成为君子并不是人之为人的最终目的，其最终目的是成为圣人，最终能够与天地同参，与天地合其德，与日月合其明。因此，君子只是我们迈向圣人的一个台阶而已。从这个意义上来说，人人都应该成为君子，并且人要成为君子是自为的,是自愿的,不是外界强加给我们的。

也正因为如此,儒家求学有一个重要的思想,就是为己不为人。为己意味着求学的目的是为了提高自己的道德学问,求学重在笃行以畜德;为人意味着求学的目的是为了获得外在的名利,求学只是徒言以邀誉。为己之学明白了为学之真正含义,自然能够以学为乐,学有所得,所以古语有说:"君子乐得做君子,小人冤枉做小人"。试分析,这一句话道出了人之为人的真谛。君子明了人生的目的是要恢复其本善之明德,所以一切依义而行,依道而处,不存任何侥幸心理,而万事万物莫不有道,只有合于道,才能真正有所得。而小人不明人生之道,时时想着用一些机巧变诈之伎俩来满足自己对名利的追求,而一旦不合于道,则自然不能称心如意。所以《中庸》中有说:"君子居易以俟命,小人行险以徼幸。"既君子素其位而行,随其所寓,居其平易以俟乎天命;小人则多机巧变诈,以侥幸之心,行险妄作。所以有智之人,都应该以明德作为自己的人生目标,其全部的下学都为了上达道之体。

三、学而优则仕

《论语·子张》中,子夏说过一句话:"仕而优则学,学而优则仕。"这句话,我们一般人的理解就是,做官如果优秀的话就要学习,学习如果很优秀就一定要做官。"优",一般我们理解为"优秀"。如果按照这个含义去理解,学习好像就是为了做官。这种理解实际上是对儒家学问的歪曲,把儒家求学的目的与求学的次第都掩盖了。

优是什么含义呢?优,《说文解字》:"饶也。从人忧声。"段玉裁注:"饶也。《食部》'饶'下曰:'饱也。'引伸之凡有余皆曰饶。"可见,优的本义是宽裕、充裕之意。另《小尔雅·广诂》:"优,多也。"《国语·鲁语上》:"小赐不咸,独恭不优。"韦昭注:"优,裕也。"在先秦的古文献中,此意比较多见,如:

> 洿池、渊沼、川泽,谨其时禁,故鱼鳖优多而百姓有余用也。(《荀子·王制》)
> 敷政优优。百禄是遒。(《诗经·商颂·长发》)
> 既优既渥,既沾既足,生我百谷。(《诗·小雅·信南山》)

优优大哉! 礼仪三百,威仪三千,待其人然后行。(《礼记·中庸》)

所以我们把"优"理解为优秀,实在是对"优"的一种误解。据学术界的统计,先秦主要文献,包括儒家的十三经,还有法家的《韩非子》,以及《国语》《战国策》,"优"字共出现68次。《尚书》《周易》《春秋公羊传》《周礼》《孝经》《老子》《庄子》《孙子兵法》,均无一"优"字。"优"字在先秦文献中只有两义:"一是充裕,二是演戏之优人。"①"优"作为"优秀"之意出现较晚,应该是在秦汉之后。如:诸葛亮《出师表》:"优劣得所。"《汉书·王贡两龚鲍传》曰:"王、贡之材,优于龚、鲍。""学而优则仕"中的"优",古来注疏都依据《说文解字》,释为"饶、有余"。朱熹曰:"优,有余力也。"《论语正义》:"言人从事于所当务而后及其余。"②

那么如何理解"仕"呢?《说文解字》:"学也。从人从士。"段玉裁注:"学也。训仕为入官,此今义也。古义宧训仕,仕训学。"并且段玉裁还引《毛诗传》的"五言士,事也"及文王《有声传》的"仕,事也",把"仕与士"解释为"事其事",即仕的本义就是做好其本职之事。《礼记·曲礼》:"四十曰强,而仕。"陈澔注:"仕者,为士以事人,治官府之小事也。"所以我们讲"出仕",表面含义是出任官职,实质是要通过"官"之名与势做利人利世之事业。

那么,如何理解"仕而优则学,学而优则仕"呢? 皇侃曰:"优,谓行有余力也。若仕官治官,官法而已。力有优余,则可研先王典训也。学既无当于立官,立官不得不治,故学业优足则必进仕也。"③邢昺曰:"言人之仕官行己职而优闲有余力,则以学先王之遗文也。若学而德业优长者则当仕进,以行君臣之义也。"④朱熹曰:"仕与学理同而事异,故当其事者,必先尽其事,而后要及其余。然仕而学,则所以资其仕者益深;学而仕,则所以验其学者益广。"⑤这三则注释义理是相同的,凡人为学,以进德修身为主;出仕则以尽职尽忠为主。二者各有其本,人之处世,要先务其本。凡出仕者,当先尽其居官之事,如有余力,则不可蹉跎光阴,要努力求学,以明义理,如此则聪明日增,智虑愈精,从而有益于仕。凡未仕而为学

① 罗安宪."学而优则仕"辨[J].中国哲学史,2005(3):32.
② 刘宝楠.论语正义[M].北京:中华书局,1990:745.
③ 程树德.论语集释[M].北京:中华书局,2016:1705.
④ 十三经注疏·论语注疏[M].北京:北京大学出版社,1999:259.
⑤ 朱熹.四书章句集注[M].北京:中华书局,1983:190.

者,当以务学为本,要只争朝夕,不废日月,待其学有所成,有余力时,要不负所学而出仕从政,以利其民。

从这一句话中,我们可以归纳出几点:

一是,求学不反对入仕从政,学有余力就应该从政以利人。儒家讲推己及人,讲爱人,所以儒学绝对是入世之学问。《大学》:"在明明德,在亲民,在止于至善"。"明明德"是利己,"亲民"是利人,"止于至善"就是自利利他的合内外之德的圆满实现。儒学强调利人,当然就不会反对从政。

二是,凡事有本有末,"学而优则仕"强调,入仕从政以学有余力为前提的。而学之本质在于觉,即觉悟宇宙人生的道理。因此志道、据德是学之本,入仕为学之末,不可舍其本而逐其末。所以求仕有求仕之道,离其道而求仕就是舍本而逐末。

子张曾向孔子请教求仕之道,孔子告之曰:"多闻阙疑,慎言其余,则寡尤。多见阙殆,慎行其余,则寡悔。言寡尤,行寡悔,禄在其中矣。"(《论语·为政》)君子学在志道,不在求禄,但并非学无得禄之理。人虽博学而多闻,但必然有不明之事,对于疑而未信,则阙之而不言、阙之而不行,对于已知皆信的也要谨言而慎行,不能有丝毫大意,如此自然过失少而寡尤、寡悔。言能寡尤,行能寡悔,则自然能得其禄。可见禄不在外,全在个人的修养之中。人修其言行,则禄自从之;不修言行,即使得禄,也会多尤与悔。

《孟子·告子上》说:"有天爵者,有人爵者。仁义忠信,乐善不倦,此天爵也;公卿大夫,此人爵也。古之人修其天爵,而人爵从之。今之人修其天爵,以要人爵,既得人爵,而弃其天爵,则惑之甚者也,终亦必亡而已矣。"即爵有天人之分,得失也有相应之理。内在修养为天爵;外在官职为人爵。人修其天爵,人爵自至,得人爵而弃其天爵,则二者皆无。故《礼记·中庸》中引孔子语:"舜其大孝也与! 德为圣人,尊为天子,富有四海之内。宗庙飨之,子孙保之。故大德,必得其位,必得其禄,必得其名,必得其寿。"舜因其大孝,全体即圣,所以说"德为圣人",内德既圣,自然天下归之,其位、其禄、其名,皆由其德出,此乃自然之理。其实也不独大舜如此,禹、汤、文、武皆如此也。对此二句,马一浮先生以真俗二谛释之,说天爵是真谛,人爵是俗谛;德为圣人是真谛,尊为天子以下四句是俗谛。真俗不二，"真谛者，显一性本实之理；俗谛者，彰一性缘起之事"①。真谛者，乃自然之理；俗谛者，乃依理起用，所以说爵名皆是德名，是真俗二谛的统一。

在我们印象中，爵名都是官名，但最初都是以德定爵的。《尚书·皋陶谟》中，禹说："知人则哲，能官人"。皋陶曰："都！亦行有九德。……宽而栗，柔而立，愿而恭，乱而敬，扰而毅，直而温，简而廉，刚而塞，强而义。彰厥有常，吉哉！日宣三德，夙夜浚明有家。日严祗敬六德，亮采有邦。翕受敷施，九德咸事，俊乂在官"。此言具三德为大夫，具六德为诸侯，具九德乃为天子也。人君为治之道，其大者有两件：一在于知人，一在于安民。人君若能哲以知人，惠以安民，则众贤集于朝，百姓和于野，万邦咸庆。然则二者真能做到举而无歉，却是虽圣人亦难能之，故皋陶才推衍知人、用人之谟，其总义亦是以德授爵。今人大多忽视此义，以经籍中所举之爵名，统称为封建统治阶级之泛称，实乃有失本义。

此外，人们都知周代有公、侯、伯、子、男五种爵位。现在一般认为这是古代社会政治等级制度的表现，爵位往往就是政治权力的标志，主要用来确定皇亲、功臣世袭的政治名位和经济权利。此种意义的理解，把原来含有的真正道德之含义抹杀了，把政治制度中的负面效应突显了。《白虎通·爵》："所以名之公侯者何？公者，通也，公正无私之意。侯者，侯也，侯逆顺也。伯者，白也。子者，孳也，孳孳不已也。男者，任也。差次功德。"②又《白虎通·爵》："殷爵三等，谓公侯伯也。……公、卿、大夫者，何谓也？内爵称也。曰公、卿、大夫何？爵者，尽也，各量其职，尽其才也。公之为言公正无私也；卿之为言章也，章善明理也；大夫之为言大扶，扶进人者也。故《传》曰：'进贤达能，谓之大夫'。士者事也，任事之称也。故《传》曰：'古今，辩然否，谓之士'。"③可见，公、卿、大夫、士人都有其相应之德，才有其爵之不同的称谓。所以爵之本义，与德相应，有此德才有此爵。今之人只注意到爵所显示出来的权利与地位，却忽视了其中蕴含的责任与义务，及其最重要的德行。

可见，爵与德是密切相关的，出仕也绝对不是为了功与名、权与势，其目的是为了从政以利人。儒家思想的核心就是"内圣而外王"，这实际上就是《大学》开

---

① 马一浮.复性书院讲录[M].南京：江苏教育出版社，2005：116.
② 陈立.白虎通疏证[M].北京：中华书局，1993：7.
③ 陈立.白虎通疏证[M].北京：中华书局，1993：16-18.

篇的第一句"大学之道,在明明德,在亲民,在止于至善"。学的目的是"明明德",仕的目的就是"亲民"。"学而优则仕"就是在自觉基础上觉人,在自利基础上利人,也就是"己欲立而立人,己欲达而达人"。所以入仕不是目的,利人才是目的。所以孔子赞蘧伯玉:"君子哉蘧伯玉! 邦有道,则仕;邦无道,则可卷而怀之"(《论语·卫灵公》)。邦有道,即君子道长之时,君子在位可行其志,可惠民泽民,故可从仕;邦无道,即君子道消之时,君子在位则危机四伏,即使得势也不可行利民之大志,所以君子选择从容归隐。《孟子·尽心上》载:

　　王子垫问曰:"士何事?"孟子曰:"尚志。"曰:"何谓尚志?"曰:"仁义而已矣。杀一无罪,非仁也。非其有而取之,非义也。居恶在? 仁是也。路恶在? 义是也。居仁由义,大人之事备矣。"

　　王子垫问孟子曰:"士何事?"士为古代的读书人。上自公卿大夫,下自农工商,其当为之事都明确具体,独"士"这一阶层,既无官职,也无一可赖谋生的职业,所以问其何所事。孟子言"尚志",即士人乃有志之士,志在修己利人。为士之人,身可能陷于畎亩之中,处于韦布之贱,但其志却能齐天地、光日月,有着济世利人的大志。此志非功名富贵,唯仁义二字,并且此志高尚而不屈,坚定而不移。君子仁义存于心,达则有为,则为事功;穷则有养,以善其身,绝不会杀一无罪以求势,也绝不会取一不义而补穷。如此居仁由义,士人现虽无官无职,但一旦居位任职,则必能行经纶天下之大业,成泽民惠民之大利。

　　君子求学如此,求仕也如此,其心不为名利所累,所以其学则乐。《论语·学而》开篇就言:"学而时习之,不亦说乎。有朋自远方来,不亦乐乎。人不知而不愠,不亦君子乎。"如学只是为了就仕而学,而不是为了利民而学,学必然累。只有为了修身而学,为了成就道德而学,为了利人而学,学才能乐。李景林老师做了这样解释:"今人的态度,是把'学'单纯作知识技能义的理解;而这知识技能,又单纯是做功利之用的。这样理解的'学',其实只能是'苦',不能是'悦',不能是'乐'。所以,这'学',要达到悦、乐,一定要不断超越知识自身。"①

_____

　　① 李景林.学何以能乐[J].齐鲁学刊,2005(5):10.

因此"学"的核心就是人性修养，然后在此基础上利人达人。只有这种意义上的学，才能使人真正理解生命的价值与意义，并在这种价值与意义的追求之中感受到学习的喜悦。

第四节　为学的方法

为学的目的在于由文以成德，由德以入道，那么为学的方法，自然就不同于我们平时简单的记诵而已。它必然要诉诸我们内心的诚与敬，诉诸我们的谦虚与好学。

一、敬而已矣

《论语》21 处谈到"敬"字，从中可见孔子对敬还是相当重视的。"敬"体现为我们做人做事的一种恭敬谨慎的态度。人如不敬，则必然会产生傲慢的态度，傲慢生则自然事不成，所以敬是人求学的第一态度。在《论语》中敬慎的态度体现在时时处处。首先对父母要敬。对父母之敬，孔子多次提及，如"今之孝者，是谓能养。至于犬马，皆能有养；不敬，何以别乎"（《论语·学而》）？"事父母几谏，见志不从，又敬不违，劳而不怨"（《论语·里仁》）。敬是对为人子的最基本要求。父母是人生命中最重要的恩人，人如不敬父母，则不可能以真心敬他人。其次是事上要敬，即对领导要保持一颗恭敬的态度。如"其事上也敬"（《论语·公冶长》），"事君，敬其事而后其食"（《论语·卫灵公》）。再来，对事要敬，如"敬事而信"（《论语·学而》），"居处恭，执事敬"（《论语·子路》）。并且礼的实质也是敬，如"为礼不敬，临丧不哀，吾何以观之哉"（《论语·八佾》）？还有就是对人民也要敬，如"修己以敬、修己以安百姓"（《论语·宪问》）。如此看来，孔子讲的敬已经涵盖一切时、一切事，人什么时候也不可少了恭敬的态度。

《曲礼》一开头就讲"毋不敬"，即时时都要保持诚敬的态度。人有敬慎的态度，则心必自收敛，不会邪侈，如此才会依礼而作，由道而行。所以圣贤学问特别强调主敬存诚，诚敬程度的高低，代表了人的修养深浅。所以人要在生活的时时处处培养人的真诚与恭敬。而越是细小的地方越能看出一个人的修养，因为大事人还可以矫饰，越是细节，则越是容易忽略。所以微能显著，而微小细节的谨

慎,甚至能够使人逢外化吉。《左传·宣公二年》载:

> 晋灵公不君……宣子骤谏,公患之,使钼麑贼之。晨往,寝门辟矣,盛服将朝,尚早,坐而假寐。麑退,叹而言曰:"不忘恭敬,民之主也。贼民之主,不忠。弃君之命,不信。有一于此,不如死也。"触槐而死。

一个人仪容端庄,自然就能赢得他人的尊敬。赵宣子正是由于其庄重的威仪,恭敬慎独的态度让钼麑深生敬佩,竟然宁肯牺牲自己的生命也不忍将宣子杀害。所以在生活细节中,我们不可不慎。

《典礼》曰:"毋不敬",即人时时刻刻都要保持恭敬。古人常讲,"一分恭敬获一分利益,十分恭敬获十分利益",此言绝对非虚。试想一名学生对老师有失尊重,另一名学生却能够敬而有礼,二者获益程度,岂能同日而语。并且心一失恭敬,则自然流于散漫,傲慢之心不自觉就会升起。"满招损、谦受益",一颗傲慢之心又能获益多少呢? 所以历观古之圣人求学,无一不具恭敬之心。曾子之所以做到"三省"、颜子之所以做到"四勿",本自出于对学问、对自己的一份恭敬负责的态度。人不可虚度时光,对人对事不可敷衍了事,《旧唐书·儒学上》记载了一位大儒——萧德言:

> 德言晚年尤笃志于学,自昼达夜,略无休倦。每欲开《五经》,必束带盥濯,危坐对之。妻子候间请曰:"终日如是,无乃劳乎?"德言曰:"敬先圣之言,岂惮如此!"

程子曰:"敬胜百邪",进德修身、利世济民,唯诚敬二字,方能圆成。即无论是修养自己的德行还是从事利国利民的事业都不能离开诚与敬。做学问如此,政事亦如此。康熙皇帝说过:"临民以主敬为本",孔子亦言"临之以庄则敬"。即使为人君高高在上,对于在下的普通的百姓,也不能失掉其诚敬之心。爱民者,民才爱之;敬民者,民才敬之。君爱民如子,民才能敬君如父。这是人之常情,万世不颠之法则。武王曾问尚父曰:"五帝之戒可闻乎?"即古代帝王的自我警戒是否可得而闻之呢? 尚父曰:"黄帝之时戒曰,吾之居民上也,摇摇恐夕不至朝;尧之居民上,振振如临深川;舜之居民上,兢兢如履薄冰;禹之居民上,栗栗恐不满日;汤之居民上,战战恐不见旦"(《太公阴谋》)。古之圣王,其领导人民,都是战战兢兢、小心翼翼,戒惧而不敢稍有懈怠。正是由于此戒慎恐惧之心,不敢对百姓稍有薄爱,才使天下得治。

二、学无常师

《论语·为政》中,孔子有一次对子路说:"由!诲女知之乎!知之为知之,不知为不知,是知也。"学虽务在求知,但如以不知为耻,而遮盖掩护,不知却强以为知,则是自欺欺人,于学有百害无一益。学习贵在有谦虚之德,如此才能过日少,而德日广。此理甚易,实行却很难。因为人的傲慢之心会不知不觉增长,人稍有一长处,就会骄傲。当然,自信不可无,但傲慢确实也不可长。因为傲慢一长,必然悔咎之事多。《尚书·仲虺之诰》言:"能自得师者王,谓人莫己若者亡。"即自己能处处看到己不如人处,能以他人为师者,自然会德日进而称王;如若相反,处处视己强,谓天下之人皆不如己,则自然就会有过而不见,而日趋衰亡。商纣不谓不多才,最后身败国亡,与其傲慢不无关系。《史记·殷本纪》载:"纣资辨捷疾,闻见甚敏,材力过人,手格禽兽,知足以拒谏,言足以饰非,矜人臣以能,高天下以声,以为天下皆出己之下。"圣如尧舜,尚好问而好察迩言;智如成汤,钟虺还告之曰:"自得意满,众叛亲离"。商纣以为天下之人均不如己,有过不改,闻谏不受,所以最终不免身死国亡。

圣贤知此理,所以凡是圣贤,必有谦虚之德。老子曾言:"我有三宝,持而宝之。一曰慈,二曰俭,三曰不敢为天下先。""上善若水,水善利万物而不争,处众人之所恶,故几于道。"(《老子》)即谦虚之德,与道相应,所以老子持之以为宝。周公作为一代圣臣,为稳固周朝统治,制礼作乐,其才不可谓不美,其功不可谓不大,但仍以"握发吐哺"之诚来召见天下之贤士。并且周公在其子伯禽即将去鲁国赴任之际,仍谆谆告诫曰:"德行宽裕,守之以恭者荣;土地广大,守之以俭者安;禄位尊盛,守之以卑者贵;人众兵强,守之以畏者胜;聪明睿智,守之以愚者哲;博闻强记,守之以浅者智。夫此六者,皆谦德也。"(《韩诗外传》)德高、地广、位尊、兵强、睿智、博学,都是人容易骄傲的资本,所以也最易产生傲慢的情绪,所以此时更要戒骄戒躁,以保持其谦德。孔子作为一代圣哲,一代教育家,自然也具备此谦虚之德。《孔子家语·六本》中,曾子描述孔子曰:"夫子见人之一善而忘其百非,是夫子之易事也;见人之有善若己有之,是夫子之不争也;闻善必躬行之,然后导之,是夫子之能劳也。"见人之善而皆忘其非,是孔子宽以待人;见人有善,则如同己有之一般,这是孔子成人之美;见善则躬行之,这是孔子力行之功。三者之间,无不容纳谦虚之美德。

谦乃人不可失之德行,这是为学的一个必要条件。孔子不仅本身具备谦虚之美德,还处处以此教弟子。子贡曾问孔子:"孔文子何以谓之'文'也?"子曰:"敏而好学,不耻下问,是以谓之'文'也"(《论语·公冶长》)。人如有聪明睿智之资,则易刚愎自用;人如处富贵之尊,则易傲慢而无礼。孔文子之所以有"文"之美谥,在于其虽天资聪敏,却不自以为是,而能勤学而不厌;其虽处大夫之尊,却不敢自亢,而能卑己而问于下。自知者无知,自明者不明,人不学无以明理,人不问则无以广智。所以曾子也有言:"以能问于不能,以多问于寡;有若无,实若虚,犯而不校"(《论语·泰伯》)。这里表面是曾子赞叹其友,但实质却彰显了曾子之德。曾子作为孔子的入室弟子,作《孝经》,行忠恕,其智不可谓不高,其德不可谓不厚。然而其本有能还善于向没有才能的人请教,其学问本广还能向学识少的人请教,别人本犯我,还能以情恕及于人,反严责于己,其谦德之光,已经昭然若揭。孔子能以谦德教化弟子,所以其徒三千人,皆能言为文章,行为仪表,也是应然之理。

天之生人,都是参差不齐,有能与不能之别,贤与不贤之差。但不能者不会全不能,必有其长融于中,所以要"以能问于不能,以多问于寡",故圣人学无常师。孔子曾言:"三人行,必有我师焉"(《论语·述而》)。三人行,非指三个人而言。正义曰:"'三人'者,众辞也。"[1]朱熹注曰:"言我三人行,本无贤愚,择善从之,不善改之。"[2]即三人中,一是我,另二人之中必有贤与不贤之别,对于其贤者,要见贤思齐,即冀己也有此善;对于不贤者,要见不贤而内自省,即警己不可有此恶。如此则善与恶都皆吾师。所以尹氏曰:"见贤思齐,见不贤而内自省,则善恶皆我之师,进善其有穷乎。"[3]可见,道无处不在,学全在己,如果真如孔子之善学,

---

① 刘宝楠.论语正义[M].北京:中华书局,1990:372.
② 朱熹.四书章句集注[M].北京:中华书局,1983:98.
③ 朱熹.四书章句集注[M].北京:中华书局,1983:98.

进步哪有穷尽之时。大舜早年居历山，与鸟兽同群，近乎野人，但终成圣人之德，全在其见善则学，见不善则警，所以其成德之效沛然如决江河，有不可挡之势。

谦虚乃学者之必备，也是人处世之必有。《孝经·诸侯章》言："在上不骄，高而不危；制节谨度，满而不溢。高而不危，所以长守贵也。满而不溢，所以长守富也。"高而有危，满而有溢，是事之常态。人若想处尊位而不危，富足而不倾，则必须戒骄戒奢，时时谦虚以内守，不可张扬跋扈。《孔子家语·三恕》也有同例，子路问孔子："敢问持满有道乎？"即一直保持满的状态，是否有道可遵循。孔子答曰："聪明睿智，守之以愚；功被天下，守之以让；勇力振世，守之以怯；富有四海，守之以谦。此所谓损之又损之之道也。"谦德合于道，所以虽才智过人，却以愚自守；虽功盖天下，却以让自谦；虽勇可敌国，但以怯自谨；虽富甲天下，但以俭自节，如此处处合于道，故可吉而不害，祥而不凶。

三、先行其言而后从之

任何学问，除了记诵掌握其要理之外，还必须付诸行。儒家学问更不例外，孔子为学特别注重知行合一。

任何人教学，都必须要注重文化知识的传授，这是必然的道理。因为道不自显，必须借文以显。文是载道之器，不学文，则不能明白天地间之正理，以至于日沦于愚而不知。《论语》以《学而》为首，就是强调由学开智的重要性。孔子在《论语·季氏》言："生而知之者上也；学而知之者次也；困而学之，又其次也；困而不学，民斯为下矣。"有生而知之的圣人，其不待学而有知，于天地间的道理不学而知。也有生来未必能知，但却乐学以求知，这等人虽较圣人稍逊一筹，但其乐于求知，故值得人赞叹。另有一等人，生而无知，但开始又不知学，直到言动有差，遇到困难才肯奋发图强，则又逊一筹。再有一类人，即使遇到困窘，也安于蒙昧，而不知求学以上进，这种人，虽圣贤与之同居，也不能化矣，所以是最下等之人。孔子详述此四种人，同时明言己非生而知之者。以孔子之贤，都非生而知之者，况我等之庸庸之辈，怎可不学以求智，岂能自守其愚，永为斯下之民！所以孔子强调学习要"温故而知新"，皇侃疏说："故，谓所学已得之事。新，谓即时所学新得者。"①对已经读过的书,要时时地读诵思维,即是温故。如此偶有新学,也能触类旁通,随时吸收新知,如此好学,可以为人师。朱子曰:"故者,旧所闻。新者,今所得。言学能时习旧闻,而每有所得,则所学在我,而其应不穷,故可以为人师。"②即对已读之书,反复玩味,渐悟渐深,每读必有新得。由此可见,君子之学,不以记诵为本,而以明理为旨;不以多闻为要,而以得其要领为先。

孔子对知的强调,在他对颜回的赞叹中,也可见一斑。《论语·公冶长》记载,有一次孔子问子贡说:"汝与回也孰贤?"子贡回答说:"赐也何敢望回? 回也闻一以知十,赐也闻一以知二。"颜回资质甚高,学习又用功,所以对天下道理能触类旁通,听得一件,就能知晓十件。子贡自谓不如,听得一件,只晓两件,只能比类思索,因此识彼,所以不敢望回。孔子听之,曰:"弗如也,吾与女弗如也。"孔子此言,一是赞叹颜回闻一以知十,二是赞叹子贡能自知。人若不知而自以为知,则傲慢不能听人劝,就会无步可进。人若自知,知己之不如人处,则自然能奋发图强,进德修业矣。

孔子重知,是不言而喻的,有知才能不惑,才能明理,这是为学的第一步。但有知而不行,则知便与己无关,只是虚饰而已,只能成为我们炫耀的一个资本,故有知更要有行。《论语·学而》开篇就讲明:"行有余力,则以学文"。即对于孝、悌、谨、信、爱众、亲仁这六条笃行的基础上,如果还有精力的话,才可以学文。其为学次序显然是先德行而后文艺。泛观整篇《学而》的内容,全与进德修业有关,无一不在行的范围之内。圣人之为学,其目的在于修养身心、变化气质,通过据德而达于道,而这一切必然要通过行来达到。如果不行,则理是理,我是我,即使穷尽天下之理,也只是徒增浮华。但若只行而不明理,行也易失去其正确的方向,产生南辕北辙的笑话。所以明理必须要付诸行,行时也必须要明理,二者是缺一不可的。故《中庸》:"好学近于智,力行近于仁,知耻近于勇。知斯三者,则知所以修身。知所以修身,则知所以治人。知所以治人,则知所以治天下国家矣。"人生来之气质固然不同,但开卷有益,学得一分,便明一分之理,学得十分,便明十分之理。学是人人能行、人人当行,人只要不安于自知,必然会闻见日广、聪明日开,虽未必人人能达天下之至理,但也不至于昏昧而处愚,所以近于智。

① 程树德.论语集释[M].北京:中华书局,2016:123.
② 朱熹.四书章句集注[M].北京:中华书局,1983:57.

如将所学付诸行，能如曾子之三省，颜子之四勿那样，下一番克己省察之功，虽不能马上达道率性，全体是仁，但也能不断克除私心，距仁德不远。人虽非曾子能勇于任重，但如见己不如人，而常有羞惭之心，则必不肯自暴自弃，如此自强不息、奋发勇为，虽未必即刻为大勇，但也不至于怯弱，而距勇不远。好学、力行、知耻三者，知行合一，如能合而行之，自然能近则修身、远则治人。修身与治人，本非二事。修身为致治之本。身修，自然能治人，身不修，治国自然也不可能。修身、齐家、治国、平天下，约而言之，总不出此三事。孔子曰："知者不惑，仁者不忧，勇者不惧"（《论语·子罕》）。人之所以有疑惑，是理之不明，今由学达智，自能于天下道理明之于心，故无惑。人之所以有忧，皆因累于私心，夫仁者，克己复礼，纯然公理，故无忧。人之所以有惧，皆因正气不足，夫勇者，能善养其浩然正气，当断则断，当行则行，一切以义为准，故无惧。可见，智得其极，可以照四海；仁得其极，可以容天下；勇得其极，可以裁万机。智、仁、勇三者，天下之达德，三者是知行并用、合内外之德，此三事如能做得真、行得切，治国、平天下之大事、伟事也能得而为之。

　　天下之理并非难懂，难的是人知而不行。人每每好言而不好行，务知而不务用，浮华易长、笃实难生。故孔子多次教导弟子要"先行其言而后从之"，即人之做事，要先做后言，以防言而无信。如果言而无信或言过其实，是君子引以为耻的行为，所以孔子言："君子耻其言而过其行"（《论语·宪问》），"君子欲讷于言而敏于行"（《论语·里仁》）。放言甚易，力行甚难。人往往是因言躁而有失，因行之不足而不得。所以君子求学一定要补行之不足，减言之过多。于言要讷，即不当言则不言，当言的也要谨而言；于行要敏，凡是当行之事，不可怠缓，要勇往而直行。

　　《说苑》记载这样一个故事，一次周文王问姜太公"为天下若何？"即怎么样治理天下？太公说："王国富民，霸国富士，仅存之国富大夫，亡道之国富仓府，是谓上溢而下漏。"能够王天下者，是让老百姓富裕起来；能够取霸天下者，是让士人富裕起来；仅存之国是大夫很富裕；将要败亡的国家只是富他自己的仓库而已，只有等到他的仓库满得要溢出来，才有可能流到老百姓那里去，即根本不顾百姓的死活。文王听了很是赞同，说："善！"但姜太公曰："宿善不祥"。即明明知道这个是善的，却停留不去做，这是不吉祥的。于是文王马上开仓放粮，以赈济鳏、寡、孤、独之人。

这个故事告诉我们,如果听闻一个对修身治国有益的道理,马上要付诸实行,不能畏缩不前。如此才能使我们德日进而过日少。孟子曰:"舜之居深山之中,与木石居,与鹿豕游。其所以异于深山之野人者几希。及其闻一善言,见一善行,若决江河,沛然莫之能御也"(《孟子·尽心上》)。舜年轻之时,曾耕于历山。其居住在深山之中,与之朝夕相处的是山林草木,与之相伴的是鹿、豕等野兽。以此来观之,舜似乎与野人相似。然而他却成为一代圣人,这又是什么原因呢? 只因舜听一善言、见一善行,则心领神会,随听随受,随悟随行,不使其有一时迟缓、一丝犹豫。其力行之势,如被决之江河,其沛然而下之势,无人能敌。人不能成为圣贤,原因不在外,在于受善之诚与圣贤有异,人如有舜如此应善之力,圣与贤真是人人可驯致。

儒家为学以道德伦理为基础,因此其行的实质就是依圣贤之教诲校正自身的缺点与不足,所以行的一个主要内容就是改恶迁善。故孔子《论语·述而》有讲:"德之不修,学之不讲,闻义不能徙,不善不能改,是吾忧也。"在《论语·公冶长》孔子也有叹:"已矣乎! 吾未见能见其过而内自讼者也。"人不贵无过,贵改过。人如有过能改,则可为君子。改过,则必先见己过而能深自痛责,进而才能勇力而改。如果不观己过,专见人非,或者虽见己过,却萎靡以自安,如此则难以期望其德行有进步。孔子这里是欲人能悔过迁善,以绝望之辞来激励天下人。悔之一字,乃为善之机。《易经·系辞上》曰:"震无咎者存乎悔",即悔则无过咎。如太甲悔过,终为商之主。故赵宣子也力劝晋灵公:"人谁无过,过而能改,善莫大焉。"(《左传·宣公二年》)

改过重要,能使我们见善从善,所以我们要能听逆耳之忠言。与之相反,耽溺于习气,则很可怕,能使我们日流于下而不知,所以面谀之词,不可不审。《荀子·修身》:"见善,修然必以自存也;见不善,愀然必以自省也。……故非我而当者,吾师也;是我而当者,吾友也;谄谀我者,吾贼也。"即看到善行,要见贤思齐,认真效法并学习;见到恶行,要加强警惕,认真反省和检查,有过则改,无过则警。所以批评我又很恰当的人,就是自己的老师;鼓励我又很得当的人,则是我的益友;谄谀巴结我的人,必然是贼己之人,不可亲近。

另《春秋·晏子》记载这样一则故事:"高缭仕于晏子,晏子逐之。左右谏曰:

'高缭之事夫子三年,曾无以爵位,而逐之,其义可乎?'晏子曰:'婴,仄陋之人也。四维之然后能直。今此子事吾三年,未尝弼吾过,是以逐之也。'"高缭事晏子三年,晏子却还逐之出门,只因他不能匡晏子之过。常人或许认为晏子无情,实则却恰好说明晏子是真君子。因为大凡是人,多数是乐听顺耳之言,爱闻其功,不爱听其过,真能远佞人而不用,也必然是君子所为。

四、学不可以已

人需学以明理,需行以践道,但如行之不彻、持之不久,也会劳而无功。《论语·子路》载:"人而无恒,不可以作巫医。""不恒其德,或承之羞。"人做事无恒心,时做时辍,有始无终,即使作巫医,亦不可成,何况成就修身立德之大业呢?盖天下无难为之事,难在人有无专一之心。君子若能恒其德,圣贤之道不远矣。相反若做事不能专注,虽小事亦不能成。

有恒乃成功之本。曾国藩先生曾讲道:"学问之道无穷,而总以有恒为主。"(《曾国藩家书》)如没有恒心,身体锻炼不起来,学问也提升不起来。可以说,没有恒心,什么事也做不成。所以古人有讲,求学问就像钻木取火,"未出而速息",火还未出便停止不钻了,这样哪年哪月也不会钻出火来。《袁子正书》有:"圣人贵恒,恒者德之固也。圣人久于其道,而天下化成。未有不恒而可以成德,无德而可以持久者也。"恒,乃德之固,即有恒才能使德行坚固。圣人能长久地坚持德教,天下的教化才能成功。恒与德是互摄关系,没有恒心不能够成就德教,无德也不能够长治久安。

圣人所讲的一切学问,有恒心者才能成之。孝、悌、忠、信、礼、义、廉、耻,最后都要归结到恒心。如无恒心,所有德行,则如昙花一现,终不会有所成就。而人往往是善于立志,而难立长志,初心很好,却难以持之以恒地保持。故《诗经·大雅·荡》:"靡不有初,鲜克有终",意思是说没有不能善始的,可惜很少有能善终的。人都是开头热情似火,最后却不了了之。

有一次唐太宗跟臣子在讨论一件事,是打天下难,还是守天下难。房玄龄说,打天下难。结果魏徵说,守天下难。实际细细思量,二者的答案无一不正确。房玄龄之所以说打天下难,因其与李世民出生入死,知天下来之不易,旨在告诉为人君者,享今日之富华,不可忘旧日之艰难。事实也的确如此,试想新中国如果没有革命先辈的浴血奋战,又哪有我们今日的安居乐业呢?魏徵说治天下难,因其协助李世民治理天下,很清楚治天下之不易,一个决策错误,可能影响数以万计的人民,所以必须要戒慎恐惧。魏徵曾在《谏太宗十思疏》中说道:"善始者实繁,克终者盖寡",即刚开始很好的例子数不胜数,但能坚持到最后的不多。历观古之帝王,都是开国之期蒸蒸日上,到末世帝王则会世风日下。因开国之皇帝知创业之艰难,所以兢兢业业、克勤克俭,从而国日隆而事日昌。末代帝王,自小就在骄奢淫逸之中长大,不知世事之难,往往会沉迷于安乐,最终葬送其国。"生于忧患、死于安乐"是历史的见证。《群书治要·晋书》言:"三代之兴,无不抑其情欲;三季之衰,无不肆其侈靡"。三代即夏、商、周,夏禹、商汤、周文王都是一代圣王,其德可配天,故三代所以兴盛。但夏桀、商纣、周厉则不能恒其德,所以承其羞。故此,魏徵谏李世民,要居安思危,戒奢以俭,切记"忧劳可以兴国,逸豫可以亡身"。

并且学如逆水行舟,不进则退。人如无恒心,悠然放逸,绝不会成就大事。俗语有"学好终年不足,学坏一日有余","由俭入奢易,则奢由俭难",《国语》又有:"从善如登,从恶如崩。"为善、养成良好的行为习惯如登山那样举步维艰,因为人必须时时克服自己的习气;而由善变恶却如山崩那样迅速坠落,一失足成千古恨。由此也不难理解,为什么古代特别注重童蒙教育,《易经·蒙卦》云"蒙以养正,圣功也",即要从小打好孩子德行的根基,增强其免疫力,使其为恶的系数大大降低。《汉书·贾谊传》载:"昔者周成王,幼在襁褓之中,召公为大保,周公为太傅,太公为太师。保,保其身体;傅,傅之德义;师,导之教训,此三公职也。于是为置三少,少保、少傅、少师,是与太子宴者也。故乃孩提有识,三公三少,明孝仁礼义,以道习之,逐去邪人,不使见恶行。于是皆选天下之端士,孝悌博闻有道术者,以卫翼之,使与太子居处出入。故太子乃生而见正事,闻正言,行正道,左右前后皆正人。"孔子曰:"少成若天性,习贯如自然"(《贾谊新书·保傅》)。周成王尚在襁褓之时,便由召公做太保,周公做太傅,太公做太师。保,是保护太子的身体;傅,是以道德仁义教导辅助他;师,是以圣贤教诲引导启发他,这就是三公的职责。于是又设立"三少",即少保、少傅、少师,这是与太子生活在一起的人。所以当太子少年懂事时,三公、三少就讲明孝、仁、礼、义的道理,引导他落实,并驱逐奸邪之人,不让太子见到不好的行为。于是选出天下品行端正、孝顺友悌、见闻广博有道德的人,护卫辅助他,让他们陪伴太子朝夕相处。所以当太子生下来，所见的都是正事，所听的都是正言，所行的都是正道，在他左右前后都是正人君子。这样做的目的就是让太子从幼年时期，耳濡目染都是正人正事，一有邪思、一有错误就能及时纠正，不使其离德太远，这样，从小养成的品德就像天性一样，自然而然变成习惯。如此由善变恶，从俭入奢的概率就会大大降低，从而能够保持国家昌盛而不衰。

另外，事之将成，如无恒心，也会功亏一篑。事业初起，其势甚微，但如自强不息，也会积小而成高大。《老子》言："合抱之木，生于毫末；九层之台，起于累土；千里之行，始于足下。"《荀子·劝学》有："故不积跬步，无以至千里；不积小流，无以成河海。""冰冻三尺，非一日之寒"。建大事者，必不弃小德；累大功者，必积细行。德虽小，持而行之，积累能成高大。如孝父母之事虽小，但如恒以为之，致得其极，也能"通神明、光四海"。所以人不惧愚与笨，只惧懒与惰。曾参性鲁，生性非聪敏，但却"吾曰三省吾身"，持之不懈，所以最后成为"宗圣"，著《孝经》。温公司马光圆木以警枕，不废一寸光阴，历经 19 年编纂成规模空前的编年体通史巨著——《资治通鉴》。故《中庸》有："人一能之，己百之。人十能之，己千之。果能此道矣，虽愚必明，虽柔必强。"己虽笨，但勤能补拙，别人一遍能会，自己下百遍功夫；别人十遍能会，自己下千遍功夫，如此锲而不舍，自然能由愚变明，由柔变强。《易经·家人》有："风自火出，家人；君子以言有物而行有恒。""家人卦"的卦象是离（火）下巽（风）上，为风从火出之象，象征着外部的风来自于本身的火，其意即是家庭的影响均来自于己之一身。所以君子应该特别注意自己言行举止，说话要有根有据，不可妄言，行动要有常有则，不能妄行更不可半途而废。

君子为学不日进就日退，然进与退不在乎人，全在乎己。孔子曰："譬如为山，未成一篑，止，吾止也。譬如平地，虽覆一篑，进，吾往也"（《论语·子罕》）。进与退，就如堆土为山一样。山已将成，只差一篑，此时成山可谓甚易，然此时忽然中止，将成之山，则终为无用之土堆。其之所以止，并非人止之，只是心生懒惰，自弃其将成之功，为学之人不可不引以为戒。与之相反，山于刚建之始，只是一筐土而已，此时距成山可谓甚远，然奋进不止，山也会因日积月累而成。其之所以成，不是外人撺掇强迫，只是自己不甘于自处卑下，勤奋好学而成。所以人之为学，不可有"九仞之仞，功亏一篑"之叹，而要有"虽覆一篑，终成九仞"之志。

《论语》大义之二:为政

　　为政是以孔子为代表的儒家思想的重要内容之一。儒家一向主张入世,其在为政方面提出了很多深刻并且有价值的思想。《论语》一书中对为政的论述,占了相当多的比重,其中也不乏真知灼见。并且自汉以来,随着罢黜百家,独尊儒术,儒家思想在为政方面的作用,更是比较突出。今就从《论语》中关于为政的思想出发,专门探讨一下儒家的为政思想。

第一节　政者,正也

　　关于政,《说文》:"正也。从攴从正,正亦声。"即政的本义是正。朱熹《集注》:"政之为言正也,所以正人之不正也。德之为言得也,得于心而不失也。"①"政"在这里就是正邪的正,正确的正,其目的就是要"正人之不正",即人有失正处,要把它纠正过来,这就是政,所以政的本义就是要导人以正。

一、政在为正,以导民心

　　儒家讲的政,其在本源意义上并不是用来统治人民,奴役人民,也不是作为统治阶级的工具来呈现的。如果有之,也是我们在后续"论仁"一章中的"假仁",即假借仁义而完成自己的私欲,而不是"利仁"(即以仁义为美,认为行仁义之事有利,而认真努力行仁),更不是在率性的境界自然而然的"安仁"。《大学》

―――――――――――

　　① 朱熹.四书章句集注[M].北京:中华书局,1983:53.

中讲"在明明德,在亲民,在止于至善"。这是三纲,明明德是自利,亲民是利他,止于至善是自利与利他的综合实现。三纲里面还有八目:格物、致知、诚意、正心、修身、齐家、治国、平天下。前五目为自利,后三目为利他。这八目的圆满实现就是"止于至善"。如果从这个角度分析,"为政"就属于利他,即帮助人民回归于正。所以儒家讲爱人,讲仁政。

施仁政的目的,一般人认为是为了统治阶级自身的利益,是为了更好统治人民,以维护自身统治地位的稳定性。这是不无道理的,并且大多数的统治阶级施行仁政,也确实源于这样一个目的。但是不能因为有这种现象的存在,就用这种现象来解释儒家为政思想的真谛。因为理是一回事,能否依理而行又是另一回事。这就如同"行仁"一样。"仁"在本体上是与道相通的,是本心之全德,但是人们在具体行仁时,却出现了三种由上而下的境界:安仁、利仁、强仁。"政"也是如此,其本意是以同体的民胞物与的心态导民以正,但不同人为政时就会出现境界的不同。圣人为政自然与小人为政不同,圣人是"与天地合其德,与日月合其明"。天似穹庐,笼罩四野,无物不覆;大地厚德载物,载华岳而不重,振河海而不泄;四时周而复始,春去秋来,春风化雨,滋润万物。天地绝不偏爱哪一类的人,哪一类的动植物,它是普遍的、流行的、无私、无我的,不需要任何反馈。正所谓"日月无私照,四时无私行"。圣人是与天地合德,故圣人为政,是纯然利人之心,是率性而为,无丝毫私利掺其中。并且圣人对天地万物还有一颗同体大爱之心,正如同张载的"民吾同胞,物吾与也",程颢的"仁者,浑然与物同体"。另外《老子》言:"圣人不积,既以为人,己愈有。天之道,利而不害;圣人之道,为而不争。"即天乃无言之圣,圣乃有言之天。天是利万物而不争,圣人效天之道,只有利人之心,而不会与人争利。基于此心,圣人为政,均视民如伤,视民寒如己寒,视民饥如己饥。《说苑》有:"尧存心于天下,加志于穷民,痛万姓之罹罪,忧众生之不遂也。有一民饥,则曰此我饥之也;有一人寒,则曰此我寒之也;一民有罪,则曰此我陷之也。仁昭而义立,德博而化广。故不赏而民劝,不罚而民治。先恕而后教,是尧道也。"尧心存天下,对穷苦人民更是关心备至。百姓如遭受罪罚,尧则伤痛不堪;人如挨饿受冻,尧则反责其身,认为是己之过;人如有犯罪,尧则认为是自己的德未树、感未至。尧的仁慈昭著彰显,故而社会道义才能树立;他道德博厚,所以才能感化广大群众。所以尧不需要奖赏,而人民自己就会互相规劝勉励而为善;不必用刑罚,而人民自然能够易恶迁善,社会自然得治。

孔子曰:"其身正,不令而行;其身不正,虽令不从"(《论语·子路》)。上导民众,以身不以言。上能行其正,则自能感乎下,如尧之化民,不教而民劝。上如不正,伦理不尽,言语不谨,虽强令民正,民心也难服。治国平天下以修身为本,不正其身,如正人何? 要使天下得正,必从正身开始。《晏子春秋·内篇杂下》载:

> 齐景公好妇人而丈夫饰者,国人尽效之。公使史禁之,曰:"女子而男子饰者,裂其衣,短其带!"裂衣短带相望,而不止。……晏子对曰:"君徒禁之于外,犹悬牛首于门,而卖马肉也。公胡不使内勿服,则外莫敢为也。"公曰:"善。"不逾月,国人莫之服。

齐景公喜其妃子女扮男装,从而天下效法,可见其身不正,天下也从而有失其正。景公不改其身之失,只想让国人纠其错,即使强制命令,也不能奏效。因为强制性的命令并不能得民心,所以虽令不从。而一旦齐景公校己之失,不到一个月,风气就得到了改善。可见,为政全在正身,其身正,自然能够无为而治。

二、上率以正,无为而治

在《论语·颜渊》中,季康子有两次向孔子问政。季康子是鲁国三家大夫中最大的一家,他把持朝政,但是治理得并不好,所以向孔子请教为政。第一次孔子回答:"政者,正也。子帅以正,孰敢不正?"即为政之道,首先须认清政字的含义。为政之意是正人之不正,以导其正,而这要从正己开始。自己言忠信,守笃敬,率众以正,则众人则有标准可遵,有榜样可从,也会相继而正。还有一次,是季康子患国多盗贼,而问于孔子,想求教禁盗之法。孔子回答说:"苟子之不欲,虽赏之不窃。"即是说人民之所以为盗贼,根源在于贪欲之心,而贪俗之所从来还在于在上者。假如上位者,清心克己,则上行下效,廉耻之风盛行,这时即使赏之诱之,使其为盗,他也会因内有羞耻之心,而不肯为盗,这时何患有盗呢? 盖人人皆有羞耻之心,上以不贪为宝,下不会以盗窃为荣。但季康子好像不明孔子所言之理,或许明白也不能施行,所以接着问孔子说:"如杀无道,以就有道,何如?"粮莠不剪,则嘉禾不生;恶人不去,则善人受害。若把那些无道的恶人杀了,那些有道的善人不就受到保护了吗?孔子回答说:"为政,焉用杀?子欲善而民善矣。君子之德风,小人之德草。草上之风必偃。"孔子的意思是说,百姓的善与恶,要看在上位的人所倡导的什么。在上位者如果都率先躬行善心善行,则在下位的百姓,必然也会起而效仿,所以为政何必要用杀戮的办法呢?在上位的君子,其德行的感化作用就像风一般,而在下位的小人,其应所感就像草一般,风吹到草上,草无不偃仆。小人为君子所感,无不顺从,这是一样的道理,所以欲民从善,道理只有一个,就是必先正己。

如果像季康子那样,只求责之于人,事不可能成就,因为上有所好,下必甚之,就像齐景公喜欢女子女扮男装,全国都效法一样。东汉明帝时,立马援之女马氏为皇后。马援教子有方,马氏也素有德行。《资治通鉴·汉纪三十六》载:

> 后既正位宫闱,愈自谦肃,好读书。常衣大练,裙不加缘;朔望诸姬主朝请,望见后袍衣疏粗,以为绮縠,就视,乃笑。后曰:"此缯特宜染色,故用之耳。"

马皇后能够以上率下,其登上皇后之位以后,越发谦虚庄重,无一丝毫奢侈放纵之意。并且其平日无他嗜好,只爱好读书,平时穿的衣服也不求华美,只穿粗丝之服,裙脚也不加边缘等装饰。每月初一、十五,嫔妃和公主们入宫请安之时,远远看见皇后衣着简单粗糙,还以为是特制的丝绸,走近一看,才笑了起来。皇后只是自谦说道:"这种绸料特别适于染色,所以用它。"盖皇后乃居宫中正位,尚能如此俭朴,则六宫妃主自不敢以奢华为荣。民间设若有闻,也必然认为,宫中尚且如此,我等百姓之人又何敢不俭朴呢?所以马后的贤德,也堪称东汉之首。其朴素节俭的作风与汉文帝所幸的慎夫人衣不曳地相提并称,受到后人的称赞。并且,待章帝即位,马氏被立为太后,马氏的兄长马廖恐怕马后处富贵既极,不能持久,仍然上疏劝其成就德政。《资治通鉴·汉纪三十八》载:

> 昔元帝罢服官,成帝御浣衣,哀帝去乐府,然而侈费不息,至于衰乱者,百姓从行不从言也。夫改政移风,必有其本。《传》曰:"吴王好剑客,百姓多

创瘢;楚王好细腰,宫中多饿死。"长安语曰:"城中好高结,四方高一尺;城中好广眉,四方且半额;城中好大袖,四方全匹帛。"斯言如戏,有切事实。前下制度未几,后稍不行,虽或吏不奉法,良由慢起京师。今陛下素简所安,发自圣性,诚令斯事一竟,则四海诵德,声薰天地,神明可通,况于行令乎!

马廖这里以史论今,告诫马后俭德之风不可中道而退,只因"上有所好,下必更甚"。从前元帝虽取消服官,成帝穿用洗过的衣袍,哀帝撤除乐府,然而奢侈之风并不因此停息,最终还是不可避免走向衰败。究其根本原因,就在于百姓跟随朝廷,是观其所行,而不是听其所言。故改变政风民风,一定要从根本着手。如果朝廷颁布制度却不能推行,一定要先察看是否是官吏自身不遵奉法令。《礼记·缁衣》引孔子语:"下之事上也,不从其所令,而从其所行。上好是物,下必有甚矣。故上之所好恶,不可不慎也,是民之表也。"即下级侍奉上级,不是光看他怎么说,而是要看他怎么做。上级爱好某一事物,下级一定有比他更加爱好的。所以上位者所喜好、厌恶的一切,不能不谨慎,因为这都是民众的表率。昔日光武帝刘秀,异国有人向他进献了一匹名贵的马,能日行千里,又向他进献了一把宝剑,价值连城。但是武帝却下诏,把剑赐给了骑士,马也用来驾驶鼓车,都不留于自用。并且光武帝,素性不喜欢听音乐,手里也不曾持着珠玉等玩物。光武帝此等修为,明朝张居正曾如此评价:"盖人君好尚虽微,关系甚大。凡珠玉狗马音乐等事,一有所溺,皆足以妨政害治,而贻生民之祸。汉武帝只为好大宛之善马,南越之珠玑、玳瑁,而穷兵远讨,坏了多少生灵;唐明皇只为好《霓裳羽衣》之曲,终日流连,废却政事,天下几至于亡。故古之圣王,抵璧于山,投珠于渊,不畜珍禽奇兽,不近淫声乱色,所以防其渐也。若光武者,诚可为万世之法矣。"①

为政者行得正,用道德来修养自己,就能够达到无为而治。《论语·为政》开篇就言:"为政以德,譬如北辰,居其所而众星共之。"朱子解释说:"北辰,北极,天之枢也。居其所,不动也。共,向也,言众星四面旋绕而归向之也。为政以德,则无为而天下归之,其象如此。"②即是说如果君为政,能躬身实践,求民所做的都率先而行,那么天下人民自然能够心悦诚服,这样人君身不出于宫门,而天下就得

① 张居正.资治通鉴皇家读本[M].上海:上海古籍出版社,2006:191.
② 朱熹.四书章句集注[M].北京:中华书局,1983:53.

到教化。这就如同北极星一样,居天下之中,凝然不动,而天上的星宿却四面旋绕,都拱向他。此等之治就是无为而治,因为其不用刑罚威逼,百姓自然感化。《昌言》中有:

> 我有公心焉,则士民不敢念其私矣;我有平心焉,则士民不敢行其险矣;我有俭心焉,则士民不敢放其奢矣。此躬行之所征者也。

上位者倘能有公正之心,臣民就不敢念念想着他们的私欲;在上位者倘能有平直之心,人民就不敢铤而走险;上位者倘有节俭之心,人民就不敢奢侈浪费。这是在上位者以身作则所起的作用。所以程子曰:"为政以德,然后无为。"朱子引范氏曰:"为政以德,则不动而化、不言而信、无为而成。所守者至简而能御烦,所处者至静而能制动,所务者至寡而能服众。"①

为政就是要用道德进行教化,用身体力行进行教化,这样不用过多营求,天下自然得治;不用太多的语言,去要求百姓的信任,百姓自然信服。"自天子以至于庶人,壹是皆以修身为本"(《大学》),只要在自己修身上下功夫,此道理至简,但是其用却至大;此法可谓至静,但却能制动。所以孔子言:"以身教者从,以言教者讼"(《后汉书·第五钟离宋寒列传》),身得其正,一切得其正,不言而信,不怒而威,不动而民劝。《孔子家语·大婚解》载哀公曾问孔子:"敢问人道孰为大?"即人道之中什么最重要? 孔子对曰:"人道政为大。政者正也。君为正,则百姓从而正矣。"人道之中,政治最重要。政治的本质,就是端正,君主做事端正了,百姓也就能跟着端正。

第二节 以德为本,崇德爱民

为政之目的是为了以导民正,以化民心,而不是为了统治人民、压迫人民,所以中国儒家的为政思想,一向是以德治为主,强调的是崇德爱民。因为以德治国,民心悦而诚服,不为而天下治矣,故德乃为政之本。不以德治国,为人君者不行仁义之道,只求责于民,则民心离散而有怨言,非为政之本。《论语·为政》:

---

① 朱熹.四书章句集注[M].北京:中华书局,1983:53.

"道之以政,齐之以刑,民免而无耻;道之以德,齐之以礼,有耻且格。"即人君治民,不过是要人为善,禁人为恶而已。但凡事有本有末,若不知本源所在,只是用法令去禁止其为非。如事亲便禁止他不孝,事长则禁他不悌,使其必须遵守法章制度,一有不从,便用刑罚加以惩处。这样治民,民虽不敢为恶,但只是苟免于一时,其内心并无羞耻之心,为恶的内因依旧存在,一有机会还会钻法律的空子。但若用德来引导,如教民孝悌,自己先躬行实践孝悌之道,则民有所感,教悌之风自然形成。同时用礼加以约束人们的行为,日常行事都有个节度,这样治民,百姓的良心自然感发,不但知恶之耻而不为,更知善之可贵,而尽心为之,这样就从根本上、从源头上起到了易恶迁善的作用。正因如此,自古名君无不把德治放在首位。《资治通鉴·周纪一》载:

> 武侯浮西河而下,中流,顾而谓吴起曰:"美哉乎山河之固,此魏国之宝也!"对曰:"在德不在险。昔三苗氏,左洞庭,右彭蠡,德义不修,禹灭之。夏桀之居,左河济,右泰华,伊阙在其南,羊肠在其北,修政不仁,汤放之。商纣之国,左孟门,右太行,常山在其北,大河经其南,修政不德,武王杀之。由此观之,在德不在险。若君不修德,舟中之人皆敌国也。"武侯曰:"善。"

此典故也正应了孟子的"天时不如地利,地利不如人和"之语。从前三苗氏左临洞庭湖,右濒彭蠡泽,不能说没有地利,然而他却不修德行,不讲信义,所以夏禹能灭掉它。夏桀的领土,左临黄河、济水,右靠泰山、华山,伊阙山在它的南边,羊肠坂在它的北面,地势非不险固,然而他却恃此而为暴虐,德政不修,所以商汤放逐了他。殷纣的领土,左边有孟门山,右边有太行山,常山在它的北边,黄河流经它的南面,四面山河,也是美哉壮哉,然而他不施仁德,最后被武王杀于牧野。由此看来,政权能否稳固不在于地理形势是否险要,而在于为人君者能不能施仁政。如不修仁德,失了人心,莫说外来诸侯来侵伐,就是近在眼前的人都是敌人,虽有险阻,又有何用呢?《易经·坎卦》称"王公设险以守其国",山川险阻固然不可弃,然而必须是有德者以团结人心,其险阻才可守,非谓险阻为可弃。

可见,德为治国之大宝也。《大学》:"有德此有人,有人此有土,有土此有财,有财此有用。"德从哪来,必从修身而起。为政从整体来讲,是利人,而利人要建立在自利之上。欲救落水之人,必先要学会游泳,否则就会一同溺水而亡。欲施德政者,必先自修,如不修己,只求责人,则是缘木求鱼。

一、重修身,尊贤才

(一)重修身

修身与为政,从相上来看好像差距甚远,修身是修养自身,是"明明德";为政是导人以正,是安百姓,是"亲人"。一个是针对自己,一个是针对天下人民,二者看似毫无关系,实际上关系却甚大。《礼记·中庸》有:

> 凡为天下国家有九经,曰:修身也、尊贤也、亲亲也、敬大臣也、体群臣也、子庶民也、来百工也、柔远人也、怀诸侯也。修身则道立。尊贤则不惑。亲亲则诸父昆弟不怨。敬大臣则不眩。体群臣则士之报礼重。子庶民则百姓劝。来百工则财用足。柔远人则四方归之。怀诸侯则天下畏之。

在这里,修身列在治国的九经之首,即治国先要治身,身治国才能治。这与《大学》所言同理。《大学》讲三纲、八目,三纲明明德是基,八目格物是本。身修才能家齐,家齐才能国治,国治而后天下平。人作为人,首先他是一个与众不同,有着自己独特个性的个体,但任何一个个体又不是孤立的存在,他必须依赖周围的一切,也就是说其在本质是上是一关系性的存在,他要在这一关系中发生作用。而这一关系,首先是家,再来才是社会、是国、是天下。人只有先做好了自己,进而才能在家、国、天下的范围之中处理好人与人之间的关系。孔子讲"修己以安百姓",即"安百姓"必须以修己为基础。因为只有修养自己的道德品质,才能知人并用人,才能以德感人。历观各朝治世,往往是圣君在位,贤才济济,不德之君在位,似乎该时期的贤才也是少之又少。如光武帝时期,武有马援、文有班固、班超;唐太宗有"凌烟阁二十四功臣",其中就有我们熟知的长孙无忌、魏徵、杜如晦、房玄龄、高士廉、虞世南,另外还有不少文学名士。这似乎给人的印象是,历史之所以在某一时期兴盛,就是因为贤才出现在这一时期,而其他时期之所以衰败,恰恰是因为该时期无有贤才。实则不然,"有不世之君,必能用不世之臣"(《三国志·魏书·任城陈萧王传》),千里马虽有,但唯伯乐才能识。世有贤才,也得有贤君才能用。并且邦有道,贤人才现,邦无道,贤人则隐。商纣有三贤:微子、箕子和比干,但结果是"微子去之,箕子为之奴,比干谏而死"。故《傅子·正心》有:

> 立德之本,莫尚乎正心。心正而后身正,身正而后左右正,左右正而后朝廷正,朝廷正而后国家正,国家正而后天下正。

君主树立品德的根本,没有比正心更重要的了。心正,然后身正;身正,然后左右近臣正;近臣正,然后朝廷正;朝廷正,然后国家正;国家正,然后天下正。这是治国平天下的不易之序。在修身方面,楚国有一个记载:楚国有一个隐士叫詹何,楚庄王问詹何曰:"治国奈何?"即应该如何来治理国家?詹何对曰:"何明于治身,而不明于治国也。"楚庄王曰:"寡人得奉宗庙社稷,愿学所以守之",詹何对曰:"臣未尝闻身治而国乱者也,又未尝闻身乱而国治者也,故本在身,不敢对以末"。可见修身与治国本非二事,国君修养很好,却国家动乱,是从来没有的。同样的道理,这个君王纵欲、淫乱、修养很差,然后他的国家却治理得很好,这也不可能。治理国家的根本在修身,身修而后仁民,仁民而后国治。

《韩诗外传》记载,魏文侯有一天对他的臣子孤卷子说道:"父亲很贤德,可以依靠吗?"孤卷子说:"不足以依靠。"接着文侯又说:"那儿子很贤德,可以依靠吗?"孤卷子说:"不可以依靠。"魏文侯后又问,哥哥、弟弟、臣子可不可以依靠,结果答案都是否定的,都不可以依靠,于是魏文侯生气地说道:"我问你这么多,你都说不可以依靠,如此怎么样才能够治国?"结果孤卷子的回答很有味道:"望人者不至,恃人者不久。君欲治,从身始,人何可恃乎?"即治国不可从外因去寻找办法,必须从自己的修身开始。接着孤卷子依据历史分析问题,最贤德的父亲哪有超过尧帝的呢?可是他的儿子丹朱并没有成材。当儿子的哪有贤过大舜的呢?可是他的父亲没有智慧。哥哥好的,哪有超过大舜的呢?可是他的弟弟象很傲慢。当弟弟的哪有超过周公德行的呢?但是管叔还是叛乱。当臣子的哪有比商汤跟周文王贤德的呢?当时夏桀残暴无道,商汤三番五次向他推荐伊尹,但他根本就不用。商汤是做臣子做到极致了,最后应民心,才吊民伐罪,把夏桀推翻。文王也是"三分天下有其二",全天下三分之二的诸侯都归附文王,他还是以恭敬心事奉商纣。但纣王不改其暴虐，不重用贤才，自高自傲，最后民不聊生，武王才不得已取而代之。

故《礼记·中庸》曰："为政在于得人，取人以身，修身以道，修道以仁。"天下有治人，无治法。为人君者，想使天下大治，必须择贤臣而用之，只有贤人在位，纲纪法度才能得以振兴，天下政事自然也会无为而治。然而为人君者，是群臣的表率，如欲得人，必须率先垂范，躬行仁义道德，如此则君臣上下一心，天下才能得治。

（二）尊贤才

修身虽为治国之本，然天下非一人之天下，治国也非一人之力而能为。《诗经·大雅·文王》："济济多士，文王以宁。"即文王之所以能使天下太平，关键在于其朝中人才众多。实际这不仅是文王致天下太平之道，也是历代圣王治天下之道。《韩非子·观行》："虽有尧之智而无众人之助，大功不立。"尧可谓至德，仍需贤才而辅之。所以为人臣者要举贤，为人君者必要尊贤，上下一心，才可使国泰民安。《孔子家语·贤君》载：

> 子曰："汝闻用力为贤乎？进贤为贤乎？"子贡曰："进贤贤哉。"子曰："然。"

孔子问子贡说，是努力做事称为贤明呢，还是举荐贤才称为贤明呢？子贡说，当然是举荐贤才贤明。子贡的答案正符合孔子的意思，所以孔子很是欣慰！因为天下之大，自己再贤德，以己之力，不可能济天下黎民，所以要举贤以共举大业。还有一次，仲弓在季氏家做家臣时，向孔子请教政事，孔子说："先有司，赦小过，举贤才"（《论语·子路》）。首先，仲弓作为邑长，不可事必躬亲，必须要分任于人，使人各司其职，而后考其功，这样的话身为领导就会不劳而事毕。其次，人有大过，固不可不惩，然而如果是小小差错也要苛责太严的话，则法太密而使人无所容，所以对于小过失要宽宥，刑罚不可太滥，这样才能得人心。再来就是要举贤才，要知人善任，凡有才有德者，必举而用之。仲弓又问："焉知贤才而举之？"即如何举贤才呢？孔子回答说："举尔所知；尔所不知，人其舍诸？"意思是说，贤人在世，自己当然不能尽数知道，所以举荐人才，只举荐自己所知道的就可以了,自己不知道的,总有人知,总不会被埋没。

并且,法是需要人来制订,也是需要人来实施的。再好的法令制度,如果没有贤人来运用,也只会徒有其表。《孔子家语·哀公问政》载:

> 文武之政,布在方策。其人存,则其政举;其人亡,则其政息。

周文王和周武王的施政道理及方法,虽然都有记载,但必须有像文王、武王那样的仁人存在,仁政才能施行;如果没有像文王、武王那样的人,仁政即使记录在册,也会名存实亡。如齐桓公拜管仲为相,"九合诸侯,一匡天下,民到如今受其赐"(《论语·宪问》),而当他失管仲,任竖刁、易牙,则"身死不葬,为天下笑"(《大戴礼记·保傅》)。可见,为政不可不任贤,亲贤则普天之下的人民都会受到恩泽,如果任用了小人,则可能丧身败国。

所以古代治国者,务在求贤,君主在上面提出要求,臣子在下面保举推荐,所举荐的得当,就给予相应的奖赏,所保举的人失当,则给予相应的处罚。在汉朝时,董仲舒曾发起"举孝廉"的用人制度。自汉武帝,一直延续至东汉,不少名公巨卿都是孝廉出身,对汉代政治影响很大。《后汉书·蔡邕列传》曾言:"孝武之世,郡举孝廉,又有贤良、文学之选,于是名臣辈出,文武并兴。汉之得人,数路而已。"并且这种制度制定的很详细,与当地人口数量有一定的关系,还设定了相关的赏罚制度。《资治通鉴·汉纪四十》载:"抚接夷狄,以人为本,其令缘边郡口十万以上,岁举孝廉一人,不满十万,二岁举一人,五万以下,三岁举一人。"

《新序·杂事》有曰:"为人君而侮其臣者,智者不为谋,辨者不为使,勇者不为斗。智者不为谋,则社稷危;辨者不为使,则使不通;勇者不为斗,则边境侵。"身为君主而侮辱他的臣民,其结果是有智谋的人不为他出谋划策,有辩才的人不为他出使外交,勇猛威武的人不奋力为他冲锋陷阵。有智谋的人不为他出谋划策,那么国家将会陷入困境;有辩才的人不为他从事外交任务,那么就无法与他国进行交往;勇猛威武的人不奋力为他冲锋陷阵,那么边境就会受到侵犯。所以为人君者不仅要提倡举贤,更要尊贤、用贤,否则徒有用贤之名,而无得用贤之实。《史记·鲁周公世家》载周公戒伯禽:"我文王之子,武王之弟,成王之叔父。我于天下亦不贱矣。然我一沐三捉发,一饭三吐哺,起以待士,犹恐失天下之贤人。子之鲁，慎无以国骄人。"伯禽去见父亲三次，都被父亲处罚，他自己不知道原因，后来去请教贤人商子，商子让他去看南山的乔木，北山的梓木。他才了解到，乔木很高表父道，梓木比较矮表子道，所以为人子对待父亲，要有为人子之礼，懂得礼敬父亲，懂得卑下。伯禽体悟此理后再次拜见父亲，见父亲后赶紧行礼以示恭敬，于是父亲见机施教。这时恰逢伯禽去鲁国就任国君，于是才有了这一段教诲。周朝有成康之治，政治清明、社会安定、国力强盛，与周公的明德是分不开的。这从周公尊贤就可以看出来。周公乃文王子、武王弟、成王叔，地位不可不谓高，身份不可不谓贵，但仍能"一沐三捉发，一饭三吐哺"，其谦虚尊贤之貌，可谓世代楷模。实际上，任何贤君，之所以能使天下大治，都具备尊贤之德。尧、舜受命，从不会因有位而乐，反而是以天下为忧，所以会遍及天下访贤、用贤。《论语·泰伯》："舜有臣五人而天下治。"舜仅任贤臣五人，天下就得以大治，即禹平水土、稷播百谷、契敷五教、皋陶明刑、益掌山泽。故《新序·杂事四》："故王者劳于求人，佚于得贤。舜举众贤在位，垂衣裳，恭己无为，而天下治。"为人君者求贤才是辛苦的，但得到了贤才，便会很轻松。舜有五人在位，各司其职，舜便不必亲自亲为，只需垂衣正身，恭身正己，天下就可大治。对于任何一国来说，贤才如宝，得贤者国安昌，失贤者国危亡。所以《资治通鉴·周纪二》有：

> 齐威王、魏惠王会田于郊。惠王曰："齐亦有宝乎？"威王曰："无有。"惠王曰："寡人国虽小，尚有径寸之珠，照车前后各十二乘者十枚。岂以齐大国而无宝乎？"威王曰："寡人之所以为宝者与王异。吾臣有檀子者，使守南城，则楚人不敢为寇，泗上十二诸侯皆来朝；吾臣有盼子者，使守高唐，则赵人不敢东渔于河；吾吏有黔夫者，使守徐州，则燕人祭北门，赵人祭西门，徙而从者七千余家；吾臣有种首者，使备盗贼，则道不拾遗。此四臣者，将照千里，岂特十二乘哉！"惠王有惭色。

珠玉之宝，虽名为宝，但若无贤才以守之，则终非己有。国虽无珠玉，但有贤才，自然会国隆而民安，国隆自然有人来，有物聚。所以《大学》："君子先慎乎德。有德此有人，有人此有土，有土此有财，有财此有用。德者本也，财者末也。外本内末，争民施夺。"

二、重改过,纳善言

(一)重改过

修身乃为政之本。修身的实质就是"求其放心而已",而人求放心的过程,实质上就是一个改过的过程。因为人之本性皆善,人流于不善,只是由于后天的习染太重,而不能复其初。人要想复其初,就必须去其习染,去其习染的过程就是改过。古之圣贤君子都注重改过。曾子之三省其实质就是要做到每日知过、改过。颜回之四勿,非礼勿视、勿听、勿言、勿动,其实质就是防止犯错。颜回为什么被称为"好学",根本原因就在于其能做到"不迁怒,不贰过",即犯了过失,从来不迁怒于人,并且会勇于改正,绝对不会第二次犯同样的过失。孔子曾言"过则勿惮改",就是说有了过失要及时改正,不可耽误时日。因为有过而不改,则修身就没有任何意义,如果知过而不改,则学习就是增长自己的浮华而已,全然不是儒家所追求的为己之学。孔子在《论语·子罕》说:"法语之言,能无从乎?改之为贵。巽与之言,能无说乎?绎之为贵。说而不绎,从而不改,吾未如之何也已矣。"《论语正义》释:"绎与怿,古多通用。"①绎,《广雅·释诂》:"绎,更改也。"钱穆的《论语新解》释:"法语之言:法,法则义;语,告诫义。谓人以法则告诫之辞正言相规也。""巽与之言:巽,恭顺义;与,许与义。谓人以恭顺许与之词婉言相劝也。""绎之为贵:绎,寻绎义。人之与我,不以庄论,而以恭顺赞美之词相诱导,我虽悦其言,贵能寻绎其言之微意所在也。"②意思是说,别人用规则性的、正直性的语言来告诫我,我一方面要服从,但更重要的是要接受规劝,改正自己的错误。当别人用恭顺婉转的语言来赞许我时,我在喜悦的同时,一定寻绎体会到所言者背后的微言大义,并用以指导自己的行为。如果只知喜悦,不知寻绎;只知服从,并不改过,施教者对我们也是无可奈何。儒家讲的求学,不单单是学习某种知识,掌握某种技能,学习更重要的是要变化我们的气质,改正原来不正确的认知习惯。不改过,也就失去了学习的本质。故孔子言:"过而不改,是谓过矣。"有了过失而不改,这就是更大的过失了。

虽然改过对于一个人的修身来讲,是很重要的事情,但是对一般人来讲,改

---

① 刘宝楠.论语正义[M].北京:中华书局,1990:353.
② 钱穆.论语新解[M].成都:巴蜀书社,1985:228.

正过失却是最困难的。人是最不愿意面对自己的过失的。孔子在《论语·公冶长》中曾感叹："已矣乎！吾未见能见其过而内自讼者也。"讼，咎责义。因为人不容易看到自己的过失，看到过失又多自诿自解，很难自责，所以孔子感叹好学的人少，像颜回那样"不贰过"的人更是很难遇到！所以古人言："人之所难者二，乐知其恶者难，以恶告人者难"（《中论》）。即人难以做到的有两件事，乐于别人指出缺点并加以改正，很难做到；把自己的缺点告诉别人，也很难做到。

　　改过，对小人来说是苦不堪言，但对君子来讲则是乐而为之。君子为学，目的就在于改过。孔子曾言"加我数年，五十以学《易》，可以无大过矣"（《论语·述而》）。关于"五十以学《易》"虽有不同解释，一说当年孔子四十多不到五十，见钱穆的《论语新解》。另一说当年孔子七十多，"五十"为"卒"误，见朱熹的《集注》。无论哪种解释，其主旨无有疑义，即是通过明了《易经》的吉凶之道，以免人生犯太多的过失。圣人君子以改过为要务，主张"静坐常思己过，闲谈莫论人非"，所以当子贡论人过失，孔子告诫曰："赐也，贤乎哉？夫我则不暇"（《论语·宪问》）。意思即说，改变自己的过失还来不及，哪有时间看别人的过失呢？王阳明言："人不贵于无过，而贵于能改过"（《传习录》）。即使是圣贤人也不能说终生无过，但最重要的是改过。孔子到卫国时，蘧伯玉曾使人见孔子，孔子问其人说："夫子何为？"即蘧伯玉最近怎么样？使者回答："夫子欲寡其过而未能也。"据历史记载，孔子到卫国时，蘧伯玉已年近百岁高龄，然而仍"欲寡过"，其贤可知矣。《论语新解》曰："不曰欲无过，而曰欲寡过，又曰未能焉。使者言愈卑，而其主之贤愈益彰。"[①]有过非为耻，有过而不改才为耻，过而能改真为荣。如因人之有过，就判为不贤，则有失科学。《论语·子张》引子贡语："君子之过也，如日月之食焉；过也，人皆见之；更也，人皆仰之。"过失是人所不能无的，即使是君子能够检身自省，也会有一时差错，而不免有过。但常人有过但恐人知，所以隐之藏之，故人不知。君子有过，则自认其非，而明白昭示于人，无一丝毫遮蔽，明如日月之食，人皆知之，及其改正，则又如日月由亏而圆，人皆仰之。

　　身为一国之君，千万人的幸福系于一身，如果想保持天下太平，则必要改过。历观各朝各代，能接受劝谏，改正过失的，其国愈强；不能接受劝谏，而刚愎自用

---

① 钱穆. 论语新解[M]. 成都：巴蜀书社，1985：351.

的,其国益衰。然而"忠正之言简直而多逆,佞邪之言柔顺而多文"(《袁子正书》)。直谏之言往往难以入耳,谗佞之言往往悦耳动听。然而直谏之言于社稷有利,谗佞之言于社稷有伤。所以孔子曰:"药酒苦于口而利于病,忠言逆于耳而利于行。汤武以谔谔而昌,桀纣以唯唯而亡"(《孔子家语·六本》)。好药大多苦口难咽,但却有利于治病;而教人从善的谏言多数不太动听,但有利于人们改正自身的缺点。商汤、周武王因为广纳直言劝谏而国运昌盛,夏桀、商纣因为听信唯唯诺诺的谄媚之言而国破身亡。所以凡国之昌者,其主必贵于改过。《资治通鉴·汉纪四》司马光曰:

> 过者,人之所必不免也;惟圣贤为能知而改之。古之圣王,患其有过而不自知也,故设诽谤之木,置敢谏之鼓;岂畏百姓之闻其过哉!是以仲虺美成汤曰:"改过不吝。"傅说戒高宗曰:"无耻过作非。"由是观之,则为人君者,固不以无过为贤,而以改过为美也。

从前的古圣先王,他们在治理国家的时候,在他们的态度上,以至于具体的一些措施上,都是希望能够听到自己的过失。尧舜之时,都在朝堂设有敢谏之鼓,立诽谤之木。另禹治天下时,设有"五声听"。朝堂门口悬挂着钟、鼓、铎、磬,旁边摆放着鞀,以此接待天下之士。并在悬挂钟磬的木架上刻着铭文:"教寡人以道者击鼓,谕寡人以义者击钟,告寡人以事者振铎,语寡人以忧者击磬,有狱讼者摇鞀"(《淮南子·氾论训》)。并且中国过去还设有史官,"左史记事,右史记言",君主的一言一行都要记在历史当中。《汉书·贾邹枚路传》曰:"古者圣王之制,史在前书过失,工诵箴谏,瞽诵诗谏,公卿比谏,士传言谏,庶人谤于道,商旅议于市,然后君得闻其过失也。闻其过失而改之,见义而从之,所以永有天下也。"即从前圣明君主的制度,史官在前记载过失,乐工朗诵规劝的选篇,目的就是让君主知过而改。古代中国乐与政通,乐工写一些曲子,目的就是要起到移风易俗的作用。如《诗经》,其旨即"思无邪"。"关关雎鸠,在河之洲,窈窕淑女,君子好逑。"现在人多从字面把这句话当作恋爱的词语来吟诵,实不知其主旨是提醒在位者要重视德行,不能重视外表美色,选择妻子如此,选择臣子亦如是。除此之外,百姓在路上言论,商人在市集上议论,君主也要非常慎重地去了解,从而知道自己的过失，进而改正。故《说苑·君道》有："明主者有三惧：一曰处尊位而恐不闻其过；二曰得意而恐骄；三曰闻天下之至言，而恐不能行。"即英明的君主对三件事感到忧惧：一是身居高位而怕听不到别人的批评；二是事事称心满意而怕变得骄傲；三是听到天下至理之言，而怕不能实行。故真正明君圣主听到了过失就改正，看见了符合道义的事立刻就效法，这也是他们长久拥有天下的原因。故为人君者要诚惶诚恐、战战兢兢！谨慎自己的一言一行。

伏尔泰是十八世纪法国资产阶级启蒙运动的旗手，被誉为"法兰西思想之王""法兰西最优秀的诗人""欧洲的良心"，被视为启蒙运动的领袖和导师。他强调自由，他有一句名言："我坚决不同意你的观点，但我誓死捍卫你发表你的观点的权利。"此言虽有道理，但也需细细揣摩。人虽有言论自由，但人同时也应当注意自己的言行对社会的影响，人所要做的每一件事，说的每一句话，应该是对社会有益的，即要立功、立言、立德。中国有一句老话，叫"盖棺定论"，即人去世以后，要对这一个人总体进行评价，故中国有"谥号"一说。《五经通义》载："谥者，死后之称，累生时之行而谥也。生有善行，死有善谥。所以劝善戒恶也。"又《礼记·乐记》："闻其谥，知其行也。"汉武帝被谥为"孝武"。"武"意思是"威强睿德"，因汉武帝厉兵马以攘四夷、辟地建功，所以才有此谥。另外，"灵"乃"乱而不损"之意，如果一个人生前行事错乱、神人共愤，则被谥为"灵"，如晋灵公、汉灵帝。"厉"乃"暴慢无亲""杀戮无辜"之意，如君主太过暴厉，则可能被谥为"厉"，如周厉王。"谥者，行之迹也"（《逸书·谥法解》），谥号是对人一生是非善恶的评价，它体现了对死者一生行为的褒扬，也反映了对某些人恶行的谴责，从而起到了劝善戒恶的作用。所以中国人一向强调谨言慎行，即要对自己的言行负责，不可以肆意妄为，这样自然就能减少过错的产生。

（二）纳善言

人要想改过，首先就必须能够纳谏。《潜夫论》有："夫贤者之为人臣，不损君以奉佞，不阿众以取容，不堕公以听私，不挠法以吐刚，其明能照奸，而义不比党。"即贤者作为臣子，不会奉承和花言巧语使君主圣德受到损害，不为讨人高兴而曲意迎合大众，不损坏公义来顺从私欲，不扰乱法纪而畏惧强暴。他们的明智能够辨别奸邪；他们的行为符合道义，从不结党营私。这样的臣子事君，见到君主的不当之处，必然会指出来，因为其一心为公。子不争于父，不可谓孝；臣苟顺于君,不可谓忠。家之将兴,全在谏子;国之将盛,贵在谏臣。忠臣事君,见君有过,必然要劝谏,因为"危而不持,颠而不扶"非忠臣所为。《汉书·贾邹枚路传》言:"忠臣之事君也,言切直则不用而身危,不切直则不可以明道。故切直之言,明主所欲急闻,忠臣之所以蒙死而竭智也。"忠臣侍奉君主,如果劝谏的言语太过正直,而又不能被信用,就会危及自己生命;如果言语不切直,则又不能够阐明道理。所以劝谏是臣子冒生命危险而竭忠尽智要表达的,为人君者不可不虚心听受。然而如果君主不能接受,贤臣也不会留恋职务与富贵。所谓"良禽择木而栖,良臣择主而事"。范仲淹的儿子范纯仁后来也是当到宰相,其有一句话讲道:"言不用,万钟非所顾也"(《宋史纪事本末·王安石变法》)。即是说如果正确的建议不能被国君所采用,那万钟的俸禄,忠臣绝没有任何留恋之意。

相反,小人喻于利,所以才会尽阿谀奉承之能。所以小人不会直言劝谏,只能作面从之徒。《战国策·齐策》载:

邹忌修八尺有余,身体昳丽。朝服衣冠,窥镜,谓其妻曰:"我孰与城北徐公美?"其妻曰:"君美甚,徐公何能及公也!"城北徐公,齐国之美丽者也。忌不自信,而复问其妾曰:"吾孰与徐公美?"妾曰:"徐公何能及君也!"旦日,客从外来,与坐谈,问之客曰:"吾与徐公孰美?"客曰:"徐公不若君之美也。"明日,徐公来,孰视之,自以为不如;窥镜而自视,又弗如远甚。暮寝而思之,曰:"吾妻之美我者,私我也;妾之美我者,畏我也;客之美我者,欲有求于我也。"

邹忌本不如徐公美,然而其妻、其妾、其友皆认为他美,究其原因是因为爱他、畏他和有求于他。《大学》里面讲:"人之其所亲爱而辟焉,之其所贱恶而辟焉,之其所畏敬而辟焉,之其所哀矜而辟焉,之其所敖惰而辟焉。"人与人相处,往往会着于一偏。人对于自己所爱之人,往往因爱而忘其失,如父之爱子,只管任情去亲爱,而不论其义理当否。人对于自己所厌恶的人,往往因恶而忘其长,不能见其可取之处,也有失中道。人对于尊长,固当恭敬,但如不察其理,过于畏敬,不问事情之缘由,皆不敢有所违抗,也不合于中道。人对于困苦之人,本应施与同情,但若其中有不值得怜悯之处,还一味偏袒,就变成了姑息。所以人之处世，情理法三者必须兼顾，不能因个人之私情私意，而坏天下之大义。

《资治通鉴·唐纪八》载，唐太宗重用魏徵时，魏徵就曾言："臣幸得奉事陛下，愿使臣为良臣，勿为忠臣。"魏徵为什么要作良臣而不作忠臣呢？自古忠臣受世人赞叹，魏徵不作忠臣，不免令人惊愕。但魏徵其后所言，则不无道理："稷、契、皋陶，君臣协心，俱享尊荣，所谓良臣。龙逄、比干，面折廷争，身诛国亡，所谓忠臣。"魏徵此言实是劝勉李世民能够勇于纳谏，君臣协力，共同把国家治理好。《潜夫论》："国之所以治者，君明也。其所以乱者，君暗也。君之所以明者，兼听也。其所以暗者，偏信也。是故人君通必兼听，则圣日广矣；庸说偏信，则愚日甚矣。"国家之所以治理得好，是因为君主英明；国家之所以败乱，是因为君主昏庸。君主之所以英明，是因为能广泛听取各方面的意见；君主之所以昏庸，是因为偏听偏信。因此，君主内心通达、广听兼纳，圣德就会日渐扩大。相反，君主如果偏信奸佞之言，昏庸愚昧就会与日俱增。据《资治通鉴·唐纪八》记载，有一次唐太宗问他侍臣：

> "朕观隋炀帝集，文辞奥博，亦知是尧、舜而非桀、纣，然行事何其反也！"魏徵对曰："人君虽圣哲，犹当虚己以受人，故智者献其谋，勇者竭其力。炀帝恃其俊才，骄矜自用，故口诵尧、舜之言而身为桀、纣之行，曾不自知以至覆亡也。"上曰："前事不远，吾属之师也！"

隋炀帝，才不可谓不高，学不可谓不博，并且知尧、舜为可法，桀、纣为可警，然而却口诵尧舜，身为桀纣，只缘于其心傲慢而不能纳谏。所以，国之将兴，贵在谏臣。中国历史上敢于进谏、勇于纳谏的佳话，也是中国传统文化中的一笔巨大财富。晏子一日曾三谏君，以至于晏子去世后，景公在吊唁时痛哭流涕地说："呜呼！昔者从夫子而游公阜，夫子一日而三责我，今谁责寡人哉"（《晏子春秋·内篇谏上》）！司马迁为此赞晏子曰："至其谏说，犯君之颜，此所谓'进思尽忠，退思补过'者哉！假令晏子而在，余虽为之执鞭，所忻慕焉"（《史记·管晏列传》）。

《论语·卫灵公》："直哉史鱼，邦有道，如矢；邦无道，如矢。"矢，是箭。如矢，言其正直如射箭一般。人处天地间，如遇有道之君，则可以直言进谏以直道事君。但若遇无道之君，人则不得不委曲以随俗。史鱼则不同，当邦有道，应危言危行之时,则刚正不阿,如矢之直。当邦无道,应危行言逊之时,仍守其刚正之品质,丝毫不为时势所曲,诚难可贵。史鱼曾几次向卫君进谏以求重用蘧伯玉,但卫灵公终不用,但史鱼之志到死不休。《韩诗外传》载:

> 卫大夫史鱼病且死,谓其子曰:"我数言蘧伯玉之贤而不能进,弥子瑕不肖而不能退。为人臣生不能进贤而退不肖,死不当治丧正堂,殡我于室足矣。"卫君问其故,其子以父言闻,君造然召蘧伯玉而贵之,而退弥子瑕,徙殡于正堂,成礼而后去。生以身谏,死以尸谏,可谓直矣。《诗》曰:"静恭尔位,好是正直。"

史鱼生谏君重用贤才不成,死还以尸谏之,其忠不得不令人钦佩!实际上,中国历史上这些谏臣,数不胜数,他们之所以敢冒死、直言进谏,皆因把个人之生死完全置之度外,心中只有天下之社稷,其精神与气节令人可歌可泣!也正是正臣直臣敢于进谏与圣君勇于纳谏相结合,才造就了中国历史上一个个风清气正的政治典范。

三、爱人民,厚民生

人君重德治,必然会爱民、重民、利民,这是"德治"的应有之意。所以自古儒家为政思想,无不蕴含着深厚的民生、民本思想。这种民本思想,不仅包括要贵民、重民,还包括利民、爱民及教民。

(一)贵民、重民

贵民、重民是儒家的一贯主张,这种思想最早来自周朝的"以德配天"。周人认为,君权虽是天所授,但是天并不是无缘无故地把权力赐予君主的,而要看君主是否具有敬民保民之德。《尚书·多方》:"天惟时求民主。"即是说上天无时不在寻求适合做万民之主的人。夏人因"大不克明保享于民,乃胥惟虐于民",故天弃夏而命汤"简代夏作民主"。到了殷纣之时,"天惟五年须暇之子孙,诞作民主",即用了五年的时间等待成汤子孙的悔悟,使其继续做民之主。但殷纣"罔可念听",不顺从天意,所以天"简畀殷命",使周代殷做民之主。到了周朝,这种民本思想完全突显出来。如"民可近,不可下;民惟邦本,本固邦宁""德惟善政,政在养民""用康保民""怀保小民""皇天无亲,惟德是辅;民心无常,惟惠之怀。"诸如此类贵民思想,在《尚书》中随处可见。即是指人民是国家的根本,只有百姓安定富足了,国家才能安宁,所以对于人民只可亲近,不可轻视。而上天对人,本无私厚,有德之人,与天命相符,故能长保其爵位;无德之人,不能履道而行,故天命去之。民心也非恒常如一,如能以恩惠保民爱民,才能使民心归附,永保天下。

春秋时期,贵民思想进一步发展。《左传·哀公元年》上有这样一句话:"国之兴也,视民如伤,是其福也;其亡也,以民为土芥,是其祸也。"国家兴盛的原因在于把百姓视作是自己的伤口一样,对他们倍加关心、倍加体恤,这是国家的福祉所在。国家灭亡的原因则在于"以百姓为土芥",将百姓看作是如泥土和小草一样微贱,可以随意地去践踏,这是国家招致灾祸的原因。

孔子继承了这种贵民思想,并进一步发展,在《论语·学而》中,孔子就提出了:"道千乘之国,敬事而信,节用而爱人,使民以时。"即要务民之本,不可随意夺民农时,误其耕种。《礼记·缁衣》引孔子语:"民以君为心,君以民为体。心庄则体舒,心肃则容敬。心好之,身必安之;君好之,民必欲之。心以体全,亦以体伤。君以民存,亦以民亡。"即君为心,民为体,体亡心何以独存?

孟子作为儒家的主要继承者,其贵民思想更是突出。孟子认为政治的关键是要得到人民的信任和拥护,国之兴亡,全在民心之向背。孟子言:"暴其民甚,则身弑国亡;不甚,则身危国削,名之曰'幽'、'厉',虽孝子慈孙,百世不能改也。""桀纣之失天下也,失其民也,失其民者,失其心也。得天下有道,得其民,斯得天下矣;得其民有道,得其心,斯得民矣;得其心有道,所欲与之聚之,所恶勿施尔也"(《孟子·离娄上》)。恶有大有小,祸就有重有轻,但没有不害于身,灾于国者。若横征暴敛、严刑峻法、视民如草芥,任意夺民之命,甚者会身弑国亡,不得存于世,不甚者也会国削民乱,不能自振。自古治世之道都是得民心者得天下,失民心者失天下。民不可轻,轻民、慢民就是自轻其身、自轻其国。故《孟子·尽心下》言:"民为贵,社稷次之,君为轻。"是说治理一个国家,要把百姓放在最重要的位置,社稷其次,最轻的、最后的才是自己。可以说,孟子的这种民本思想,对中国古代社会的长治久安,起了不可忽视的重要作用。

荀子继承儒家的贵民思想,曰:"君者,舟也;庶人者,水也。水则载舟,水则覆舟。此之谓也。故君人者,欲安,则莫若平政爱民矣"(《荀子·王制》)。荀子认为,君主似船,人民似水,船必须依赖水的浮力才可平稳前行,但水既可载船,也可激起千层浪使船沉没。所以君主必须施行善政,爱护人民,以民为心,不可残民、暴民,以民为尘。荀子由此提出了一个反对君主专制的民本思想的命题,为后来的儒家所重视。

(二)养民、利民

仁君因其贵民重民,自然就会养民利民。《左传·襄公十四年》曰:良君"养民如子,盖之如天,容之如地。民奉其君,爱之如父母,仰之如日月,敬之如神明,畏之如雷霆"。贤良的国君爱护他的人民,就像对待自己的子女一样,像天一样庇荫着人民,像大地一样养育着人民。故此人民也像爱父母一样爱其君,仰慕国君就像仰慕日月一样,尊重国君就像尊重神明一样,敬畏国君就像敬畏雷霆一样。《傅子》:"利天下者,天下亦利;害天下者,天下亦害之。……仁人在位,常为天下所归者,无他也,善为天下兴利而已矣。"能利益天下的人,天下自然会利益他;危害天下的人,天下自然会危害他。这是自然之理,尤仕何幺妙而言。所以自古都是仁者得天下,不仁者失天下。《六韬》中有一句话:"善为国者,驭民如父母之爱子,如兄之爱弟。见之饥寒,则为之忧;见之劳苦,则为之悲。"父之爱子,兄之慈弟,均发自内心的一片赤诚,纯是一颗爱人、利人之心。如以此心爱人民,自然能感得人民的爱戴与尊敬,天下太平也会指日可待。

《晏子春秋·谏上》记载一故事。齐景公时,有一年接连下了三天大雪,天气都没有放晴。景公身披狐白裘衣,坐在他自己殿堂侧边的台阶上。刚好晏子进来了,站了片刻之后,景公就说:"真奇怪,怎么大雪纷飞的天气,却一丝也不觉得寒冷?"晏子于是说:"婴闻之,古之贤君,饱而知人之饥,温而知人之寒,逸而知人之劳,今君不知也。"即贤明的君主,自己吃饱了,也能时时体恤还有没有人处在饥饿当中;自己穿得暖,也能时时想着怎么样去帮助受冻的百姓;自己生活很安逸,也能时时想到有没有处在劳苦当中的百姓。景公听完后马上命令把自己仓库里面的皮衣还有粮食,分给饥寒的百姓。孔子听闻此事亦曰:"晏子能明其所欲,景公能行其所善也。"

汉景帝时贾谊曾上书曰:"管子曰:'仓廪实而知礼节,衣食足而知荣辱。'民不足而可治者,自古及今,未之尝闻"(《资治通鉴·汉纪五》)。上之治民,必先富民、安民,如果人民基本的物质生活需求都不能得到满足,怎么能让起遵守仁义道德呢？所以想使天下得治，首先必须能让百姓安居乐业。孟子曰："无恒产而有恒心者，惟士为能。若民，则无恒产，因无恒心。苟无恒心，放辟邪侈，无不为已"（《孟子·梁惠王上》）。即如施行仁政，必须以富民、利民开始。礼义生于富足，人们的基本的物质生活得到保障，人们才能有心谈论道德学问。人们假如没有稳固的资产却有恒常不变的善心，也只是有一定修养的读书人才能具备。寻常百姓，饥寒交迫、居无定所，衣食尚且不保，哪能有心追求道德仁义呢？为了满足物质需求，进而铤而走险，做出越礼犯法的事情，也是常情。所以孟子接着说："今也制民之产，仰不足以事父母，俯不足以畜妻子；乐岁终身苦，凶年不免于死亡。此惟救死而恐不赡，奚暇治礼义哉？"百姓连生之希望都不保，朝不保夕，上不能孝养父母，下不能畜养妻子，这时驱使其为善，则难于登天。

可见，治国必以养民、富民为先。百姓富裕了才能遵仁安义，道德教化才能真正起到作用。但富民本身并不排斥仁义，孔子曾提出"民无信不立"。"食、兵、信"三者，首先可去兵、其次去食、最后才是去信，实言信至死不可去。实际上也只有真正仁德之君才能富民，残暴之君视民如土芥，只顾自身之享受，哪顾百姓之死活。仁德之主，视民如伤，见民饥寒，则哀同己受，普天之下，有一民饥，都心存恻隐，又怎忍万民受饥馁冻寒之苦。

所以当初孟子以子思为师，寻问治理国家之道，子思说："先利之。"孟子听了不仅心有疑问，君子教民应以仁义为重，何必谈利呢？子思曰："仁义固所以利之也，上不仁则下不得其所。上不义则下乐为诈也，此为不利大矣。故易曰：'利者，义之和也。'又曰：'利用安身，以崇德也。'此皆利之大者也。"（《资治通鉴·周纪二》）即以仁义教民是最大的利民。但是实施仁教，必自上开始，上仁则下慈，上义则下诚。所以司马光曰："子思、孟子之言，一也。夫唯仁者为知仁义之为利，不仁者不知也。故孟子对梁王直以仁义而不及利者，所与言之人异故也"（《资治通鉴·周纪二》）。也就是说，真正的利民，是以道德仁义来教化人民，这与富民完全不矛盾。并且也只有以仁义治天下，才能真正利民，因此养民、利民之中，自然蕴含着教民思想。

（三）爱民、教民

孔子曾言"民可使由之，不可使知之"（《论语·泰伯》）。曾有人认为这是愚民政策。孔子作为一代教育家，其爱民之心怜孤惜寡，又怎能有愚民之举呢？但此语又非虚,又该如何解释呢?

何晏注:"由,用也。可使用而不可使知者,百姓能日用而不能知。"①郑注云:"民,冥也,其见人道远。由,从也。言王道设教,务使人从之。若皆知其本末,则愚者或轻而不行。"②古时明君,皆以礼乐施政,亦以礼乐施教。因此,中国自古就被称为礼仪之邦。《论语·季氏》:"孔子曰,天下有道,则礼乐征伐自天子出。"《礼记·中庸》引孔子曰:"非天子不议礼,不制度,不考文。虽有其位,苟无其德,不敢作礼乐焉。虽有其德,苟无其位,亦不敢作礼乐焉。"由此可知,必有天子之位,又有圣人之德,始能制礼作乐。礼、乐虽是六艺中的两种艺术,但与道德仁义息息相通,施于政治,可致国泰民安;施于教育,可使人为君子、贤、圣。这样的礼乐,一般民众皆可以学而行之,但教他们了解礼乐如何可通大道的义理,别说他们听不懂,即使圣人也不能用言语给他们详尽、透彻说明。因为"书不尽言,言不尽意"(《易经·系辞》)。大道是寂然不动,感而遂通,不能以言语说以人知,但可使人先行而后知。虽知,亦是如人饮水,冷暖自知,仍无法对他人说。所以,孔子说,可使民众行之,不可使其知之。行而后知,是孔子教学方法之一。

孔子注重行,并不意味着其不注重教。《论语·子路》记载:

> 子适卫,冉有仆。子曰:"庶矣哉!"冉有曰:"既庶矣,又何加焉?"曰:"富之。"曰:"既富矣,又何加焉?"曰:"教之。"

由此可见,孔子民本主张的具体内容为养民、富民、教民。另外,《论语·尧曰》:"不教而杀谓之虐"。《论语·子张》:"上失其道,民散久矣,如得其情,则哀矜而勿喜。"《孔子家语·始诛》:"上失其道,而杀其下,非理也。不教以孝,而听其狱,是杀不辜也"。此两处均是指,治理国家,一是为人君者要注重自身的道德修养,以正率下;二是要注重对百姓的教化。如果一国之君自身不能行君道,又不能教育人民明孝、悌、仁、义之道,当人民犯了过失,就将其按律处罚,这实则无异于暴虐人民。

孟子作为儒家的另一位重要代表,亦提出了富民与教民的思想。孟子言:

① 刘宝楠.论语正义[M].北京:中华书局,1990:299.
② 刘宝楠.论语正义[M].北京:中华书局,1990:299.

"五亩之宅,树之以桑,五十者可以衣帛矣。鸡豚狗彘之畜,无失其时,七十者可以食肉矣。百亩之田,勿夺其时,八口之家可以无饥矣。谨庠序之教,申之以孝悌之义,颁白者不负戴于道路矣"(《孟子·梁惠王上》)。即治国之道,首先也在于富民,使人民能够饱食暖衣,上足以事父母,下足以养妻子。然后再加以伦理教化,使人们知晓孝悌之大义,能够尊老爱幼。如此国家物质丰富,民风和顺,王道之治自然可重现。

另外,荀子也提出了富民与教民并举的思想。《荀子·大略》言:"不富无以养民情,不教无以理民性。故家五亩宅,百亩田,务其业而勿夺其时,所以富之也。立大学,设庠序,修六礼,明十教,所以道之也。《诗》曰:'饮之食之,教之诲之。'王事具矣。"如不能富民,不能使人民休养生息,人与人之间自然冷漠疏远。如果能富民但不能教民,则人们就会沉溺于物质享受之中而流于怠惰,其人性方面的道德修养则未免缺失。所以富民与教民必须齐头并进,物质文明与精神文明都不可偏失,这可说是中国文化自古以来就有的主张。

第三节　以刑为辅,宽猛相济

强调"以德治国"是否就不用刑法呢?答案无疑是否定的。《孔子家语·刑政》中有说:"圣人之治化也,必刑政相参焉。太上以德教民,而以礼齐之。其次以政焉导民,以刑禁之,刑,不刑也。化之弗变,导之弗从,伤义以败俗,于是乎用刑矣。"其意是说,圣人治理教化民众,必须是刑罚和政令相配合使用。最好的办法是用道德教化民众,并用礼来统一人们的行为。其次是用政令,对经过教化还不改变,经过教导又不听从,损害义理又败坏风俗的人,只好用刑罚来惩处。可见儒家治世,以德为主,但并不排斥法。刑与法的目的并不是为了惩罚百姓,最终目的是通过威慑以达到对民众的教育。

一、重视德治,不避法治

儒家强调德治的重要性,同时也不排斥刑法。《孟子·离娄上》曰:"徒善不足以为政,徒法不能以自行"。其意是说:徒有仁心,不足以为政,还必须有实现仁德的方式方法;徒有刑法,也不能有效实施,还必须缘其本,在根本上培养人们的向善之心。所以治理国家,非德与刑单独可以完成的。

崇尚德治,同时也需要刑法的辅助,究其原因在于人的习染不一,善恶掺杂,不能一概而论。孔子讲:"性相近也,习相远也。"孟子言"性善"。《大学》讲:"大学之道,在明明德"。均指人之为人,虽其本性之至善无有分别,但人由于后天习染不同,程度不一,故有贤、不肖之差别,有了贤与不肖,自然就有不同的教育方法与手段。《荀子·王制》有言:"以善至者待之以礼,以不善至者待之以刑。两者分别,则贤不肖不杂,是非不乱。"人善恶程度不一,教化的方法自然也有所不同。对于善人,可以用礼义加以引导,用道德加以感化;对于顽劣之徒,德不能感其心,礼不能节其行,所以不得不付诸刑罚,否则就是助纣为虐。《申鉴》中有言:"赏不劝,谓之止善;罚不惩,谓之纵恶"。当人有功于社稷,当赏时则不能吝啬,否则就会丧失其为善的动力与信心。相反,当人做了恶事,则必须给予相应的惩罚,绝不可纵容姑息,否则就是助其为恶。所以吕坤的《呻吟语》指出:"过宽杀人,过美杀身。是以君子不纵民情,以全之也;不盈己欲,以生之也。"①对于人民过于宽厚、过于仁慈,看似是爱,实则是害,因为这样会使其有错而不改,有恶而不能迁。有德之君治天下,绝对不会放纵民情,也不会放纵自己的欲望。这从表面看来,有失宽厚,实则是对百姓的真正爱护。所以任何一个明君治理天下,绝对不会弃刑罚而不顾,而是要做到有法可依,执法必严。

但话又说回来,刑罚在治理国家方面无论发挥如何巨大的作用,但它依旧是德治的辅助。《昌言》中有说:"德教者,人君之常任也,而刑罚为之佐助也。"即道德教化是人君治国的常道,而刑罚只是德教的辅助。刑罚之产生,非从天生,亦非从地出,乃因为我们后天习染越趋越重,因其罪而治之,乃圣人不得已之意。因此,刑罚之根本在于其威慑作用,使人不敢为非,而不是从源头上让人感到羞耻而不肯为非。

秦穆公为了富国强兵而重用商鞅,商鞅当时言:"论至德者不和于俗,成大功者不谋于众。是以圣人苟可以强国,不法其故"(《资治通鉴·周纪二》)。即大德之人不与俗众同流,成大功者不必与众人同谋,欲使国家强大,也不能因循守旧,坚守旧法而不变,于是商鞅施行变法强国。商鞅改革了秦国户籍、爵位、土

---

① 吕坤. 呻吟语[M]. 北京:学苑出版社,1983:136.

地、行政区划、税收、度量衡以及民风民俗,并制定了严酷的法律。"令民为什伍而相收司、连坐,告奸者与斩敌首同赏,不告奸者与降敌同罚。有军功者,各以率受上爵。为私斗者,各以轻重被刑大小。僇力本业,耕织致粟帛多者,复其身。事末利及怠而贫者,举以为收孥。宗室非有军功论,不得为属籍。明尊卑爵秩等级,各以差次名田宅、臣妾、衣服。有功者显荣,无功者虽富无所芬华"(《资治通鉴·周纪二》)。商鞅变法初起,确实起到了富民强国的目的。"行之十年,秦国道不拾遗,山无盗贼,家给人足;民勇于公战,怯于私斗,乡邑大治"(《资治通鉴·周纪二》)。但这成绩的取得并不是通过人们的自愿或道德的提升为基础的,而是在刑罚的威慑下,人们不得不如此的行为,是"免而无耻",而不是"有耻且格"。并且商鞅的系列变法,是以功利的诱导为基础,而不是以道德教化为准则,久而久之,人们的贪欲会逐步扩大,而道德的自律会越来越小。尤其连坐制度开了株连的先河,人民由宽容忍让而变成互相监督,因恐惧连坐而互相揭发,也极大败坏了淳朴的与人为善的民风。《资治通鉴·汉纪六》载:

> 商君遗礼义,弃仁恩,并心于进取;行之二岁,秦俗日败。故秦人家富子壮则出分,家贫子壮则出赘;借父耰鉏,虑有德色;母取箕帚,立而谇语;抱哺其子,与公并倨;妇姑不相说,则反唇而相稽;其慈子、耆利,不同禽兽者亡几耳。

商鞅变法虽然在短时期内取得了富国强兵的效果,但这只是短视近利,对民风民俗却造成了极大的危害,从而对社会治理留下了数不尽的后患。因此责人不可太严,疾人不可太甚。《群书治要·晋书》:"善为治者,纲举而网疏。纲举则所罗者广,网疏则小罪必漏。所罗者广,则大罪不纵,则甚泰必刑。微过必漏,则为政不苛;甚泰必刑,然后犯治必塞。此为治之要也。"善于治理国家的人,要抓住总纲,而法网要稀疏。抓住总纲,则涉及的面广,大罪不会纵容,大过必能得到惩处。法网稀疏,小的过失就会被忽略,法律就不会太苛刻。这样法律既能起到惩恶的作用,人们也不会感到太苛刻。所以法令刑罚的制定也要合于中道,这是治理国家的关键。

总之,崇尚德治,虽不避法治,但德主刑辅的次序是不能颠倒的。《袁子正书》:"夫仁义礼制者,治之本也;法令刑罚者,治之末也。无本者不立,无末者不成。夫礼教之治,先之以仁义,示之以敬让,使民迁善日用而不知也。"仁义礼制,是治理国家的根本;法令刑罚,是治理国家的枝叶。没有根本就不能立国,没有枝叶就不能有所建树。以礼义教化治国,就要首先践行仁义,并且带头做到恭敬、谦让,从而带动社会风气,使人民于日常生活中不知不觉迁善改过。"世有乱人,无有乱法",法是人制定与实施的,所以其根本还在于人的道德素养,人无一定的道德修养,即使再严密的法律,也不会有效得以贯彻。

二、德以劝善,法以防非

《淮南子·泰族训》中有说:"不知礼义,不可以行法。法能杀不孝者,而不能使人为孔曾之行;法能刑窃盗者,而不能使人为伯夷之廉。孔子弟子七十,养徒三千人,皆入孝出悌,言为文章,行为仪表,教之所以成也。"即是指法律只能在人们犯罪后得到应有的惩罚,而不能使人们从根本上入孝出悌,也即道德教化是"禁于未然之前",刑罚则是"禁于已然之后"。

另外,刑罚产生的根源在于人们的道德修养出现了问题,如果解决问题不从根本入手,只在枝末用功,社会自然也达不到长治久安的效果。《说苑》中记载:"魏文侯问李克曰:'刑罚之源安生?'对曰:'生于奸邪淫佚之行也。……刑罚之起有原,人主不塞其本,而替其末,伤国之道乎。'"即刑罚的产生是有原因的,君主不杜绝根本,而只是惩处已形成的罪恶,这是有损国家的做法。所以刑罚之实施,必须以道德教化为根本。

除此之外,还有一点,法律的制定也必须遵循人性,其目的是为了恢复人性之本善,最终达到无刑的目的。盖人之初,性本善,人莫不好善,莫不恶恶。人之所以为恶,只是因其习气使然,日趋于恶而不知也,果能善教之,均能改过。所以法律的制定,并不是为了去惩罚人,而是要达到教育人的目的。《傅子》中有说"善治民者,开其正道,因所好而赏之,则民乐其德也;塞其邪路,因所恶而罚之,则民畏其威也。"其义是指,善于治理百姓的人,开辟百姓向善的正道,顺着人好善好德的天性奖赏善人,则百姓自然会欢喜并感戴其恩德;杜绝百姓行恶的邪路,顺着人厌恶邪恶的天性惩罚罪行,则百姓自然会畏惧其威严。如此赏罚得当,自然能起到"赏一人而天下之所从,罚一人而天下知所避"的效果。

这样赏罚结合、德刑结合，最终的目的就是"无刑"的境界。"无刑"即不用刑罚约束人民，人人都可以自我约束。孔子曾言："听讼，吾犹人也。必也使无讼乎！"(《论语·颜渊》)即是指，孔子听讼与其他人无异，均是听取双方所讼之词，而判断谁是谁非，不同之处在于其目的不同，孔子的目的就是最终使人无诉讼之事发生。所以《文子》中也有说："善赏者，费少而劝多；善罚者，刑省而奸禁。"《尚书·大禹谟》："皋陶！惟兹臣庶，罔或干予正。汝作士，明于五刑，以弼五教，期于予治。刑期于无刑，民协于中，时乃功，懋哉！"即由于百姓不能尽于受教，故圣王不免于用刑，但圣王之心，非忍残民之生，乃不得已而为之，旨在刑一人，而使千万人惧，使人人皆迁善改过，最后至于无刑之可用。所以刑罚最初之产生及最终之目的，都不离一"德"字，其产生在于人的"德之失"，而目的在于人的"德之全"。

三、德刑相辅，宽猛相济

儒家思想是"极高明而道中庸"的学问。在《论语》中，孔子曾把中庸的哲学路线推向极致，淋漓尽致地描述了在日常生活当中究竟应该如何遵守中庸之道。如"子温而厉，威而不猛，恭而安"(《论语·述而》)。"乐而不淫，哀而不伤"(《论语·八佾》)。"不得中行，而与之，必也狂狷乎？狂者进取，狷者有所不为也"(《论语·子路》)。"中庸之为德也，其至矣乎！民鲜久矣"(《论语·雍也》)！

何为"中庸"？《礼记·中庸》中有言"喜怒哀乐之未发，谓之中；发而皆中节，谓之和。中也者，天下之大本也；和也者，天下之达道也。致中和，天地位焉，万物育焉。""君子中庸，小人反中庸。君子之中庸也，君子而时中；小人之中庸也，小人而无忌惮也。"这就是说，喜怒哀乐等情感没有流露出来的时候，称之为中；流露出来又能顺应自然之理，称之为和。中，是天下人与事的根本；和，是天下人追求的至高理想。如果能达到不偏不倚、尽善尽美的中和之境，天地就会运行不息，万物就会生生不已。因此，在儒家看来，中庸之道乃符合天地之道，不合乎中庸，当然也就不合乎道。对"道"极其看重的儒家，在德治与法治这一问题上当然也崇尚中庸之道。孔子反对"苛政猛于虎"式的严酷刑罚，但是并不是不要刑罚，他所追求的是德刑并举的中庸之道。《论语·子路》："刑罚不中，则民无所措手足",即刑罚要用之有度,如果刑罚用之不当,人民就会手足无措,不知如何是好,社会也不能得到有效治理。

德治与法治,如车之两轮,鸟之双翼,缺一不可。如果一味强调德治,没有相应的法治,人就会有恃而无恐;如果一味强调法治,人民敢怒不敢言,最终也会激起民愤,造成不可收拾的残局。所以德与法,赏与罚犹如木之两端,为人君者,要执两而用中,不偏不倚,不瘟不火,恰到好处。《傅子》中有:"若赏一无功,则天下饰诈矣;罚一无罪,则天下怀疑矣。是以明德慎赏,而不肯轻之,明德慎罚,而不肯忽之。"《左传·襄公二十六年》:"善为国者,赏不僭而刑不滥。赏僭,则惧及淫人;刑滥,则惧及善人。若不幸而过,宁僭无滥。"即善于治理国家者,赏赐不能过分,刑罚也不能滥用,赏赐过分,就容易赏及恶人;刑罚滥用,就容易伤及好人。但如果不幸赏罚过当,则宁可赏赐过分,也不可滥用刑罚。这一句点明了儒家以德治为主的主张,同时也点明了儒家德治与法治所追求的中庸境界。

另外,法治产生的本源,乃由于人们道德修养水平的卜降,圣人是不得已而用之。虽出于不得已,但是也不得不用。《尚书·益稷》:"皋陶方祗厥叙,方施象刑,惟明。"皋陶是舜时期掌管刑法的官员,以正直、清明著称,相传其制定了五等象刑。关于古时无有肉刑,只有象刑一说,荀子提出了疑义:"世俗之为说者曰:'治古无肉刑,而有象刑:墨黥,慅婴,共艾毕,菲对屦,杀赭衣而不纯。治古如是。'是不然"(《荀子·正论》)。古时有无肉刑,不去考究,但有一点可以断定,即古之时,德虽至隆,但不可无法。否则虞廷士师之官可以不设,皋陶明刑之功也不能与禹稷并美。荀子否定古之时无肉刑,其核心思想是言罪与罚应该相应,故其言"则人固莫触罪,非独不用肉刑,亦不用象刑矣。以为人或触罪矣,而直轻其刑,然则是杀人者不死,伤人者不刑也。罪至重而轻其刑,庸人不知恶矣,乱莫大焉"(《荀子·正论》)。

吕坤在《呻吟语·礼制》中有言:"雨泽过润,万物之灾也;恩宠过礼,臣妾之灾也;情爱过义,子孙之灾也"。究其根本,刑罚的目的不是为了惩罚人,而是为了教育人不得已而为之,所以这也是教化的一种方式。因为人犯了罪,就必须用刑法加以威慑处罚,如此时还仅仅限于德教,就是对罪恶的放纵。所以古今圣贤无不德与法兼举。孔子身处春秋末年,社会处于转型时期,各种矛盾剧烈冲突。经过对历史与现实状况的思考,他深切地意识到,仅仅凭借道德教化是行不通的，要想社会安定、协调，还必须辅之以刑罚，德、刑并用、宽猛相济、刚柔并施才能达到治国目的。《孔子家语·正论解》载：

> 郑子产有疾，谓子太叔曰："我死，子必为政，唯有德者能以宽服民，其次莫如猛。夫火烈民望而畏之，故鲜死焉；水懦弱，民狎而翫之，则多死焉，故宽难。"子产卒，子太叔为政，不忍猛而宽，郑国多掠盗。太叔悔之，曰："吾早从夫子，必不及此。"孔子闻之曰："善哉！政宽则民慢，慢则纠于猛，猛则民残，民残则施之以宽，宽以济猛，猛以济宽，宽猛相济，政是以和。"

为政之道，上上者是德治，它能以德感民心、齐民力，从而使天下能够无为而治。其次是用法令刑法来威慑，使民不敢为非。法治如火，人人皆知其猛与烈，所以不敢靠而近之，故而免于难；德治如水，如一味讲究仁爱，而忽略法治，则人因喜水之静与柔而忘其险，则溺水而亡之人则不免多矣。这从子太叔为政就可见一斑，子太叔不忍猛而流于宽，结果盗窃之风盛行。所以孔子主张宽猛相济，太宽百姓就会傲慢无视，太猛百姓则会残不聊生，宽中有猛，猛中有宽，二者相辅相成，政治才会清明和乐。

《论语》大义之三：孝道

"孝"在《论语》中共计出现 19 次,虽不是特别多,但孝是作为德之本出现。并且孔子明言孝乃"仁之本",人之为人首先就要做到"入则孝"。由此可见,孔子对孝是极为重视的。并且中国素以孝文化著称,整个社会更是建立在孝道的基础之上。孝也成为整个中国伦理道德的基石,成为中华文明区别与其他文明的重要标志之一。黑格尔在谈到中国的"孝敬"时曾讲:"中国纯粹建筑在这一种道德的结合上,国家的特性便是客观的'家庭孝敬'。"①当然在整个黑格尔的逻辑学体系中,中国哲学还处在一个低级的阶段,黑格尔对中国文化的认知还具有很大的片面性。但是他对中国哲学这一特征的把握却是符合历史事实的。只是"孝敬"作为一道德范畴,其中所蕴含的丰富意义及其社会伦理价值,黑格尔却是不能完全理解的。孙中山在《三民主义·民族主义》中曾说:"《孝经》所言的孝字,几乎无所不包,无所不至,现在世界上最文明的国家,讲到孝字,还没有像中国讲得这么完全。""孝"统摄一切德,涵盖一切行,既是整个中国伦理大厦的根基,也是中国几千年来社会得以稳定的关键。

第一节 孝字的文化内涵

什么是孝?《说文》的解释是"善事父母者,从老省、从子,子承老也"。即"孝"是由"老"的上半部分与"子"组成的一个会意字。《尔雅·释训》对孝的解

---

① 黑格尔.历史哲学[M].上海:上海人民出版社,1990:232.

释是"善事父母为孝"。"善事父母"是孝的基本义,并且这一基本义,一直以来就受到人们的认同。徐中舒先生主编的《汉语大字典》:"金文'孝'字部上部像戴发伛偻的老人。唐阑谓即'老'之本义,'子'挽扶之,会意。"康殷先生的《文字源流浅说》分析得更有趣:"像'子'用头承老人手行走。用扶持老人行走之形以示'孝'。"可见"孝"字的伦理内涵实际上就是"老"与"子"的关系,即上一代与下一代的关系,而人的上一代还有上一代,下一代还有下一代,过去无始,未来无终,这样无穷无际,就构成了一个整体,所以孝也不单纯指对父母的尊敬,它还包含了对祖宗的一种恭敬之情。所以中国的孝文化特别强调祭祀,强调尊宗敬祖、报本返始,以及对生儿育女和延续生命的重视。

一、重祭祀

《诗经·小雅·天保》:"是用孝享",《毛传》释:"享,献也。"另《诗经·小雅·楚茨》的"以享以祀",《诗经·小雅·信南山》的"享于祖考",此两处"享"均当"献"解。《国语·鲁语》:"尝谛蒸享。"韦注:"春祭曰享。享,献物也。"另《易经·升卦》有:"王用享于歧山。"《释文》引马注曰:"享,祭也。"《尚书·盘庚》:"兹予大享于先王"。另外关于祭祀,《周礼·大宗伯》记载,天神曰"祀",地祇曰"祭",人鬼曰"享"。"大享于先王",谓"天子祭宗庙也"①。由此可见,享的意思就是献物以祭祀。另外从《诗经》及西周金文中"享孝"连用,及"用享用孝""以孝以享"的享与孝的对举,可以看出,祭祀这一近似宗教的仪式无疑是孝的一种表现形式。《礼记·祭统》:"祭者,所以追养继孝也。孝者畜也。顺于道,不逆于伦,是之谓畜。是故孝子之事亲也有三道焉:生则养,没则丧,丧毕则祭。养则观其顺也,丧则观其哀也,祭则观其敬而时也。尽此三道者,孝子之行也。"注曰:"畜,谓顺于德教。"疏曰:"畜,谓畜养。谓孝子顺于德教,不逆于伦,可以畜养其亲,故释孝为畜。"②也就是说按照人伦大道孝养父母就是孝。祭祀就是孝道的继续,是孝子对父母生前应尽的供养和孝道的延续。因此,孝不仅仅是父母生时之事,它还贯穿于父母的丧时和殁后。因此孝子侍奉父母不外乎三件事:一是父母在世之时尽心供养;二是父母去世之时依礼服丧;三是服丧期满要按时祭祀。

---

① 十三经注疏·尚书正义[M].北京:北京大学出版社,1999:233.
② 十三经注疏·礼记正义[M].北京:北京大学出版社,1999:1346.

供养父母这件事能够考察为人子者是否真心孝顺;依礼服丧能够考察为人子者的哀伤之情;祭祀则可反映一个人对父母祖先的追思是否虔敬。这三件事都做得很好,才可真正称为一名"孝子"。《国语·周语上》:"祀,所以昭孝也。"《国语·鲁语上》:"夫祀,昭孝也。各致齐敬于其皇祖,昭孝之至也。"祭祀是昭显孝心的一种表现,所以中国自古以来就特别重视祭祀。

而这种用以表达孝道的祭祀,如果说在殷商时期,还掺杂着更多的神、鬼色彩,其伦理思想还未从其宗教的信仰中脱离出来,那么到了周朝则更多地具有了伦理道德的色彩。武王伐纣后,开始对"君权神授"思想重新加以审视。周虽也重视"天命",但同时却赋予了"天命"以更多道德化的内容。周认为商之所以灭亡,其根本原因在于商纣的无道,其德不配天,所以才自取其果。《尚书·泰誓上》:"今商王受,弗敬上天,降灾下民。""商罪贯盈,天命诛之。予弗顺天,厥罪惟钧。""受"是商纣的名字。商纣居君之位,但不知作民父母之义,傲慢无礼,肆意妄为,不敬上天,降灾下民,上失天心,下失民心,所以才有亡国败家之祸。武王伐纣,是顺天之命,因商纣之罪,已经到达穷凶极恶的地步,若不伐商,则是助纣为虐,违抗天命,所以伐商是顺天之举,不可不为。鉴于夏桀与商纣之事,周如想保持天下太平无事,那就要做到:"以德配天"。《尚书·召诰》:"宅新邑,肆惟王其疾敬德。王其德之用,祈天永命。"周初建国,远近臣民,无不瞻仰。此时更应谨慎修德,以怀其民,使人心悦而天意得,因为天命虽无常,但却眷顾有德之人,所以用德祈求天命的长久,是周治国的根本理念。在这样一种治国理念的影响下,对祖宗的祭祀也从对天、对地的祭祀中脱离出来,具备了独立的形式,并且孝的道德伦理内涵也越来越强。

二、报本返始

中国人重祭祀,也同时说明中华民族不是一个功利性的,只顾眼前利益的民族,而是一个知恩报恩的民族,是一个不忘本的民族。这一思想集中体现在中国"报本返始"思想中。

"报本返始"意思就是"受恩思报,不忘本源",出自《礼记 郊特牲》:"唯社,丘乘共粢盛,所以报本反始也。"明朝的唐顺之《故礼部左侍郎薛瑄从祀议》:"祭之为言报也,以报本而反其始也。"这种思想告诉我们要知恩报恩,不只对父母要报恩,任何人以至于所有天地万物只要对人有恩,人都应恭敬,都应回报。

古代人们在祭祀时都设一牌位或挂一条幅供奉于中堂,上写"天地君亲师"五字,表示敬天法祖、孝亲顺长、忠君爱国、尊师重教的价值取向。这几个字正体现了中国文化的知恩报恩、不忘本源的思想。《大戴礼记·礼三本》:"礼,上事天,下事地,宗事先祖而宠君师,是礼之三本也。"《荀子·礼论》:"礼有三本:天地者,生之本也;先祖者,类之本也;君师者,治之本也。无天地恶生?无先祖恶出?无君师恶治?三者偏亡焉,无安人。故礼,上事天,下事地,尊先祖而隆君师,是礼之三本也。"

人要感天地之恩、感祖宗之恩,感圣贤之恩。天在古人思想中有着至高无上的地位,并且天不私覆,一切万物的生存都与天的化育息息相关,如无日月、无四时、无春风化雨,万物则得不到生长。地,厚德而载物,人类的一切生存所需都取之于地。《易经》喻乾为天、为父,坤为地、为母,没有天的化育,没有地的承载,万物便不得以生。天地为生之本,所以人首先要感天地之恩。

为人君者,如父母之爱子一样利益人民、爱护人民。从上古的伏羲、神农、黄帝到尧、舜、禹、汤,再到文、武、周公,这些人都是历史上的有道明君。他们把人们从茹毛饮血的蛮荒时代引导至人类文明时代,发明了各种生活工具,提高了生活质量,奠定了人伦大纲,为人类社会文明的发展,做出了巨大的贡献。他们是天下得以治理的关键所在,所以人要敬其君。

人的生命来源于父母,没有父母就没有我们,然而没有祖先也就没有父母,祖宗是人类的本源。并且父母爱子,如天之覆物一样,毫无私心。所以人往往推父比天,名曰"配天"。《礼记·效特性》:"万物本乎天,人本乎祖,此所以配上帝也。郊之祭也,大报本反始也。"所以《资治通鉴·周纪一》曰:"称万物本乎天,人本乎祖。俱为其本,可以相配,故王者皆以祖配天。"所以人敬天地、敬君主以外,还要敬父母。

父母给予我们生命,老师则给予我们智慧。孔子无方寸之土,却被称为"素王",皆因其使圣贤文化得以承传。元武宗誉孔子:"先孔子而圣者,非孔子无以明;后孔子而圣者,非孔子无以法。"如无孔子对文武周公之道的承传与发展,那么先孔子而生的这些圣贤,他们的智慧,我们便无以得闻,后孔子而生的圣贤也无效法的对象。故朱子赞孔子"天不生仲尼,万古如长夜"。为人师者,乃人的智之本,所以人要敬师。

天地君亲师,乃人之三本,人要受恩思报,不忘其本。《礼记·祭统》:"夫祭之为物大矣,其兴物备矣。顺以备者也,其教之本与! 是故君子之教也,外则教之以尊其君长,内则教之以孝于其亲,是故明君在上,则诸臣服从。崇事宗庙社稷,则子孙顺孝。尽其道,端其义,而教生焉。"祭祀就是要通过外在庄严肃穆的礼仪,引发与祭者内在的感恩,使人能够知恩报德,不忘根本。

三、慎终追远

正是由于中华民族有这一报本返始的精神,所以中国自来就有"慎终追远"的优良传统,其主旨就是让人不忘本,要饮水思源、知恩报恩。《论语·学而》中曾子有曰:"慎终追远,民德归厚矣。"人伦之中,以父子最亲。人之事亲,亲在之时,或能尽孝,但于亲人临命终时,则因为亲既死矣,其丧葬之事不能尽礼者,不乏其数。并且初丧之时,人或思之念之,但时间一久,则其心或忘,祭祀之礼不能尽诚者多矣。所以圣哲教民要"慎终追远",人如对去世久远的祖先都能时时思念,则对于刚去世的亲人必不能忘怀;人能事亡者以礼,以尽其诚,则必能对生者尽心事奉,如此民德自然归厚。

懂得感恩,是中国教育的一个主要目的。人知道了感恩,不忘本,民风才能淳朴。中国这种对感恩的教育体现在时时处处,如祭祀之礼,在其看似烦琐的礼仪背后,是"慎终追远"的感恩教育。《中庸》:"宗庙之礼,所以序昭穆也。序爵,所以辨贵贱也。序事,所以辨贤也。旅酬下为上,所以逮贱也。燕毛所以序齿也。践其位,行其礼,奏其乐,敬其所尊,爱其所亲,事死如事生,事亡如事存,孝之至也。"序,是次序。昭穆,是宗庙的位次。左为昭,取阳明之义;右为穆,取阴幽之义。旅,是众。酬,是以酒相劝酬。燕,是燕饮。宗庙祭祀要有一定的礼制。祭祀之日宗庙子孙皆来拜祭,其或前或后或左或右,要有序而不乱。陪祀之臣有公、侯、卿大夫等不同身份的人物,孰为贵、孰为贱,其尊卑之序不能相互僭越。祭祀当中又有事,如掌管祠祭的"宗",负责读祝文的"祝",还有司尊的、执爵的等等,祭祀时,执事者也要依序排列。另劝酒时,也应晚辈敬长辈,以显先祖的恩惠下达。饮宴时则要注重年龄的差异而不是官位爵禄的不同,目的是要人升起对长辈的恭敬之心。此时所践履的都是先王对越祖考的位次,所行乃先王升降周旋的礼仪,所奏为先王感格神人的音乐。如此敬先王之所尊,爱先王之所亲,先王虽死,犹如其生时一般;先王虽亡,犹如其尚存一般。因此礼的实质,就是告诉人们要继志述事,要不忘根本。

《诗经·大雅》:"投之以桃,报之以李。"即是说,别人给予我们的点滴之恩,我们要想着给予涌泉之报。《吕氏春秋·论人》言:"通则观其所礼。"即观察一个人值不值得重用,要在他显达时,观察他礼遇哪些人。一个人如果荣显了,则感恩曾经帮过他的人,则知此人懂得知恩报恩;一个人如果荣显了,为国举才,则知其心存国家;一个人如果荣显了,就像范仲淹一样照顾几百户家族,并为国鞠躬尽瘁,则知这个人是栋梁之材。相反,假如人一显达了,统统去礼敬那些有权有势的人,在那里攀龙附凤,则知此人是势利小人,不可委以重任。可见,是否不忘本、是否懂得感恩是衡量一个人的重要价值指标。并且一个不忘本的人必然也重视对下一代的教育与培养,这是一个问题的两个方面。所以报本返始的另一方面就是对传宗接代的重视。

四、传宗接代

《孟子·离娄上》:"不孝有三,无后为大。舜不告而娶,为无后也,君子以为犹告也。"东汉经学家赵岐在《孟子章句》一书中注解道:"于礼有不孝者三,谓阿意曲从,陷亲不义,一不孝也;家贫亲老,不为禄仕,二不孝也;不娶无子,绝先祖祀,三不孝也。三者之中,无后为大。"①即如果没有后代来承传对祖宗的祭祀就是最大的不孝。舜以"至孝"称,被列为二十四孝之首。当时帝尧以二女妻之,舜承尧之命,但没有告诉父母,有人认为舜不告父母而娶是不孝的行为。孟子认为,以舜之大孝,岂能不知礼之当告!只因父顽母嚚,如舜以礼相告,就会蹈无后之罪,此是拘泥于小节,而陷父母于不义,陷己于大不孝当中。孝子事亲虽然要尽心奉养,但也要繁衍后代,使宗祊有托,主祀有人,而后祖宗之灵可慰。实际上孟子在《孟子·万章上》中又一次回答了这一问题。孟子曰:"告则不得娶。男女居室,人之大伦也。如告,则废人之大伦,以怼父母,是以不告也"。从中可知,男女居室,上以承祖考,下以衍子嗣,乃是人之大伦,为不可废之事,若告而不得娶,

① 十三经清人注疏·孟子正义[M].北京:中华书局,1987:532.

是废人之大伦于不顾,不可谓孝。孔子在谈到孝时也曾说:"生,事之以礼,死,葬之以礼,祭之以礼。"(《论语·为政》)若人没有生育后代,那么生时由谁以礼事之,死后又由谁以礼葬之、以礼祭之呢?

在《诗经》中"孝"的出现不乏其数,其义主要有三:一是生儿育女,继承祖业。《诗经·周颂·闵予小子》:"闵予小子,遭家不造,嬛嬛在疚。于乎皇考,永世克孝。"二是以传宗接代为美德、善行。《诗经·大雅·卷阿》:"有冯有翼,有孝有德,以引以翼。岂弟君子,四方为则。"三是祈求子孙繁衍的祖先祭祀。《诗经·周颂·载见》:"率见昭考,以孝以享。"《小雅·谷风之什·楚茨》:"先祖是皇,神保是飨。孝孙有庆,报以介福,万寿无疆!"由此可见,"传宗接代"是孝的基本含义之一。

正是由于这种思想的影响,中国历史上特别重视家谱,要把这一家族的绵延历史记录下来。还有中国过去的风俗中还有"过继"一说,如一房之中无有子嗣来继承家业的话,会收养一个儿子来传承"香火",实际上就是要有子孙来祭祀祖先。也正因为如此,与其他文明相比,中国文化还有一个显著特色,即"兴灭继绝"。

五、兴灭继绝

"兴灭继绝"出自《论语·尧曰》:"兴灭国,继绝世,举逸民,天下之民归心焉。"即对已灭的诸侯国,要扶持他、兴起他,使其复有其国;对世系断绝的家族,则要为他们立嗣,使其不失其祀;对隐居在下,不能施展才能的贤人,则举用他,使野无遗贤。如此上施德政,自然能赢得人们的欣然爱戴,即使远方之民也会倾心归附。"兴灭继绝"已经超出了家族内部的孝,它已扩展到了亲亲而仁民的社会伦理范围之内,既是对全天下之祖宗的"追远",也是对全天下子孙后代的"继嗣"。这种孝是胸怀全天下人的幸福安危的"大孝",其德不可谓不大。而大德者,必得其位,必得其禄,必得其名,必得其寿。所以《中庸》又有:"继绝世,举废邦,治乱持危,朝聘以时,厚往而薄来,所以怀诸侯也。"

征服者不灭败者之宗,不断其祀,灭国不灭种,这已成为中国文化的主要特点。《史记·宋微子世家》记载:"武王封纣子武庚禄父以续殷祀。"周灭商之后,并没有杀害纣王的儿子武庚,而是封他在商朝的旧都殷以续殷嗣。武王为防武庚叛乱，又在朝歌周围设邶、鄘、卫三国。朝歌以东设卫国，朝歌以西与南设鄘国，朝歌以北设邶国，分别由管叔、蔡叔、霍叔管辖，以共同监视武庚，史称"三监"。后三监叛乱，武庚兵败后被杀。另《史记·五帝本纪》："禹践天子位，尧子丹朱、舜子商均皆有疆土，以奉先祀。服其服，礼乐如之。以客见天子，天子弗臣，示不敢专也。"禹登临天子之位后，尧的儿子丹朱，在其原属地唐，舜的儿子商均在其原属地虞，均得到封地，以奉祀祖先。禹还让他们穿自己家族的服饰，用自己家族的礼乐仪式。他们以客人的身份拜见天子，天子也不把他们当臣下对待，以表示不敢专擅帝位。

故《汉书·外戚恩泽侯表》言："自古受命及中兴之君，必兴灭继绝，修废举逸，然后天下归仁，四方之政行焉。"即无论是受天所命以代旧朝的开国之君，还是中间使国运再度兴盛的中兴之主，都不可对旧主斩尽杀绝，要保存其子孙，使其能承传祖先的祭祀。这是施行仁政的关键举措，如此才能以仁心感天下之民。

第二节　孝的深刻义理

《论语》以《学而》为首，但谈的多数是有关"孝"的事情，并且孔子明言孝乃仁之本，可见孝在儒家思想中的地位。事实上，"孝"的义理也不是简单地孝顺父母，其含义丰富而深刻。

一、百德之本，万行之源

《论语·学而》："其为人也孝弟，而好犯上者，鲜矣；不好犯上，而好作乱者，未之有也。君子务本，本立而道生。孝弟也者，其为仁之本与！"人在家对父母能孝，尽为人子之道，对兄长能悌，尽长幼尊卑之道，其心自然和顺，而不会做出犯上作乱的事。天下之事，皆有本有末，如徒务其末，则劳而无功，然而如掌握根本，事情则会迎刃而解，自然而然，无须费力。孝悌就是仁之本，人能尽孝悌，推此心以爱人，则离仁道不远矣。所以朱子在《四书章句集注》里面引程子的话说："孝弟，顺德也，故不好犯上，岂复有逆理乱常之事。德有本，本立则其道充大。孝弟行于家，而后仁爱及于物，所谓亲亲而仁民也。故为仁以孝弟为本。论性，则以仁为孝弟之本。"①

程子所言之本,有事本和理本之分。从事本上看,孝是本。"尧舜之道,孝悌而已矣",尧舜是圣人,成为圣人也要从孝悌做起,孝悌之道的圆满落实就是圣人。此时之孝已由亲亲扩展到仁民,由仁民扩展到了爱物,是视人如己、视民如伤的大孝。所以为仁要以孝悌为根本,这是从事本上来讲。从理本或性本来讲,仁是孝悌的根本。仁是爱心,是由己及人的同体感受。这个爱心,对父母就是孝,对兄长是悌,面对不同的关系,就体现为不同的德行,但都是这同一个爱心。所以论性,仁是孝悌之本。

关于孝乃德之本,《孝经》所言最为明确。《孝经》开篇就言:"夫孝,德之本也,教之所由生也。"本,《说文解字》:"木下曰本"。木之下为根,根乃植物生发之源,可见"孝"是一切德生发的根本。而教之本义为"长善而救其失",并且"百善孝为先",所以教人以孝是教育的主要内容之一。

人与人之间有不同的情感,父子、朋友、同事、领导与员工之间,彼此相互关心帮助,从而产生了亲情、友情、爱情,面对弱者人们也会发自内心地给予同情。但在这各种情感之中,有一种是最自然的,也是最符合人的天性的就是亲子之间的感情。孔子讲,人生三年才能免于父母之怀,父母与子女之间的这种血缘亲情是人自出生以来就存在的,是一种最为真挚,也最为自然的情感,同时也是天地万物之间最为普遍的情感。动物可能不讲"仁、义、礼、智、信",但"孝"这种情感在动物界却常常看到。李时珍《本草纲目·禽部》记:"慈乌:此鸟初生,母哺六十日,长则反哺六十日,可谓慈孝矣。"《增广贤文》概括动物界的这种遗传行为:"羊有跪乳之恩,鸦有反哺之义。"可见,孝是一种来自生物遗传的人类天性。

孝是人的天性的自然流露,是良知、良能的体现。"父子之道,天性也"(《孝经·圣治章》)。《孟子·尽心章句上》:"人之所不学而能者,其良能也;所不虑而知者,其良知也。孩提之童,无不知爱其亲者,及其长也,无不知敬其兄也。亲亲,仁也;敬长,义也。无他,达之天下也"。人不经学习就能做的,那是良能;不经思考就知道的,那是良知。孩提之童,对于父母眷恋相依,全是一片赤子之情,无须学也无须虑。及其稍长,其对兄长无不敬重而不敢慢怠,也无须任何虚饰与

---

① 朱熹.四书章句集注[M].北京:中华书局,1983:48.

造作。这种对父母兄长的爱敬之心，非自外至，全是自然生发，本于人的良知良能，是人性的自然显露。

由此可见，从孝能够自然流出诸德。"孝、悌、忠、信、礼、义、廉、耻"号称八德，而孝为八德之首，就是因为孝为诸德之本。

悌古文作"弟"。《说文》："弟，韦束之次弟也。"段氏注解说："以韦束物。如鞲五束，衡三束之类。束之不一则有次弟也。引伸之为凡次弟之弟，为兄弟之弟，为岂弟之弟。""革缕束物"是韦，"革"是兽皮，"革缕"是兽皮做成的皮条，用此绑东西就是"韦"。绑东西时，必然要"展转环绕，势如螺旋"，即形成像螺旋般的纹路，于是"次弟之义"从而产生。所以"弟"的伦理学意义就是指长幼有序，在家要兄友弟恭，在外要尊敬师长，礼敬大众。而悌的实质就是孝的延伸，《弟子规》言"兄弟睦，孝在中"，兄弟不和，父母不可能开心，所以凡是孝子必然要兄弟和睦，否则不可谓孝。

尽心尽力做事之谓"忠"。在家能孝父母，在外才能有忠。对人最亲者莫过于父母，如果对父母有失爱心与敬心，对他人不可能有真爱与真敬。《孝经·广扬名章》有："君子之事亲孝，故忠可移于君。"即人只有对父母能竭诚尽孝，才能移孝作忠，才能作一个忠臣，对人、对事能竭心尽力。并且自古忠臣出自孝子之门，"举孝廉"是中国古代选拔人才的一个很重要的方式。如汉武帝时期，鉴于各郡国人口多少，"孝廉"的名额也各不相同。"人口满二十万每年举孝廉一人，满四十万每年举孝廉两人，以此推之；人口不满二十万，每两年举孝廉一人；人口不满十万，每三年举孝廉一人。"①

《礼记·表记》："壹出言而不敢忘父母，是故恶言不出于口，忿言不及于身。"能孝父母之人，心中自然能时时体察亲心，自然也能够谨言慎行。《孝经·卿大夫章》："非先王之法服不敢服，非先王之法言不敢道，非先王之德行不敢行。是故非法不言，非道不行；口无择言，身无择行；言满天下无口过，行满天下无怨恶。三者备矣，然后能守其宗庙。盖卿大夫之孝也。"李隆基注曰："服者身之表也，先王制五服，各有等差。言卿大夫遵守礼法，不敢僭上偪下。'法言'为礼法之言，'德行'为道德之行。若言非法、行非德，则亏孝道，故不敢也。"②即

---

① 安作璋，熊铁基.秦汉官制史稿[M].济南：齐鲁书社，1984：314－315.
② 孝经注疏[M].上海：上海古籍出版社，2009：16.

言卿大夫言必守法,行必守德。非先王礼法规定之衣服不敢服于身,非先王礼法规定之言辞不敢出于口,非先王礼法规定之德行不敢行于身。如此言行自然遵于道而无可择,遵于道自然也就无有错。服饰、言辞、德行无有亏,才可谓孝。

礼的作用就是通过外在礼仪的约束使人的行为合于道。《左传·昭公二十六年》有:"礼之可以为国也久矣,与天地并。君令臣恭,父慈子孝,兄爱弟敬,夫和妻柔,姑慈妇听,礼也。"由此可知,孝与礼二者,孝是本,礼是末,礼的作用就是使人孝,如人不孝,礼不可谓礼。"礼者,敬而已矣"(《孝经·广要道章》)。"不敬其亲而敬他人者,谓之悖礼"(《孝经·圣治章》)。礼的本质是恭敬,而一个人如不敬父母而敬他人,此是悖礼之事,也是不可能之事,对他人之敬也只能是徒有其表,而无真敬之心。

义,德之宜也。《说文解字》:"义,己之威仪也。"古代书"仪"为义,书"义"为"谊"。段玉裁注:"仪者,度也。谊者,人所宜也。"段玉裁引董子曰:"仁者,人也。义者,我也。谓仁必及人。义必由中断制也。从羊者,与善美同意。"义作为八德之一,其意就是什么该做,什么不该做,要了然于胸。孟子讲"生亦我所欲也,义亦我所欲也;二者不可得兼,舍生而取义者也"(《孟子·告子上》)。人要见得思义,见利思义,面对利益,要思考该不该得,该不该取,所以从这一角度分析,孝永远是义的基础。

《说文》:"廉,仄也。"仄,谓侧边也。段玉裁注:"堂之边曰廉。堂边有隅有棱。故曰廉。廉,隅也。又曰:廉,棱也。引伸之为清也,俭也,严利也。"因此,清、俭是廉字的引申义。孝为德之本,廉为德之节。人有孝心,道德充盈,才不会为外利所惑,能够素贫贱行乎贫贱,能够箪食瓢饮而不改其乐,从而能够不贪而生廉。如无孝心,内无道德伦理的滋养,而汲汲营求物质利益的满足,面对诱惑自然无有节制,从而贪心生廉耻灭。

《说文》:"耻,辱也。"即知道了自己的过失而有自惭之意。孟子曰:"耻之于人大矣。为机变之巧者,无所用耻焉。不耻不若人,何若人有"(《孟子·尽心上》)?人如无耻,则大节已毁,犹如瓦裂,人不可为人,又何以能称孝。并且有孝心,才能有耻心,如对养我教我之父母都无孝心,则是无耻。

孝是德之本,自然也就是一切行之本。马一浮言:"明一切行门,皆从孝起,大用无尽,会其宗趣,皆摄归于孝也。"①孟子曰:"尧舜之道,孝弟而已矣"(《孟子·告子下》)。《孝经·圣治章》言:"圣人之德,又何以加于孝乎?"大道至简,圣贤之道,并非刻意要做轰轰烈烈的大事,而是均从细小隐微处入手,做到极致、做到圆满而已。尧舜之所以为尧舜,并没有捷径可走,只一个孝字做到极致而已。大舜之所以为圣贤,就在于一个孝。舜之心中并不是有意要做惊天动地之大事,他孜孜以求的全是尽心事亲之道,但以亲心之未悦为己忧,不以己之得失为己虑。舜唯以此存心,而躬修道德而成天下之化。其治之盛,万世莫能及之。故孝为五常之本,百行之源。一真一切真,一通一切通。马一浮对孝曾赞到:"《诗》《书》之用,《礼》《乐》之原,《易》《春秋》之旨,并为《孝经》所摄,义无可疑。故曰:'孝,德之本也。'举本而言,则摄一切德。'人之行,莫大于孝',则摄一切行。'教之所由生',则摄一切教。'其教不肃而成,其政不严而治',则摄一切政。五等之孝,无患不及,则摄一切人。'通于神明,光于四海,无所不通',则摄一切处。大哉!《孝经》之义,三代之英,大道之行,六艺之宗,无有过于此者。"②

另外《古文孝经·三才章》孔氏传说:"经,常也。谊,宜也。行,所由也,亦皆谓常也。夫天有常节,地有常宜,人有常行,一设而不变,此谓三常也,孝其本也。"天的运行具有恒常的规则,即"天有常节"。地的存在具有恒常的道理,即"地有常宜"。人的孝道是与生俱来的,即"人有常行"。三者固然而不变,即"一设而不变,此谓三常也"。"孝"作为"人之常"与天地之常并列,孝就由"百德之本""万行之源"上升到了最本源的自然法则。

二、爱身为始,立身为终

《论语·泰伯》曾载,曾子有疾将终,召其门弟子曰:"启予足! 启予手!《诗》云:'战战兢兢,如临深渊,如履薄冰。'而今而后,吾知免夫! 小子!"曾子素以孝著称,曾子何以能成其孝,由此也可看出。曾子在临命终之际,仍能如是谨小慎危、戒慎恐惧,而不敢对身体有丝毫损伤,可见其对父母的一片至孝。实际爱身是孝,初次接触儒学的人,或许认为这未免有些迂腐,认为孝得有点过。实

---

① 马一浮.复性书院讲录[M].南京:江苏教育出版社,2005:101.

② 马一浮.复性书院讲录[M].南京:江苏教育出版社,2005:100.

际从现在的社会来看,恰恰不然。现在有多少人不爱惜自己的身体,吸毒、通宵玩电脑游戏,甚至选择轻生。殊不知这样做,最痛心的实则是父母,因为他们是我们人生中最爱我们的人。为人子者假如真能因父母之爱己,而爱护自己身体的话,他的人生格局也就开始拓宽,心量就会不断开阔,幸福生活也会悄然来临。

《孝经·开宗明义章》中有:"身体发肤,受之父母,不敢毁伤,孝之始也。立身行道,扬名于后世,以显父母,孝之终也。"由此可知,孝有始有终,孝以爱护自己的身体开始,以立身行道,光宗耀祖为终。爱护自己的身体,好像只是自己的事情,在表面看起来,无关于孝道,实际上这是最基本的孝。因为我们的身体乃父母给予,子女与父母在血缘关系上是一个整体,爱护自己就相当爱护父母。如果自己的身体健康有损,会最让父母担忧。对此宋朝的大儒邢昺在其《疏》中说道:"言为人子者,常须戒慎,战战兢兢,恐至毁伤,此行孝之始也。"①《礼记·祭义》中有说:"父母全而生之,子全而归之,可谓孝矣。不亏其体,不辱其身,可谓全矣。"意思是说,父母赋予了我们一个健全的身体,为人子女就有责任从幼至老,一直保持身体的健康,不使其受到丝毫损伤,这是孝的第一个层次。"全而归之"的"全",包括两层含义,一是不亏体,不让我们的身体受到伤害;二是不辱身,指我们的德行也不能有所缺陷。所以我们不仅要爱护自己的身体,更要关心自己的德行。德行有伤,就会让父母感到羞辱,这是对父母更大的伤害。这是从消极意义上来说,从积极意义上来讲,"不辱身"就是立身行道,扬名于后世,以光宗耀祖。所以"身体发肤,不敢毁伤"是孝之始的话,"立身行道,扬名于后世"就是孝之终。故邢昺《疏》中又言:"又言孝行非唯不毁而已,须成立其身,使善名扬于后代,以光荣其父母,此孝行之终也。"②即是说行孝不能单纯停留在爱身这个角度,还要进一步提升,由爱身到立身,既成就自己的道德学问,并在此基础上为社会做出一定贡献。孝为百德之本,万行之源,实现立德、立功的大学问,必须从孝开始。"尧舜之道,孝弟而已矣"(《孟子·告子下》)。圣人首推尧舜,尧舜之道,并非古今绝德,亦非人之不能为,只是人之不为而已。尧唯亲睦九族,而后有平章之化;舜唯慎徽五典,而后有风动之休。尧舜成为至圣,亦从孝开始。成就圣贤,并非是心有意于要做惊天动地之大事,只是人伦日用之间用挚诚心行事,达

---

① 孝经注疏[M].上海:上海古籍出版社,2009:4.
② 孝经注疏[M].上海:上海古籍出版社,2009:4.

到极致而成圣贤。所以唐玄宗注解中写道:"立身行此孝道,自然名扬后世,光荣其亲"。邢昺亦言:"人将立身,先须行此孝道也。"①

由此可知,成就圣贤之道,并不是无理可循,而是有理有则,有始有终。《孝经·开宗明义章》:"夫孝,始于事亲,中于事君,终于立身。"即指行孝以事亲为始,事君为中,忠孝道著,自然能扬名荣亲,所以有"忠孝立身"。所以要成就立德、立言、立功的大学问,就要从行孝开始。行孝又要从事亲开始,在亲己亲的基础上,亲人之亲,进而爱一切当爱之人,亲一切当亲之物,从而为社会、为国家尽己之能。这样既能尽孝,又能尽忠,自然就能"忠孝立身"了。可见孝与忠,虽在八德德目上有区别,但源于心,则是同一心在不同境遇、不同社会关系中的体现。马克思说,人的本质,在其现实性上是一切社会关系的总和。人总是生活在一定的社会关系当中,社会上不存在任何单独的、孤立的、与世隔绝的个人。人生下来,必然要隶属于一定的社会群体,承担一定的社会角色,履行相应的责任与义务,所以形成不同的德目,对父是孝、对君是忠、对兄是悌等等。其中,孝是一切德行的基础,《孝经·圣治章》有:"不爱其亲而爱他人者,谓之悖德;不敬其亲而敬他人者,谓之悖礼"。即爱也要自亲亲开始,亲亲而仁民,仁民而爱物。一个不爱父母之人,不会对他人产生真爱;一个不敬父母之人,不会对他人有真敬。一个有孝心的人,在家能孝父母,那么在工作岗位就能移孝作忠。孝与忠二者,在逻辑上有先后,在理论上有本末,但在实际上,则无先无后,均是一颗孝心在不同情况下的体现。

如分析孝的义理,孝有始有终,但是在实行过程中,则不可能先始后终,始与终两条必须同时奉行。邢昺有言:"夫不敢毁伤,阖棺乃止,立身行道,弱冠须明经。虽言其始终,此略示有先后,非谓不敢毁伤唯在于始,立身独在于终也。明不敢毁伤,立身行道,从始至末,两行无怠。此于次有先后,非于事理有终始也。"②孝的始终不是从时间次序上来讲的,是从理论分析上来说的。爱身虽是孝之始,但是需终身奉行,一直到生命的完结,就如曾子那样,直到临于命终才敢说一个"免"字。"立身行道"虽是孝之终,但是"弱冠须明经",即青少年时期就应该以希圣希贤为目的,就应该有为国为社会做贡献的志向与抱负。可见,孝的始

① 孝经注疏[M].上海:上海古籍出版社,2009:5.
② 孝经注疏[M].上海:上海古籍出版社,2009:5.

终是从义理上来讲,而不指事情上的先后。

三、小孝用力,大孝不匮

在《论语·为政》里面,子游曾问孝。孔子以敬释孝:"今之孝者,是谓能养。至于犬马,皆能有养;不敬,何以别乎。"人之孝亲,必然要满足父母饮食等方面的物质需要,但更重要的是对亲人有一颗恭敬之心。人养犬马尚能满足其饮食,事亲如只能养不能敬,则与养犬马又有什么区别呢?由此语,可以看出孝有大有小,在此语中养就是孝之小者,敬就是孝之大者。孝从小到大具体说来,有孝身、孝心、孝志的区别。

孝身就是孝父母之身,主要是指满足父母物质生活方面的需要。这是最基本的孝,是俗话说的"积谷防饥,养儿防老"之谓也。如果养父母之身都不竭力奉行,可以说就是不孝。关于这一点,我们从孟子对不孝的论述中,就可以看出。孟子说:"世俗所谓不孝者五:惰其四支,不顾父母之养,一不孝也;博弈好饮酒,不顾父母之养,二不孝也;好货财,私妻子,不顾父母之养,三不孝也;从耳目之欲,以为父母戮,四不孝也;好勇斗狠,以危父母,五不孝也"(《孟子·离娄下》)。此处所言不孝者五,其中三处均为"不顾父母之养"。

不能竭力孝养父母之身是为不孝,但是仅仅孝身是不是就能称之为孝呢?孔老夫子告诉我们,在孝身的基础上,还必须孝父母之心。在《论语·为政》里面,还有一次是子夏问孝。孔子以"色"释孝:"色难。有事,弟子服其劳;有酒食,先生馔,曾是以为孝乎?"人之孝亲,除了要满足父母的物质需要以外,还要对父母有愉悦和婉的表情。"色难者,谓承顺父母颜色乃为难。"[1]因为人之色生于心,子于父母,必有深爱笃孝根于心,然后才有愉悦和婉的表情著于外。正如《礼记·祭义》中所说:"孝子之有深爱也,必须和气,有和气者,必有愉色;有愉色者,必有婉容。"内心不孝,饮食等物质需求可以必备,但表情却欺骗不了人。可见,事亲之道,不在于外,而在于内;不在于文,而在于质。故《礼记·檀弓下》引孔子言:"啜菽饮水,尽其欢,斯之谓孝。敛首足形,还葬而无椁,称其财,斯之谓礼"。王云:"熬豆而食曰啜菽"[2],以啜菽为食,以水为饮,可谓极贫,父母之养可谓极

---

① 刘宝楠. 论语正义[M]. 北京:中华书局,1990:52.
② 十三经注疏·礼记正义[M]. 北京:北京大学出版社,1999:293.

薄,但如能让父母心情愉悦,就是孝。父母死亡而无椁,貌似失礼,但尽自己所能以安葬父母,就是礼。可见,孝养父母,不在于外,更在于内。内有孝心,就会尽自己最大所能给予父母以养,内无孝心,外在之养也不会达到极致。

在孝养父母上,时时做到让父母愉悦开心,是谓孝心。在此一基础上进一步提升就是孝志。即父母对我们的希望,父母对我们提出的正确的有利于社会的期望,我们一定要竭力去做到。孟子赞曾子:"曾子养曾皙,必有酒肉;将彻必请所与;问有余,必曰有。曾皙死,曾元养曾子,必有酒肉;将彻,不请所与;问有余,曰亡矣,将以复进也。此所谓养口体者也。若曾子,则可谓养志也。事亲若曾子者可也"(《孟子·离娄上》)。曾子事亲之方,不在于用力用劳,而在于养亲之志。其精神意念常与亲志相通,亲心欢欣悦适,从未有不遂之愿,故孟子给予了至高的评价。另外,《中庸》中有言:"武王、周公,其达孝矣乎。夫孝者,善继人之志,善述人之事者也。"武王、周公之所以被称为达孝之人,就在于能继志而述事也。他们能念念要接继古圣先贤的志向,不使之泯灭,以完成古人未完成的事业。他们不唯自己在家行孝,还要推以及人之亲,制礼做乐,使人人皆以尽其孝,故能成就其"达孝"。这种孝已不仅仅局限在家庭之内,它体现了中华民族特有的为家庭、为祖国、为社会、为子孙万代负责的精神。这是个人生命价值的延续,因为"一个人的生命所以有价值,就在于他把个人有限的生命,融入了历史的长河中,把自己看作是历代祖先文化理想的实现者"①。由此可见,《孝经》所言的"立身行道,扬名于后世",再提一层次就是孝父母之志,就是大孝,也就是继圣贤之志、述圣贤之事,就是为祖国的繁荣与富强,为全世界的和平与幸福的一种不懈追求,一种勇于牺牲和奉献的精神。

四、子争于父,孝之大义

叶公曾向孔子谈及其邻里乡党间所谓的直者是"其父攘羊,而子证之",即其父犯了过失,为人子者能勇于告发。由此引出了孔子所谓的直者是"父为子隐,子为父隐",即父子之间能互相隐瞒过失,也就是"家丑不可外扬"。那么,是不是就意味着,父亲有了过失,儿子不劝谏,反而祖护呢? 是不是孝子要一味地听从

---

① 肖群忠.中国道德伦理十二讲[M].北京:北京大学出版社,2008:186.

父母的命令,而不能丝毫违背呢。关于这一点,《孝经·谏争章》开篇就给予了我们答案。曾子问孔夫子:"若夫慈爱、恭敬、安亲、扬名,则闻命矣。敢问子从父之令,可谓孝乎?"孔夫子的答复是:"是何言与,是何言与!"并且孔夫子明确指出:"故当不义,则子不可以不争于父,臣不可以不争于君。故当不义则争之。"养亲、敬亲、安亲固然是孝的标准,但这并不意味着事事要听从父母的命令,还要看君亲父兄的言行是否合乎义。否则,不义而顺,行邪不谏,就是陷父母于不义。可见,儒家所言忠孝并不是"愚忠、愚孝",孝有经有权。

经代表常,权代表变。"常"是万事万物的根本,"常"不可失,失常就失去了其本质性存在。但知常也要应变,世间之事,乃常变之事,不应变,则常道也会僵化枯萎,其生命力也就不复存在。但变又不是无目的任意而变,变要依常而变,不能起到离经叛道的反作用。并且权变的目的是为了显常,即权变就是要在不同的境况下,采取变通的方式以更好地贯彻并体现"常"这一道德原则。经权结合,二者相辅相成,才能使儒家哲学既能实现创新性发展,又不失其本色。

孝作为儒家的一个核心道德范畴,自然也不例外,孝也有经有权。孝的经就是对于父母的一片孝敬之心,任何时候都不能失。孝的权就是在不同的情况之下,对父母采取不同的孝顺方式,当父母有过失时,也要勇于劝谏,不可陷父母于不义,否则就是不孝。孔子言:"事父母几谏,见志不从,又敬不违,劳而不怨"(《论语·里仁》)。意思是说,当父母有过失时,为人子的也应当劝谏。但谏争不是指责更不是批评,而是一心为父母着想,是一颗孝心的自然显露。所以谏者必须和颜悦色,柔声和气,即使父母加以责怪甚至怒责,也不应怀怨恨之心,亦当从容顺受,曲顺而开导之,久则父母自会感悟而改正。此时劝谏的不同方式就是权,权正是为了维护经,是为了更好地孝敬父母。孝绝不等于一味地顺从父母,《吕氏春秋·应同》中有说:"君虽尊,以白为黑,臣不能听。父虽亲,以黑为白,子不能从。"君再尊贵,如有过失,为人臣者也应直言力争;父再亲,如有过错,为人子也不能盲目听从。孟子有言:"亲之过大而不怨,是愈疏也;亲之过小而怨,是不可矶也。愈疏,不孝也;不可矶,亦不孝也"(《孟子·告子下》)。即言假使父母过失很大,而我们又视而不见、无动于衷,这是更加疏远父母,陷父母于不义;假使父母过失很小,而我们又毫无包容之心,犹如水不能容乎石,继而加以抱怨,这也是不孝。可见,孝不可无争,争不可离孝,二者是密切的统一。

　　知常要应变,变不可离常,那如何更好地应变呢? 权变的度掌握不好,则可能过犹不及。过则可能形成离经叛道的反面效果;不及又起不到劝谏父母的作用,所以最难的莫过于行权。故孔子曾谈到学、道、立、权这四种从低到高的为学境界。人与人之间一般来讲可以共同学习,但却怀有不同的志向,小人之学喻于利,君子之学喻于义。志向虽同,但实行力度则又难以齐等,有人守道不坚、半途而废,有人则能勤而行之,不为外物所诱,故而能立。能立固然可贵,但多数只知守常,难以通权达变。学以通权为极,能通权达变之人,自然是学、道、立皆能之人。

　　孝要做到通权达变,自然也得建立在学、道、立的基础上,所以一个在孝道上能通权达变之人,首先必然是一名真正的孝子。以舜为例,舜可谓至孝,但父母欲害他之时,舜无不能脱身,父母需要他时,他又能无不在其侧。舜既能孝父母,又不会陷父母于不义,所以集通权达变之智与至孝于一身。大舜至孝,仍然不告而娶,也恰恰体现了其权变智慧。因为究其存心,舜是恐无后也。假使舜严遵父母之命,而蹈无后之罪,则是拘泥于小节,而限父母于不义矣,孝子岂能为之?

五、孝悌之至,通于神明

　　儒家思想一个明显的特色就是与道相通,其为学是为了"下学而上达",即通过伦常日用而上达道之体。孝作为百德之本,自然也不例外。

　　《孝经·感应章》:"孝悌之至,通于神明,光于四海,无所不通"。即孝悌达其极致,自然能与人性相通,与道相应。"形而上者谓之道",道乃天地之正理,万物之所以然之根据。明于道,自然就能光于四海,而无所不通。故马一浮就此句解释曰:"即此现前一念爱敬,不敢恶慢之心,全体是仁。事亲之道,即事君之道,即事天之道,即治人之道,亦即天地日月四时鬼神之道。唯其无所不通,故曰要道。纯然天理,故曰至德。"[①]事亲、事君、事天均本于一,事亲至极致,自然能与天地合其德,与日月合其明,与四时合其序,与鬼神合其吉凶。

　　因孝以道为体,所以孝乃人人当行之道,无论贫与穷,富与贵,皆应行孝。《孝经·三才章》:"夫孝,天之经也,地之义也,民之行也。""经,常也。利物为

---

①　马一浮.复性书院讲录[M].南京:江苏教育出版社,2005:109.

义。孝为百行之首,人之常德,若三辰运于天而有常,五土分地而为义也。"①春生夏长,秋收冬藏,四时运行,有其恒常不变之道。大地载华岳而不重,振河海而不泄,化育万物不言。孝上承天之经,下效地之义,乃万德之本,不容舍弃;乃百行之首,不可偏离。上至为人君者,下至普通黎民百姓,皆应行孝。行孝既无高低贵贱之分,也无文化与种族之别。《孝经》为我们列举了五等之孝,即天子、诸侯、卿大夫、士、庶人。在天子,是爱敬至于百姓。在诸侯,是高而不骄、富而不奢。在卿大夫,是言法道,事法则,口不妄言,身不妄行。在士人,则是爱敬以事亲,忠顺以事君。在庶人,则是谨慎遵礼,节省用度,以养父母。孔子列五等之孝以示分殊,其目的有二:其一,人在社会之中,会处于不同的地位与身份,承担不同的责任与义务,人都要各尽其分,故其孝的具体表现自然也不同。二是,孝不分地位与职责,人人都应行孝,体现的是位有尊卑,而孝无加损。无论天子与庶人,孝行虽殊,但其理却同,其本为一,全是一片挚诚孝心之展现。

既然孝乃天地之道的演绎,那么行孝也就无条件、无功利、无理由,全是一片赤子之心而已。如若还有条件,只在亲爱己的基础才行孝的话,则已落入第二个层次了,非真心之孝也。《尸子》:"爱与恶,其于成孝无择也。"即父母对自己的喜爱与厌恶,对于成就自己的孝行来说,并无区别。因孝子之心,所装乃道德仁义,不为外在境遇所动。如舜之事亲,父顽母嚚,但舜仍以不能使亲乐而忧。其孝全然是天性之流露,无丝毫造作,也无丝毫条件可讲。《孟子·离娄下》:"由仁义行,非行仁义也。"仁义本是人性的自然显露,圣人行仁义之事,并非认为仁义为人之当行之事而不得不行,而是心存仁义,举手投足全然是本性的自然流露,无虚饰、无伪装,自然而然,故无所不宜。真正之孝道,也是如此,率性而为,无丝毫目的,只是出于对父母的一片爱敬之心,由心而发,是绝对的、纯粹的、无为而为的。

既然孝是天地之德的演绎,因此行孝也就不分位之尊卑,上至天子、国家领导人,下至庶人、平民百姓,皆应行孝。但是具体到不同身份地位的人,由于其职责与义务不同,所处的境遇不同,因此其孝的具体表现也就不同。另外,从天子以至于庶人的不同孝行表现来看,孝绝不仅仅局限在"在家而奉侍父母"。它统

---

① 孝经注疏[M].上海:上海古籍出版社,2009:29.

摄一切行,涵盖一切德。天子慈悯是孝,诸侯谦虚、节俭是孝,卿大夫守礼是孝,士之忠顺事君、庶人之谨身节用皆统归于孝,孝体现在一切时、一切处,成为万德之本,百行之源。仁、义、忠、信皆从孝起,不悌、不忠、不信、不仁、不义皆是不孝。孔子说:"君子务本,本立而道生。孝弟也者,其为仁之本与"(《论语·学而》)!万事万物都有本有末,根本既立,则事物处之各当,道理自然发生,譬如树木一般,根本牢固,则枝叶自然茂盛。孝乃仁之根本,能亲吾之亲,然后才能亲人之亲;能敬吾之长,然后才能敬人之长。忠、信、礼、义皆从此拓充而来,无有外乎于孝者。因此,"孝"已经不是纯粹的"养亲敬亲",已从"亲亲"的家庭伦理出发,将父子之间的至亲之情,推广至整个社会。将父子有亲、君臣有义、夫妇有别、长幼有序、朋友有信这五伦关系有效结合起来,成功实现了事亲敬长之情与忠君爱民之义的结合,为维系家庭团结和保持社会稳定起了特殊重要的作用。

第三节　孝的现实意义

通过对孝的义理分析,我们发现孝绝不仅仅是字面上的孝顺父母,它已从家庭伦理扩大到了社会伦理,进而也扩大到了人与自然的关系范围之内。它对于提高人的道德修养,促进人与人之间的和谐,以及人与自然关系的和谐有着重要的意义和价值。

一、和谐自我,从孝开始

人是万物的灵长,人在自然世界中标志其本质性存在的,应该是人的精神世界和精神生活。马克思虽强调,具体的生产实践活动造成了人与动物的本质区别,但这种区别在现象上的表现,也是人是一种有意识的类存在物,动物只是被动的适应自然,也就是说人在精神世界上是最高级的存在。

但目前在功利主义大潮的冲击下,人却越来越成为一种利益性的存在,成为一种物化的存在。人们的物质生活越来越丰富,但这并没有满足人们对物质利益的追求,相反人们的欲望却不断在攀登新的高峰。与此同时,人们的精神生活却越来越空虚,越来越失落。讲道德、谈境界,似乎成为不合时代的异类。本来还有一丝良知的人,为了适应时代,以免被人讥之为愚,也放弃了自己的道德底线,在追逐名利中汲汲营求。这个问题已成为社会中不正常的正常现象,成为时代的通病,如何充实人类的道德生活已成为迫在眉睫需要解决的问题,那如何解决呢?

百善孝为先。孝为百德之本,万善之基,培养一个人良好的道德人格,应从孝始。"子生三年,然后免于父母之怀"(《论语·阳货》)。父母是人一生中最大恩人,人如不孝父母,怎能期望他能忠君爱国。孝作为儒家的八德之首,不是偶然的,因为孝是一切德行的根本,根本不立,其他一切德行都无从谈起。《孝经·圣治章》言:"不爱其亲而爱他人者,谓之悖德。不敬其亲而敬他人者,谓之悖礼。"人如不孝,对他人不可能有真敬真爱。对给予自己最大恩德的父母都不能爱,爱他人自然不会有真情蕴于内,必然是有利可图。如无孝心,仁义礼智根本无从谈起,立德修业也无从修起。唐玄宗在御注《孝经》序中有说:"虽五孝之用则别,而百行之源不殊。"孔子为我们列了五等之孝,实际我们仔细分析,五等之孝里面已经蕴含诸种品德。天子之孝是"爱敬尽于事亲,而德教加于百姓",这里面已经蕴含了"仁";诸侯之孝是"在上不骄,高而不危;制节谨度,满而不溢",这里面蕴含了"谦虚"与"廉";卿大夫之孝是"非先王之法服,不敢服;非先王之法言,不敢道;非先王之德行,不敢行",这里面蕴含了"礼"与"信"。士人之孝是"以孝事君,以敬事长。忠顺不失,以事其上",这里面蕴含了"忠"与"悌"。庶人之孝是"用天之道,分地之利,谨身节用,以养父母",这里面蕴含了"节俭"。可以说八德无不蕴含于其中,这八德都是"孝"在不同境遇下的体现,也即孝为德之本,是一切德行的总根源。

人这一生,应该有崇高的道德追求,这是对自己的一种负责任的人生态度。人不可自暴自弃,认为圣贤之事与我无关。其实成就圣贤之道并不难,难在自己没有志向与魄力。德之基、行之源,皆在一个孝字。孔子曰:"吾志在《春秋》,行在《孝经》。"[1]孔子的志向虽表露在《春秋》之中,而真正的行持却从《孝经》开始。经典虽多,总有其源;圣贤虽远,总有其根。一切行门皆从孝起,即使明明德的大学问也要从孝做起。故马一浮先生说道:"由六艺之道,明乎自性而已矣。曷由而明? 求之《孝经》斯可明矣。"[2]即孝悌达到极致,自然能明我们虚灵不昧之

① 孝经注疏[M].上海:上海古籍出版社,2009:3.
② 马一浮.复性书院讲录[M].南京:江苏教育出版社,2005:99.

明德。所以《孝经·圣治章》言："圣人之德,又何以加于孝乎?"孟子曰:"尧舜之道,孝弟而已矣"(《孟子·告子下》)。大道至简,圣贤之道,都是均从日常生活隐微之处入手,做到极致、做到圆满而已。尧舜之所以成就圣贤之道,没有捷径,也不是非要做出一番惊天动地的大事才可以,只是一个孝字做到极致,能在孝亲基础上推己及人,从而爱无所不及、孝无所不遍,最终达到自利利人之极、成己成人之终,而止于至善。

二、和谐社会,从孝开始

目前社会上出现的一些社会问题,如食品安全、青少年犯罪、离婚率上升等等,这些问题的解决,不能单纯依靠制度与法律。这些问题产生的根源有很多,但不容否认这些问题的背后有一个共同的原因,就是人们的价值观念出了问题。人与人之间讲利不讲情,讲争不讲让。为缓解人与人之间的冲突,墨子早就提出"兼相爱"一说。墨子认为人与人之间如果"兼相爱",类似上面的社会问题就不会产生。提出"兼相爱"并无过错,并且还非常有见地,这是墨子的过人之处,但是要实现"兼相爱",则要从亲亲开始,即要从爱自己的亲人开始,所以必须要提倡孝道。

孔子在《孝经·开宗明义章》中提出"夫孝,德之本也",后面还有一句,即"教之所由生也",即教育的根本目的就是教孝。曾子曰:"众之本教曰孝"(《礼记·祭义》),言圣人之教众人,其根本在于教孝也。因为孝为德之本,不教以孝,则其他德行无从谈起。另外孔子也讲"孝弟乃仁之本",人如对父母都不爱,则不可能爱别人,不可能以己心度人心,不可能仁民而爱物。其心自然也不和不顺,小而犯上,大而作乱,无所不至矣。人若以爱敬之心孝父母,则此一念孝心也会如"火之始燃、泉之始达",成为百善之源。因其对父母能孝,则爱敬之心生,爱敬心生,则心自然和顺,其所为也自然循礼,触犯上级,做悖逆乱世的事情自然也耻之以为。《孝经·广扬名章》中说道:"君子之事亲孝,故忠可移于君。事兄悌,故顺可移于长。居家理,故治可移于官。是以行成于内,而名立于后世矣。"即君子能够对父母尽孝,自然能够移孝作忠,对领导、对集体、对国家忠诚;能够对兄长恭敬,自然也能够对其他年长之人恭顺有礼;君子所居则化,能够把家里治理的井井有条,自然也能够感化百姓,处理政事也能有条不紊。

所以蔡元培在《中国伦理学史》指出:"则一切修身、齐家、治国、平天下之事,皆得统摄于其中矣"。如此看来,孝正是处于道德之纲的位置,对道德教化具有纲举目张的作用。一个人只有在具备了孝心的基础上,才能移孝作忠,才能考虑到他人之所需,才能具有为他人服务和为社会奉献的精神,才能真正为国家做贡献。而此思想,也正是儒家的王道思想。王道思想的核心就是推己及人的学问,用孟子的话就是"老吾老,以及人之老;幼吾幼,以及人之幼"(《孟子·梁惠王上》)。"以不忍人之心,行不忍人之政,治天下可运之掌上"(《孟子·公孙丑上》)。用《大学》中的话说就是:"修身、齐家、治国、平天下"。"自天子以至于庶人,壹是皆以修身为本。其本乱而末治者否矣。"孝是道德行为的一个生长点,孝虽然仅仅是一念孝顺父母之心,但是此心如扩而充之,则足以保四海、平天下。因此,教育必然要从教孝开始,国家的治平也必然从教孝开始。故《吕氏春秋·孝行览》有:"凡为天下治国家,必务本而后末。务本莫贵于孝。人主孝,则名章荣,天下誉;人臣孝,则事君忠,处官廉,临难死;士民孝,则耕芸疾,守战固,不罢北。夫执一术而百善至、百邪去、天下从者,其唯孝也!"可见,孝乃国家治平之源,是社会安定和谐的基础。

三、和谐自然,从孝开始

人与自然关系的紧张,是近几十年来才有的事情,气候变暖、生态恶化、自然资源枯竭、环境污染严重成为人类面临的严峻问题。这些问题的出现是结果,我们得反思原因所在。之所以出现这些问题,一个是人们对利益的追求大于对环境的考虑。尤其很多的民间小企业,企业主只关心自己的利益,根本无视对环境的破坏,环保的意识丝毫不存在。另一个原因,就是人定胜天的思想,以征服自然的思想自傲。在这样一种意识之中,人与自然的天平是偏向人这一边的,人是世界中最高级的存在,人与自然的关系不是和谐的,而是敌对的。

孝作为德之本,说孝能促进人的自身和谐与社会和谐,似乎并不难理解,也不会引起太多的疑义,但如果说孝能促进人与自然的和谐,感觉总有点牵强附会。实际,这只是我们表面上的感觉而已,孝作为德行的生长点,确实能够促进人与自然关系的和谐发展。

孝是善的原点,人有孝心,才会滋养一切善,才会不贪、才会有廉洁的品格,才会注重自身的道德修养,才不会事事以利为先。孝能养廉,在家能孝,出门虽未完全做到廉,那是其孝心还不够强。但假如反观,一个廉洁之士,必定是一名孝子,因为不孝不可能有廉。

另外,孟子有言:"亲亲而仁民,仁民而爱物"(《孟子·尽心上》)。亲亲、仁民、爱物,三者从本体上而言都统归于仁。但如从逻辑上分析,三者之间则有本有末,其中亲亲是本、其次是仁民,再来是爱物。人要在亲亲的基础上,推而及人以仁其民,再推仁民之心以爱乎物。而亲亲之中,孝为根,所以追根溯源,孝是爱物之根,人与自然要和谐相处,必然要从孝开始。人有孝心,才会爱物。同样社会也不乏孝子不爱乎物的情况,有孝心但并不关心爱护环境。是一名孝子,但同时从事污染环境的行业这是寻常可见之事。这种现象并不奇怪,这是其孝心未达乎物,爱心还不够广,范围还不够大。但是反观,一个爱物之人,必然能亲其亲,因为爱物源自亲亲。

中国文化以孝著称,所以中国文化中人与自然是和谐的整体。中国人一向视天为父、地为母,要上法天,下法地,要敬天畏地,所以不会无节制地向大自然掠取资源,而是取予有度。《孝经·庶人章》中有言:"用天之道,分地之利,谨身节用,以养父母"。即言"庶人服田力穑,当须用天之四时生成之道也,分地五土所宜之利,谨慎其身,节省其用以供养其父母"①。在中国文化中,自然不是静态的,不是被征服的对象,也不是外在的孤独领域。自然对我们来说,是普遍生命流行的境界,是活泼的、动态的、有生命力的。自然界不仅是机械物质活动的场合,而且是活跃的生命领域。因此,中国哲学的本体论,"是一个以生命为中心的本体论,把一切集中在生命上"②。《孟子·梁惠王上》中有:"不违农时,谷不可胜食也;数罟不入洿池,鱼鳖不可胜食也;斧斤以时入山林,材木不可胜用也。谷与鱼鳖不可胜食,材木不可胜用,是使民养生丧死无憾也。"孔子亦曰:"钓而不纲,弋不射宿"(《论语·述而第七》)。曾子也有说:"树木以时伐焉,禽兽以时杀焉。夫子曰:'断一树,杀一兽,不以其时,非孝也。'"③此时之孝,已不是单纯的敬养父母,已由此推展开来,一物虽微,而没有不爱者,况其大者乎。这时天、地、

---

① 孝经注疏[M].上海:上海古籍出版社,2009:25.
② 方东美.原始儒家道家哲学[M].台北:台湾黎明文化事业公司,1985:208.
③ 孙希旦撰.礼记集解[M].北京:中华书局,2012:1227.

人已不是彼此孤立的三者,而是一个系统的整体。并且初步实现了个人伦理、家庭伦理向社会伦理、自然伦理的拓展。这种泛爱众的思想,也正是传统模式的可持续发展理论,这种思想也必将有利于现代人与自然的和谐发展。

《论语》大义之四:仁道

"仁"是孔子哲学思想中最重要的一个概念,"仁"在《论语》一书出现的次数达 109 处之多。现在学术界还有一个公认的看法,即直到孔子,"仁"的道德伦理的内涵才突出出来,并且成为儒家思想中的一个核心范畴。孔子关于"仁"的论述深刻而全面,"仁"的内涵丰富、意义深广,现就孔子的仁学做一专题性研究。

第一节 仁字释义

探讨孔子的仁学思想,首先还是要从"仁"字的构字方式入手,考察其本意。从"仁"字的造字本意看,《说文》曾指出"仁"有三种解释。一是"亲也。从人从二";二是"忎,古文仁,从千心作";三是"尸,古文仁或从尸"。

首先,我们先看第一种解释"亲也。从人从二。"段玉裁《说文解字注》先引《中庸》"仁者,人也。"及郑玄对此句的注"人也,读如相人偶之人,以人意相存问之言。"然后又引《大射仪》中的"揖以耦"及注:"言以者,耦之事成于此,意相人耦也。"关于"揖以耦",郑注曰:"'以'犹'与'也,言以者,耦之事成于此,意相人耦也。""耦",《说文》:"耒广五寸为伐,二伐为耦。"所以"偶(耦)"与奇相对,有"对""合""配"等义,都强调彼此双方。两人见面相揖为礼,彼此互致敬意与问候,便是"相人偶"。其后,段玉裁释:"人耦,犹言尔我亲密之辞。独则无耦,耦则相亲,故其字从人二。"由此意可见,耦,就是两个人之间关系,即你与我,也就是自己与对方,这两者之间要亲密,要互敬互爱。

第二种解释"忎,古文仁,从千心作。"该字只有在《说文》中有见,近来,随着荆州郭店楚墓中竹简的出现,其中"仁"字多写为上面一个"身",下面一个"心",即"㒤"字。所以有很多人认为,"忎"乃"㒤"演化而来。"㒤"从身从心。从心表明该字与思想感情有关,从身表明思考的是人的身体,是关于人的学问。"以人为对象而生发出来的情感,也就是人与人之间应有的情感,实际上也就是'仁'这种同类意识。"①

第三种解释"尸,古文仁或从尸。"这个字形是"尸"与"二"组成。"尸"字是代表已故者接受祭祀的人,所以"尸"字就是一个坐着的人形。《礼记·曲礼上》曰:"若夫坐如尸,立如齐。"孔颖达疏曰:"尸居神位,坐必矜庄。言人虽不为尸,所在坐处,必当如尸之坐。"②所以无论是构成"仁"的"亻",还是构成"尸"的"尸",都是一个象形的"人",区别就在于两个人形不同,一个是立着的人,一个是坐着的人。所以二者都表达了两个人之间的"相人偶",即要想到自己的时候,也要想到对方即别人。

所以从"仁"字的方式来看,仁字的原始意义就是人与人之间的这种亲密之情,人与人之间的互敬互爱。但仁的道德伦理意义的突显,还是由孔子开始。一直以来,人们都认为仁的思想是孔子的创新。郭沫若先生曾宣称"'仁'字是春秋时代的新名词,我们在春秋以前的真正古书里找不出这个字,在金文和甲骨文里也找不出这个字"③。这个说法,一直占据主导地位,但现在学术界,已经考证仁字的使用早于孔子。"清代阮元就已经考证周初之时'仁'字已有使用,只不过是写作'人'字,周官礼后才正式使用'仁'字的写法。"④据统计,在《诗经》中"仁"字共出现了二次,一次是在《国风·郑风·叔于田》:"叔于田,巷无居人。岂无居人,不如叔也,洵美且仁。"另一为《国风·齐风·卢令》:"卢令令,其人美且仁。卢重环,其人美且鬈。卢重鋂,其人美且偲。"

《叔于田》描写的是一位名"叔"的贵族在骑马、打猎时候的英爽风姿,用"洵美且仁"来赞美其无人能及的出众人品。郑玄笺注释曰"叔信美好而又仁",孔颖达疏为"信美好而有仁德"⑤。《卢令》通过赞美一位猎人的"美且仁""美且鬈"

---

① 古奚. "仁"字古文考辨[J]. 中国哲学史,2000(3):96.
② 十三经注疏·礼记正义[M]. 北京:北京大学出版社,1999:12.
③ 郭沫若. 十批判书//郭沫若全集. 第二卷[M]. 北京:人民出版社,1982:87.
④ 洪晓丽. 从古"仁"字到孔子的"仁学"[J]. 道德与文明,2013(3):75.
⑤ 十三经注疏·毛诗正义[M]. 北京:北京大学出版社,1999:283.

"美且偲"，来展现其过人的容貌气质和能力。"其人美且仁"，《毛诗》注为"言人君能有美德，尽其仁爱"，孔颖达疏为"言吾君其为人也，美好且有仁恩"[①]。此时之"仁"，还主要不是对其道德修养的赞美，主要还是赞美其男子英俊威武的一种外貌。

此外，《尚书》中的《仲虺之诰》《太甲下》《泰誓中》《武成》和《金縢》中也可找到"仁"字。《仲虺之诰》："德懋懋官，功懋懋赏，用人惟己，改过不吝，克宽克仁，彰信兆民。"《太甲下》："呜呼！惟天无亲，克敬惟亲，民罔常怀，怀于有仁；鬼神无常享，享于克诚；天位艰哉！"《泰誓中》："虽有周亲，不如仁人。天视自我民视，天听自我民听。百姓有过，在予一人。"此些句中的"仁"指仁德、仁爱，与孔子论"仁"的含义基本相同。

另《尚书·金縢》载：

> 既克商二年，王有疾，弗豫。二公曰："我其为王穆卜。"周公曰："未可以戚我先王。"公乃自以为功，为三坛同墠。为坛于南方，北面，周公立焉。植璧秉珪，乃告太王、王季、文王。史乃册，祝曰："惟尔元孙某，遘厉虐疾。若尔三王，是有丕子之责于天，以旦代某之身。予仁若考，能多材多艺，能事鬼神。乃元孙不若旦多材多艺，不能事鬼神。

《金縢》是在克商二年以后，武王有疾不愈的情况下，周公写的一篇祷词。当时周初克殷，人心虽服，但疆山未固，武王久病不愈，所以为人臣者无不忧虑。当时太公望和召公奭，因忧武王之疾，想诚心占卜以观天意。周公言之说："父母唯以子孙的疾病为忧，如为王穆卜，则必使先王为忧恼，所以不可。"周公此言，实际是想以身自祷，所以却二公之请，言不可以此事烦扰先王。周公自己筑土为三坛，以祷告于太王、王季、文王。祷词大意即是，如若武王之疾诚不可救，则周公愿以己身代之。仁，即是爱。周公言己有仁爱之性，能承顺祖考，又多材艺，所以能侍奉鬼神，完全能代武王去死。周公称自己有仁爱之德，非自矜其能，全是出于愿代武王而死的诚心。

---

① 十三经注疏·毛诗正义[M].北京：北京大学出版社，1999：348.

由此几例来看,"仁"之含义在周时已经完全具备了"仁爱""仁德"之意,可见仁非孔子独创,但却在孔子那里得到了发扬光大。

第二节 仁 之 相

仁是理解孔子哲学思想的一个最重要的概念,也是一个系统的概念。《论语》对仁的描述是多方面的,有内涵、有方法、有表相、有大用。并且仁还与其他概念如礼、乐、学、勇、信等交织在一起,呈现出系统性与复杂性。现先从孔子仁学的内涵入手,先考察一下它的内涵表征。

一、为仁由己

仁是儒家思想中最重要的一个道德范畴,并且仁在《论语》中出现的频率又是最多的一个。在《论语》中孔子多次谈到仁,弟子也多次问到仁,但是孔子从未有正面回答何者是仁。最集中的一次问仁,是在《论语·颜渊》中,分别是颜渊问仁,还有仲弓、司马牛问仁。问题虽然一致,孔子给出的答案却不相同。孔子回答仲弓的是:"出门如见大宾,使民如承大祭。己所不欲,勿施于人。在邦无怨,在家无怨。"孔子回答司马牛的是:"仁者,其言也讱。"孔子告诉颜渊的是:"克己复礼为仁。一日克己复礼,天下归仁焉。为仁由己,而由人乎哉?"从这三次问仁当中,可见孔子因材施教的教学智慧。孔子的弟子根性不同,具体情况也不同,所以答案也不同。孔子给仲弓的答案是从敬恕入手,因为为仁之道,不外于存心,而存心之要莫过于敬与恕。人对接见大宾等要事莫敢不敬,然而对于平日出门这等小事,敬心易失,所以孔子告诫他出门也要如接见贵宾之般,不可怠惰。人们承办大的祭祀时,必然毕恭毕敬,然而在使唤百姓时,则容易轻慢,所以告诫仲弓在使唤民力时也要如同祭祀一样,不能有丝毫轻视傲慢。凡事都要以己心度人心,自己所不愿意的事情一定不能加诸在他人之上,如此行事,自然近在家庭,远在邦国都不会让人产生怨言,也就逐渐达到仁的境界。孔子给司马牛的答案是"其言也讱"。司马牛哥哥司马桓魋,是宋国的大夫,很受宋景公的器重,但是司马桓魋还一心想谋害宋景公,弑君篡位。司马牛作为弟弟劝谏哥哥不成,又深知司马桓魋此举乃大逆不道,所以一定不会有好结果。因为如果弑君篡位成功的话,因其是不合乎礼,天下人人可得而诛之;如果不成功,也必会引来灭门之祸。所以司马牛一方面忧国,一方面忧兄,忧心忡忡,不知如何说才是。故孔子点之以"言讱为仁",孔子说:"为之难,言之得无讱乎?"意思是说,这件事本来就很难办,要说这个事能不难吗? 朱熹在《集注》里解释得就特别到位:"讱,忍也,难也。仁者,心存而不放,故其言若有所忍而不易发,盖其德之一端也。"①即有仁心的人,办事会谨慎小心,不随便讲话,这是其德行的一个表现。并且,朱子还说:"夫子以牛多言而躁,故告之以此。"②即司马牛说话容易心浮气躁,所以让其从谨慎入手来行仁。

颜渊也就是颜回是孔子最得意的弟子,也是根性最强的弟子。孔子给颜回的答案,含义也就最为深刻。孔子虽然都给出三个弟子答案,实际上孔子并没有真正回答"仁是什么?"他给三个弟子的回答实际上都是"仁之方",即实现仁的方式、方法。由于颜回根性最深,所以在对颜回的回答中,已经透出了仁之体。孔子告诉颜回"克己复礼为仁"。朱子《集注》曰:"仁者,本心之全德。"③朱子这里所说的"仁",是"仁之体"。即仁是人人本具的人性中的东西。朱子说:"克,胜也;己,谓身之私欲也",克己就是战胜自己的私欲。"复,反也",就是回归。复礼即回归到礼,用礼来约束自己言行举止,人性中本具的仁德就会显现。即仁并不是外在于人的东西,并不是向外去寻求,仁本具于心,只是人由于私欲的蒙蔽而不知有仁,所以只要剔除了非礼,本具之仁德就会自然显现。所以孔子最后讲:"为仁由己,而由人乎哉!"仁本具于己,所以为仁这件事全在自己,是自己自愿去做的,而不是用来要求别人,也不是别人强迫自己去做的。

正因为这个道理,所以当冉求说"非不说子之道,力不足也"时,孔子给冉求以批评,说冉求是画地自限,是不欲进,并非不能进。孔子在《论语·里仁》有:"我未见好仁者,恶不仁者。好仁者,无以尚之;恶不仁者,其为仁矣,不使不仁者加乎其身。有能一日用其力于仁矣乎? 我未见力不足者。盖有之矣,我未之见也。"天下事有两种,即仁与不仁。人人都知仁之当好,不仁当恶,然而现如今好仁之人与恶不仁之人都难得见。好仁之人,因其心好仁,所以更无其他之事可加

---

①　朱熹.四书章句集注[M].北京:中华书局,1983:133.
②　朱熹.四书章句集注[M].北京:中华书局,1983:133.
③　朱熹.四书章句集注[M].北京:中华书局,1983:131.

于仁之上；恶不仁的人，因其诚恶不仁，所以也不会让不仁的事有一丝毫加在自己身上。仁本具于人心，人只是不肯用力为仁，所以认为其难为。可见，力不足者，只是人不肯用力而已。人若果真用力行仁，勇猛精进，志之所至，气自至之，"力不足也"就不会存在。"为仁之方，主要在己心之好恶，己心真能好仁恶不仁，则当其好恶之一顷，而此心已达于仁矣，焉有力不足之患哉？常人虽知重仁道，而多自诿力不足，此乃误为仁道在外，不知即在己心之好恶也。"①

可见，为不为仁全在自己一念之间，如一心想成仁，即使遇到多大的困难也会不屈不挠。为仁在己，外界环境不会改变或决定人行仁与不行仁。《论语·里仁》有："富与贵，是人之所欲也。不以其道得之，不处也。贫与贱，是人之所恶也。不以其道得之，不去也。君子去仁，恶乎成名？君子无终食之间违仁，造次必于是，颠沛必于是。"人之所遇，有顺境也有逆境。富与贵都是人所愿欲得的，然而如果得之不以道，君子见利思义，也会辞之而不处。贫与贱，都是人所不欲有的，然而如果不能以道去之，君子乐天知命，也会泰然处之而不去。审富贵、安贫贱，不以己之好恶处与去，本身就是仁道。如果因富贵乃是可欲，舍道求之；贫贱为所恶，舍道去之，则求仁之心为外境所转，而非真求仁也。君子求仁，须臾不离，即使遭受颠沛流离之苦，其心也不违于仁，此真是求仁在己也！

相反如果不想为仁，即使天天有人鞭策驱使也无济于事。为仁本是人之自愿而为，其心不想为仁，内在动力没有，任何人也不能强迫去做，即使强迫去做也不是仁。孟子曾劝梁襄王施仁政："挟太山以超北海，语人曰：'我不能。'是诚不能也。为长者折枝，语人曰：'我不能。'是不为也，非不能也。故王之不王，非挟太山以超北海之类也；王之不王，是折枝之类也。老吾老，以及人之老；幼吾幼，以及人之幼。天下可运于掌"（《孟子·梁惠王上》）。泰山至高，北海至广，挟着泰山，去跨越北海，是天下人必不能为之事，以此说不能，是真不能也。但假如为长者折取草木之枝，以此说不能，则非不能，是不肯为也。今施仁政于民，仁本在吾心，以此仁心推而及天下，亲亲而仁民，自然可以保民而王天下。所以此乃为长者折枝之类也，是为不为的问题，而不是能不能的问题。因为恩由仁达，患只患无此仁爱之心，有此心以及人，则人受其泽；有此心以及物，则物受其润，所以施行仁政并非难也！难只难在，己是否有心推恩而已。

二、仁者爱人

仁主亲，从人从二，即想到自己的时候，也要考虑到他人，所以从"仁"的原意来看，仁者必然爱人。以爱释人，可以说是毫无疑义的观点，这种观点也延续了几千年的历史。《论语·颜渊》中，樊迟问孔子什么是仁，孔子直截了当回答："爱人。"并且，孔子在《论语·学而》中也提出要"泛爱众，而亲仁""节用而爱人"等思想，即人要以爱存心，视民众如父母兄弟，对民众要一体爱之。《说苑·贵德》中有："圣人之于天下也，譬犹一堂之上也。今有满堂饮酒者，有一人独索然向隅而泣，则一堂之人皆不乐矣。圣人之于天下也，譬犹一堂之上也，有一人不得其所者，则孝子不敢以其物荐进。"圣人治理天下就如同处在厅堂之上，假如满堂的人都在饮酒，但有一个人对着墙角哭泣，那么满堂的人都不愉快了；只要有一个人还没有得到恰当的位置，那么即使身为孝子，也不敢即刻将他的物品进献上来。因为圣人之心细心之至、柔软之至，他会设身处地考虑到每一个人的感受。所以《孟子·离娄下》中，孟子说："君子所以异于人者，以其存心也。君子以仁存心，以礼存心。仁者爱人，有礼者敬人。爱人者，人恒爱之；敬人者，人恒敬之。"君子与普通人的区别就在于这一颗心。君子能够以仁存心、以礼存心，能念念体会到他人的内心感受，能够处处以礼行事，敬而无失，恭而有礼。爱敬既尽于己，其德自然就会感乎人，我能以恩待人，人必能以爱视我；我能以礼敬人，人必也以敬馈我。此是人之常情，世之常理。欲人爱我敬我，首先我要爱人敬人。

仁者爱人，但如何爱呢？墨子曾讲"兼爱"，认为天下动乱的根源在于人与人之间不相爱，若使天下兼相爱，爱人若爱其身，则天下无不孝之人，无不贤之人，无不忠之人，如此则家与家不相乱，国与国不相攻，从而天下大治。并且，墨子要以"兼（相爱）"代替"别（相恶）"，主张人要爱他人如自己，爱别家如自家，爱他国如己国，即爱无厚薄，无远近、无差等。人们往往拿墨子"爱无差等"与儒家的"爱有差等"做比较，认为墨子的思想更高出一筹，因为其爱无差等。儒家的爱还不彻底，还不圆满，因为其中还有亲疏之别、远近之异。如此，则需对儒家的爱做一番探究。

儒家讲爱，但此爱有体与用的区分，在体上儒家之爱也是无差等的爱，并且是民胞物与的一体之大爱,不仅爱己还爱人,不仅爱人还爱物。孔子一生以仁爱存心,其爱范围之广无一人可漏,无一物能遗;其爱程度之重,无一物能轻。孔子看到当时礼崩乐坏的局面,时发感叹,并加以谴责。他以布衣之身,本着济世之志,言帝王之盛,己虽不能见,但却有志去实现,于是他在一次祭祀之后,登高而望,提出了自己的远大理想:"大道之行也,天下为公,选贤与能,讲信修睦。故人不独亲其亲,不独子其子,使老有所终,壮有所用,幼有所长,鳏、寡、孤、独、废疾者皆有所养,男有分,女有归。货恶其弃于地也,不必藏于己;力恶其不出于身也,不必为己。是故谋闭而不兴,盗窃乱贼而不作,故外户而不闭,是谓大同"(《礼记·礼运》)。在此大同世界,爱没有远近、没有亲疏、没有差等。大同世界是孔子毕生奋斗的理想,为此他周游列国十四年,即使陈蔡绝粮、匡地受阻,仍能矢志不渝。

并且儒家爱到极处,则与天地合其德,与日月合其明。庄子言:"至人无为,大圣不作"(《庄子·知北游》),既真正的圣人能效法天地之道,爱人与利人纯是一颗无私之心,不留丝毫痕迹,更谈不及虚伪与造作。孔子"七十随心所欲不逾矩",其心已是纯然爱人,无一丝私欲掺与中,所以随心所欲去做,不需要任何规矩的约束,而能无不合于仁。

儒家的最终目的是"爱无差等",但是实现的方式却不可能一蹴而就,必须由"亲亲"开始。儒家既追求理想,也重视现实。人所处的现实关系是有亲疏、远近之别的,人不可无视这种现实。人为父母所生,人生三年才免于父母之怀,父母之爱子,人之爱父母是人的天性,所以爱人自然要从亲亲开始,从孝开始。《孝经·圣治章》言:"不爱其亲而爱他人者谓之悖德,不敬其亲而敬他人者谓之悖礼。"父母养子、教子,恩最为重,如果一个人不爱自己的父母却说爱他人,不尊敬自己的父母却说尊敬他人,这是悖德悖礼的,更是不可能的,如果可能,必然是因为利益的引诱而妄言。

《论语·学而》中有:"其为人也孝弟,而好犯上者,鲜矣;不好犯上,而好作乱者,未之有也。君子务本,本立而道生。孝弟也者,其为仁之本与!"天下之事,莫不有本有末。凡事要务其根本,在关键切要处用力,则事情自然会顺理成章,事半而功倍;相反如果在末端上下功夫,则只能会劳而无功,事倍而功半。孝悌是行仁之本,因为人莫不有父母兄弟,若于父母能孝,尽为人子之本分;于兄弟能悌,懂得长幼有序,则心必然和顺,再推此心以及人,则必然不会作乱,仁道也从而得以行。故孟子言:"杨氏为我,是无君也;墨氏兼爱,是无父也"(《孟子·滕文公下》)。杨氏为我,除己之外,漠不关心。如果依此理,天下国家,谁能与君主共理,所以是无君。墨氏兼爱,视天下之人无远近亲疏之别,如果依此言,父子天性等同于陌路,所以是无父。所以凡事即要注意其体,也要看到其用。儒家之爱在本质上并无差等,在实际运用上必须要从亲亲开始,推己及人。孟子所讲的"王道"思想并非深不可测,也并非难上加难,其实质就是"推己及人"。齐宣王言好乐,孟子进谏曰:"与民同乐";齐宣王言好货,孟子言:"与民同之";齐宣王言好色,孟子言:"与民同之"。即治理国家就是要以己心度人心,推爱己之心以爱人而已。所以孟子言:"人皆有不忍人之心。先王有不忍人之心,斯有不忍人之政矣。以不忍人之心,行不忍人之政,治天下可运之掌上"(《孟子·公孙丑上》)。见人有难,则为之悲;见人有饥,则为之寒。人都有这等恻隐之心,如果人能把此不忍之心扩而充之,老吾老以及人之老,幼吾幼以及人之幼,天下虽大,以此心治理则有余矣。

此亲亲之心,本源于人之天性,是取之不尽、用之不完的,推己以爱人,进而再推己以爱物。《礼记·月令》有:仲春之月,要"养幼少,存诸孤;择元日,命人社;命有司,省囹圄,去桎梏,无肆掠,止狱讼。毋竭川泽,毋漉陂池,毋焚山林"。这个月,人们要保护植物的萌芽,养育儿童和少年,抚恤众多的孤儿。老百姓也应选择好的日子,祭祀土神。司法官员也应减少关押的人犯,去掉手铐脚镣,更不可执行死刑及陈尸示众、拷打犯人。同时人也不可放干河中的水使池溏干涸,不可放火焚烧山林,要长养万物,顺应春天生生不息的阳气。另《礼记·曲礼下》:"国君春田不围泽,大夫不掩群,士不取麛卵。"即诸侯国君在春天举行田猎时,不可包围整个农场;大夫不可捕杀整群的禽兽;士人不可掠取幼兽或鸟卵。这都是儒家爱物的表现,此时的爱已不是单纯的父子之爱,更不是狭隘的一己之爱,已扩充到整个物的范围,强调人要顺应天地之德,爱人爱物,此时的爱已从个人、家庭、社会推广到了人与自然的伦理范围,天地人已形成了一个和谐的系统整体。

三、立人达人

《论语·雍也》:"夫仁者,已欲立而立人,已欲达而达人。"立,《说文》:"住也。从大立一之上。凡立之属皆从立。"臣铉等曰:"大,人也。一,地也。会意。"即"立"是一会意字,原义就是人站立于地上。另甲骨、金文的"立"都像是一人笔直地站立于地上。后来"立"逐渐有了道德的含义,如"立身行道,扬名于后世"。又孔子自述"三十而立"(《论语·为政》),二程解释为:"立,能自立于斯道也"①,即能立于此道而不退惰。孔子又言"不学礼,无以立"(《论语·季氏》),朱熹注:"品节详明,而德性坚定,故能立"②,这仍然就修身而言。另孔子在谈到为学的四种境界,提到"可与道,未可与立"。高诱的《淮南子》注曰:"道,仁义之善道。立,谓立德、立功、立言。"③由此可知,"立人达人"之"立"主要指在道德上有所建树,面对外在的诱惑能够立而不摇,自己在道德上有所立,才能利人济人而有所"达"。

达,《说文》:"行不相遇也。从辵𡴭声。"达的原意就是通达没有阻碍。孔子除在此提到"达"以外,在《论语·颜渊》中也提到"达"。当时子张以闻释达,认为所谓的"达者"是"在邦必闻,在家必闻",直译就是远近闻名,比较有声誉。但孔子言,此只是"闻"而不是达,"闻"是"色取仁而行违",表面上似乎是仁德之人,但实际上却没有仁者之行,即虚有其表,无有其实。真正的达者是"质直而好义,察言而观色,虑以下人"。即真正的达者是言行一致,秉性正直,不会虚饰自己,也不会谄谀奉承,表里如一。闻与达的区别在于,一个是为人之学,专务虚名;另一个是为己之学,专为提高自己的道德修养。朱熹注曰:"达者,德孚于人而行无不得之谓。"也就是说,"达"是具备切实德行之后自然能够感乎人,赢得他人的敬佩,即"德修于己而人信之,则所行自无窒碍矣"④。

关于"达",孟子也有言:"士穷不失义,达不离道。穷不失义,故士得己焉;达不离道,故民不失望焉。古之人,得志,泽加于民;不得志,修身见于世。穷则独善其身,达则兼善天下"(《孟子·尽心上》)。此处之"达"与"穷"对,穷谓不得志,"穷不失义"就是"贫贱不能移",也是孔子的"造次必于是,颠沛必于是"。赵歧注曰:"达谓得行其道,故能兼善天下也。"⑤达,即是心中有志,志又得以行,无

---

① 朱熹.四书章句集注[M].北京:中华书局,1983:38.
② 朱熹.四书章句集注[M].北京:中华书局,1983:54.
③ 刘宝楠.论语正义[M].北京:中华书局,1990:359.
④ 朱熹.四书章句集注[M].北京:中华书局,1983:174.
⑤ 十三经注疏·孟子注疏[M].北京:北京大学出版社,1999:355.

有障碍。这里的"达"有"富贵利达"之意，但更注重的是指弘道之志得以酬，无有阻碍。

"己欲立而立人，己欲达而达人"指的就是自己的道德得以立，能明乎道之体，就不忍他人处于愚，也想己立而后立人；己之志得以抒，就不忍他人处于困，也想己达而后达人。孔子曾言"学而不厌，诲人不倦"。"学而不厌"，为学无丝毫懈怠之意，此指己立己达而言；"诲人不倦"，教人无有疲倦，此指立人达人而言。另《大学》："大学之道，在明明德，在亲民，在止于至善"。"在明明德"即明己之明德，此指己立己达；"在亲民"，即助人明其明德，此指立人达人。

己立与立人，己达与达人，本是一事。但却有本末之别。己立己达是基，立人达人是末。己之不立不达，难以立人达人。这就等同于自己不会游泳，难以救落水之人。但二者又是一事，己立己达本身不排斥立人达人，如果不以立人达人为修养的目标，自己也不可能立也不可能达。究其根本，在于儒家思想中，人、我、物三者是一个统一的整体，是密不可分的。儒家虽然讲爱与差等，但在本质上，人与人是没有分别的，这一思想也是中国与西方文化的典型区别。

在中国哲学中，人是自然的一部分，人与自然浩然同流。中国哲学视域下的人不是拉美利特笔下的"机器人"，不是经济学笔下自私自利的"自然人"，也不是科学化了的"理性人"，更不是宗教中的"神人"，而是一个与自然融为一体的圣人、完人。他扬弃了小我的局限，达到了生命的高扬，能够体物尽性，与自然浩然同流。孟子说："万物皆备于我矣。反身而诚，乐莫大焉"（《孟子·尽心上》）。朱熹注："大则君臣父子，小则事物细微，其当然之理，无一不具于性分之内也。"[1]天地间万物，虽殊类而不齐，但不能外于理，理不能外于心。无一物不在理之中，无一物不在性之内。人与物之间，在象上虽千差万别，但在性之体上却是统一的。人只要反求于身，明己之所在的性之理，也就明白了物之理，也就明白了天之道。故《易经》有："夫大人者，与天地合其德，与日月合其明，与四时合其序，与鬼神合其吉凶。先天而天弗违，后天而奉天时"。所以真正的大人、圣人，一定善于体会广大和谐之道，充分实现自我，以促使天赋的生命得以充分完成。这种天赋的生命就是孔子的"随心所欲不逾矩"崇高境界，就是对于一切事物我们都应

---

① 朱熹.四书章句集注[M].北京：中华书局，1983：359.

该友善,对于一切人我们都应该相爱,以仁人之心包容一切,却没有丝毫包容之感。

第三节 仁 之 方

"仁"作为儒家一个重要的道德范畴,在《论语》中出现的频率最多。在《论语》中孔子多次谈到仁,弟子也多次问到仁,但是孔子从未有正面回答何者是仁。孔子都是因材施教、对症下药,告诉弟子"仁之方",即实现仁的方式、方法。如颜渊问仁,子曰:"克己复礼为仁";仲弓问仁,子曰:"出门如见大宾,使民如承大祭。己所不欲,勿施于人";司马牛问仁,子曰:"其言也讱";樊迟问仁,子曰:"爱人"。如是等等,每次回答都不尽相同,都是因人而异,都是针对不同人提供不同实现仁的方法。至于仁之本身,正如《论语·子罕》所说:"子罕言利与命与仁",孔子很少谈及。孔子之所以不言何者是仁,因仁之道至大至深,即使言之,弟子如果根性不足也不能领悟,故不常言。虽不常言,但是从仁之方做起,经过下学而上达的工夫,却也可以达仁。所以程颐言:"仁至难言,故止曰'己欲立而立人,己欲达而达人,能近取譬,可谓仁之方也已。'欲令如是观仁,可以得仁之体。"①

《论语》中关于仁之方的论述,可以说是比比皆是。在孔子与其弟子的谈话中,可以看到,实现仁的方法有很多,可以从爱入仁,从敬入仁、从孝入仁、从忠入仁、从恕入仁、从礼入仁等等。这些都是针对不同人,孔子给予的不同的、具体的、可操作性的方法。但总的来讲,如何实现仁呢? 总得有一种普适性的方式、方法,在这里孔子没有给我们总结归纳,但从其对话当中,我们还是可以总结出其实现仁的方式与方法的。

一、强恕而行以达仁

仁就是人与自身以外的人事物的统一,就是说想到自己的同时也要想到他人,所以实现仁的根本还在于自己的那颗心。《论语·雍也》中记载,有一次,子贡问孔子:"如有博施于民而能济众,何如? 可谓仁乎?"孔子回答:"何事于仁! 必也圣乎? 尧舜其犹病诸! 夫仁者,己欲立而立人,己欲达而达人。能近取譬,

---

① 程颢,程颐. 二程集[M]. 北京:中华书局,2004:15.

可谓仁之方也已。"意思是说，如果有人，能够广施恩惠于天下之民，能济民众于苦难之中，使其各得其所，这等为人是不是就是仁人呢？孔子回答说，仁者的心是没有穷尽的，但是力量却是有限的。如果博施济众才算是仁，那么即使像尧、舜那样的既有德又有位的圣贤人也很难做到，他们也不能完全避免黎民有饥馁之忧，其心也会歉然而不乐！又何况他人呢？概子贡的求仁之方是从事入手，是舍本而逐末。而所谓的仁者，是纯乎公理存于心，没有一丝毫私利掺于其中。所以看普天下之人，都与己休戚与共、息息相关。如果自己有所成立，便不忍他人处于颠危，必思以引拔，使其同有所建树；如果自己显达，便不忍他人处于穷困，必思以扶持，使其同归于通达。此等立心，是天地一家、万物一体的气象，虽不能遍物而济之而无一遗漏，但其心已契仁之体，故曰为仁。孔子之论，是从心上求仁，此为求仁之本，所以至简而至易；子贡之论，是从事上求仁，此为求仁之末，所以至繁而难成。尧、舜之所以为圣为贤，也是基于其在心体上求仁，其在事功虽不能遍物而爱之，但是其心却常在安民。尧之心在全天下之民，"有一民饥，则曰此我饥之也；有一民寒，则曰此我寒之也；一民有罪，则曰此我陷之也。"（《说苑·君道》）即仁之本体，全在一颗公心而已。圣人求仁，绝不远求，只是将己之心比人之心。圣人治天下，就是推此心以安民。由此也不难理解孟子的王道之治，其实质亦是推此不忍之心以安民。"以不忍人之心，行不忍人之政，治天下可运之掌上"（《孟子·公孙丑上》）。天下虽大，治理虽难，但其理却简，就是一颗不忍人之心而已。此不忍人之心，即是孟子讲的"四端"。此四端依孟子看来，如人之有身一样，乃人之本有。因为是人之本有，所以扩充此四端也是人人皆能的事情，若将此一念不忍人之心扩而充之，则如始燃之火，不可扑灭；又如刚涌之泉，不可壅塞。用之家则家和、用于国则国安、用于天下则天下太平。其势虽浩大不可挡，但起源只是一念不忍人之心而已。

　　基于此理，以孔子为代表的儒学特别重视恕道，在教导弟子为仁之时，也多次以恕入手。对于"恕"，《说文》："恕，仁也。从心，如声。"孔颖达疏曰："于文，如心为恕。"关于如字，《说文解字》："如，从随也。从女从口。"关于如，段玉裁注曰："从随即随从也。随从必以口。从女者，女子从人者也。幼从父兄，嫁从夫，夫死从子。故《白虎通》曰："女者，如也。引申之凡相似曰如。凡有所往曰如。皆从随之引伸也。"可见，如字有"相似"之意，如心，就是如其心，即以己心虑人心,要时时用自己的心去体会和感受他人的心。可见"恕"与"仁"从本义来讲有很大的相似之处,所以孔子教导弟子为仁之时,特别强调恕道。如仲弓问仁,子曰:"出门如见大宾,使民如承大祭。己所不欲,勿施于人"(《论语·颜渊》)。又《论语·里仁》有:"人之过也,各于其党。观过,斯知仁矣。"即为仁之道,不外乎存心;存心之要,莫过于敬、恕。出外办事如同会见宾客,自然不敢有所疏忽;役使百姓如同举行重大祭祀,也不能有所怠慢。人时时刻刻恭敬之心存于内,自然就会无往而不悦。时时以己之心度人之心,人以非礼待我,我不乐意,因此自己也不可以非礼待人,能如此行事,私意自然不能藏其中,人与人之间自然能和谐相处。此意即是由恕入仁。刘宝楠在《论语正义》中说:"恕即为仁。"[1]恕即是仁,是从心上而言。己之所恶,即是人之所恶,不可强加于人。人开始虽不能安然而有如此之行,但是努力这样去作,私欲就会日渐而少,天理则会日渐而明。天理已明,则知"万物皆备于我",于是仁体可得矣。故孟子曰:"强恕而行,求仁莫近焉"(《孟子·尽心上》)。

二、由学成智以达仁

孔子特别重视学,《论语》第一篇就是《学而》篇,并且学在《论语》中出现的次数达 66 处之多。《说文解字》释:"学,觉悟也"。另外《白虎通·辟雍》有:"学之为言觉也,以觉悟所未知也。"以觉释学,似无疑议,但关键是要觉悟什么呢?孔子曰:"下学而上达"(《论语·宪问》)。"达,通也。上达,谓通于天道而畏威。"[2]即要通过形而下的人伦日用之学以通达形而上的本体之道。另《论语·子张》有"百工居肆以成其事,君子学以致其道。"由此可知,人之为学的目的就是觉悟此本体之道。

另外熊十力在谈到中西哲学差异时也谈到这一问题。对于中西哲学的差异,一般人的印象是西哲重在求知,中哲重在求善,所以中国哲学以伦理道德见长,西方哲学以科学见长。熊十力认为,这只是对哲学表象上的理解,哲学与科学不同,哲学所求之真,"乃日常经验的宇宙所以形成的原理,或实相之真。此所

---

① 刘宝楠. 论语正义[M]. 北京:中华书局,1990:153.
② 刘宝楠. 论语正义[M]. 北京:中华书局,1990:592.

谓真,是绝对的,是无垢的,是从本已来,自性清净,故即真即善"①。即伦理道德在本体上是与真紧密联系在一起的。故熊十力接着说道:"中人底修养是从其自本自根,自明自了,灼然天理流行,即实相显现。而五常百行,一切皆是真实。散殊的即是本原的,日用的即是真常的。如此,则所谓人与人相与之际,有其妥当的法则者,这个法则底本身,元是真真实实,沦洽于事物之间的。"②这一法则就是实相,即是真理,即是道。平常的人伦日用方面的修养与实践就是为了达到这一实相之真,为仁自然也是为了达到这一实相之真。然而为仁要达到这一目的必然要通过学习,因为"好学近乎智",不学习就没有智慧。

荀子曰:"吾尝终日而思矣,不如须臾之所学也"(《荀子·劝学》)。终日费神以思而不达,则不如须臾之所学而有益。因为所学的圣贤之道犹如日月之光,能顿开诸智而破诸障。故学是费时少,而益处多,行仁自然不能离于学。离乎学,脱乎智,则会耳不辨音、目不识途,对仁的认识可能就有失偏颇,不知如何行仁。宰我有志于仁,但不明为仁之道,所以有"井有仁焉,其从之也?"之问。由此孔子向其阐述为仁也要有智的道理。济人爱人本是仁之心,赋之于行动,则是智之事。仁人行仁有爱心也要有智慧,有智以行仁,则仁无流蔽,无智以行仁,则可能会害仁。可见,行仁必须有智,无智难以有仁。《论语·公冶长》记载:

> 子张问曰:"令尹子文三仕为令尹,无喜色;三已之,无愠色。旧令尹之政,必以告新令尹。何如?"子曰:"忠矣。"曰:"仁矣乎?"曰:"未知。焉得仁?""崔子弑齐君,陈文子有马十乘,弃而违之。至于他邦,则曰:'犹吾大夫崔子也。'违之。之一邦,则又曰:'犹吾大夫崔子也。'违之。何如?"子曰:"清矣。"曰:"仁矣乎?"曰:"未知。焉得仁?"

刘宝楠在《论语正义》引多家之言释"知"为"智",令尹子文在任职方面能做到"进无喜色,退无怨色,公家之事,知无不为"③,显然他已经做到了忠,然而他荐

---

① 熊十力.中西哲学简论[M]//傅永聚,韩钟文主编.儒学与西方哲学研究.北京:中华书局,2003:30.

② 熊十力.中西哲学简论[M]//傅永聚,韩钟文主编.儒学与西方哲学研究.北京:中华书局,2003:31.

③ 刘宝楠.论语正义[M].北京:中华书局,1990:194.

子玉代己为帅,丧军败国,不能称之为智,所以更不能称之为仁。陈文子虽能"避恶逆,去无道",以保自身之洁,但他上不能谏君以止昏,下不能阻崔子以止恶,徒自洁其身不能有济于世,所以不能称为有智,故也不可称之为仁。

可见,智为仁之先导,无智便不可为仁。《中庸》有"好学近乎智,力行近乎仁,知耻近乎勇"。人虽非生而知之,但若笃志好学,不肯自安于无知,则自然能对事物之理有一定认知,从而达乎智。但是仅仅是知之,由愚变为了智,如果不能付诸行动,还不能称之为仁,必须将所知践行于生活,知行合一,才能称之为仁。《礼记·学记》所说"记问之学不足为人师"即是此理,仅仅明了道理,徒能为人言说,还不能为人师,更不是仁,还要把这些道理纳入到自己的生活实践中,才能为仁。而如何纳入、如何实践,则要知耻,即是要常怀愧耻之心,永不言弃,勇于改正自己的过失,从而自立自强。这种勇于改正过失的精神就是勇。可见智为仁之先导,为仁必须先由学以明理,因为不明道理便不知如何为仁。另外,《论语·子罕》中有:"智者不惑,仁者不忧,勇者不惧",也是以智开头。因为有智慧的人,才能明于事物之间的原理原则,才不会疑惑,才能对行为的方向与目标非常明确,义无反顾,进而付诸行动,既不会有忧虑,也不会有所畏惧。智是仁的基础,有了智才能知道如何行仁,所以班固根据人的修养把人分为三等,从高到低,依次是"圣人、仁人、智人",仁人是比智人更为高的一个标准,有智不一定有仁,但有仁必然有智,智是我们成为仁人的基础,有了智慧,我们才能知道什么是仁,能不能成仁,如何成仁等问题。所以《论语·阳货》有"好仁不好学,其蔽也愚"。仁主于爱,本为人之美德,但如不好学以明理,则心可能为爱所蔽而陷于愚。即爱心也要用智作引导,所行就不会偏离中道,否则可能徒具一颗爱习却畴就大错。

故《论语·子张》有:"博学而笃志,切问而近思,仁在其中矣。"学务在求仁,然而仁不会自至,必先由学以明理,并且要笃信好学,坚定志向,如有一理不明,则必勤问慎思,如此仁德自然就在其中了。可见求仁之道,不外于存心,存心之功,不外于务学,学在是,则心在是,心在是,则仁在是矣。

三、推己及人以达仁

"仁"的本义就是关于人与他人的关系的学问。他人的延伸义也并不完全指人，而是指与自己相对的，其他的一切人、事、物。所以自己与自己以外的一切人、事、物合二为一就是"仁"。程颢在《识仁篇》中明言："仁者，浑然与物同体。"即仁在本体意义上，与世间万物是一个整体。那么，如何回到仁这一本体呢？《论语》告诉我们一个方法，就是推己及人，从爱自己的亲人开始，扩充开去，进而爱世间的一切人和物。

墨子主张兼爱，认为"天下兼相爱则治，交相恶则乱。"并且他还主张爱无差别等级，不分厚薄亲疏。有些人，就此而厚墨薄儒，认为儒家爱有差等，不及墨家高一层次。实际上不然，儒家也主张"泛爱众"（《论语·学而》）。"泛爱众"就是博爱一切人事物，这是儒家的最高理想。就这一理想来讲，儒家的爱是没有差等的。另外，孔子的"大同世界"不比墨子的兼爱有丝毫逊色，所追求的也是"人不独亲其亲，不独子其子"。但大同理想的实现却要从亲亲开始。大同世界追求的是仁之体，但大同世界的实现却要通过"仁之方"。仁之体与体之方是截然不同的两件事，不可混为一谈。作为二程弟子的杨时，也极力阐明"仁之体"与"仁之方"的区别，并反复教导学者依仁之方以求仁，而避免直言仁体。杨时强调："盖为仁必自孝悌推之，然后能为仁也。其曰为仁，与体仁者异矣。体仁则无本末之别矣。"①既仁在体上是万物一体，无本末之别，但是仁之相却并不如此，人与人之间则有尊卑贵贱之别，要达仁之体，岂能无视此差别。并且杨时认为，如果只强调仁之体，忽略仁之方，则有墨子兼爱之流弊。孟子曾言："墨氏兼爱，是无父也"（《孟子·滕文公下》）。墨子主于兼爱，视天下之人远近亲疏无差等，此理想固然甚好，但却忽视现实之差别，则有使人置至亲而不顾的流弊，所以说是无父也。所以儒家不仅讲体也讲用，不仅有理想，还有实现理想的方法，这一方法就是"爱自亲始"，就是要推己及人，就这一方法来讲，你可以说儒家是"爱有差等"的。

《论语·学而》："孝弟也者，其为仁之本与。"即万事有本有末，若徒务其末，则徒劳而无功，所以做事当在切要处用力，根本既立，则道理自然发生。"孝悌"则为行仁之本，人能孝悌，亲吾之亲，则可及人之亲，敬吾之长，则可及人之长，至于安抚万民，养育万物，皆从此孝悌之心扩充而来。《孝经·天子章》释天子之孝曰："爱敬尽于事亲，而德教加于百姓，刑于四海，此天子之孝也。"即为人君者，要

---

① 申绪璐. 杨时的仁学及其理论问题[J]. 中国哲学史，2015(2).

行博爱、广敬之道。然此道也要从爱亲、敬亲开始,然后推己及物,"有天下者爱敬天下之人,有一国者爱敬一国之人"①。《孝经·天子章》中有说:"爱亲者不敢恶于人,敬亲者不敢慢于人。"孝为百德之本,万行之源。父母对子女的养育、教育之恩德,可比天地,对己之父母若无爱敬之心,对他人之爱敬也只能是徒有其表,只是在利益的驱动下的伪装造作而已。识得此理,所以仁爱大道的实现,自然要从亲亲开始。孟子有言:"亲亲而仁民,仁民而爱物"(《孟子·尽心上》)。此句把仁之体与仁之方的关系诠释得更为透彻。亲亲、仁民、爱物,统而言之,均归于仁,并且亲、民、物三者在体是上合而为一,是无差等的。但是在实现方式上要从亲亲开始,进而推亲亲之爱以仁其民,再推仁民之心而爱乎物,从而最终达到"民胞物与"之境界。可见,推己及人以达仁是儒家仁之方的根本体现之一。

四、外束于礼以达仁

仁虽为人人本具之德,但由于人受外物所动,其心而有失于仁。要诀于仁,实质就是导其心。导其心除了上述所言之外,还要通过礼的外在约束。

颜渊曾向孔子问什么是仁,孔子回答"克己复礼为仁。一日克己复礼,天下归仁焉。为仁由己,而由人乎哉"(《论语·颜渊》)?颜回是孔子的入室弟子,对颜回的回答也是最深刻的回答,学者往往从此句中窥见孔门弟子难以得闻的"性与天道"。朱注曰:"仁者,本心之全德。克,胜也。己,谓身之私欲也。复,反也。礼者,天理之节文也。为仁者,所以全其心之德也。盖心之全德,莫非天理,而亦不能不坏于人欲。故为仁者必有以胜私欲而复于礼,则事皆天理,而本心之德复全于我矣。"②明德、仁慈是人们本自具有的。现在人们失于仁,并非真正丢失,只是由于后天习欲的影响,使其不得显而已,所以只要把这些贪欲、习气去除,本具仁德自然显现。那如何去除呢? 就是"克己",即克制自己的习气,让自己复归、复返于仁。克己就需要礼的教化。礼是缘情而制,既人有财、色、名、食之欲蕴于内,就有喜怒哀乐之情现于外,如无节制,人必离道日远,所以人要节其欲,即使其欲有所节制,但不是灭人欲,而是要使人的欲望在一定限度内。礼实质并非随意而设,其本质是"天之节文"。《左传·昭公二十五年》:"夫礼,天之经,地之

① 孝经注疏[M].上海:上海古籍出版社,2009:7.
② 朱熹.四书章句集注[M].北京:中华书局,1983:131.

义,民之行"。即礼是按照天地之常道所设,与道相通,是人们行事的依据。人如时时依礼行事,其心虽不能立刻达于道,但外在合乎礼的行为也会慢慢内化,从而逐渐达于道。进而颜渊又问孔子行持方法,孔子言"非礼勿视、非礼勿听、非礼勿言、非礼勿动。"即只要不合乎礼的,眼不看,耳不听,口不言,心不为之动,如此时时依礼而行,自然能归仁。

礼这里属于一种外在的约束,这种外在的约束实际上是非常重要的。这与孟子所言的"徒善不足以为政"的道理是一样的。人虽有向仁之心,但也得需要外在规矩的约束。《孟子·离娄上》:"圣人既竭目力焉,继之以规矩准绳,以为方圆平直,不可胜用也;既竭耳力焉,继之以六律正五音,不可胜用也;既竭心思焉,继之以不忍人之政,而仁覆天下矣。"人竭尽目力,再接着用圆规、墨线等器具制作方圆平直,制器之法就不可胜用。人竭尽耳力,再继之以六律来校正五音,作乐之法就不可胜用;人竭尽仁心,再接着施行仁政,仁德就会遍布天下。礼之用与此同,人有仁心存于内,外有礼法束于外,人离仁就会越来越近。

孔子曰:"知及之,仁不能守之,虽得之,必失之。知及之,仁能守之,不庄以涖之,动之不以礼,未善也"(《论语·卫灵公》)。即人有聪明之资质,又有资深之学问,实为难得,但若没有仁爱之心守之于内,以至于私欲膨胀,此智始有但终究必亡,此智又何益之有。如若智及之,又能以仁守之,其德可谓全矣,然处事临民之际,不谨其容,自亵其体,不依礼教行事,则不能感民之敬,只能启民之慢,虽有智与德,但不能化人。礼的作用能启发人内心的恭敬,如升国旗必配国歌,才能启发人内在的爱国热情。举行祭祀大典,必须配有庄严肃穆的祭祀之乐,人的举手投足也要合乎礼仪,如此才能启发人的恭敬之心。可见,礼虽属外在,但却能启发人的内在感情,如此兼本末,合内外,则德愈全、仁日近、道日隆。

第四节　仁之境

人与人之间,虽在性之体上是无区别的,但"明明德"却需要一个过程。人在行仁的道德实践中,也会有境界的不同,有高下之差。《礼记·表记》:"仁有三,与仁同功而异情,与仁同功,其仁未可知也;与仁同过,然后其仁可知也,仁者安仁,智者利仁,畏罪者强仁。"这里孔子给出了行仁的三种境界:安仁、利仁、强仁。

这三者的外在表现上是相同的,都是在做利益他人、社会的事情。但是如果从心而觅,三者的境界却不同。

一、安仁

安仁是心安于仁。《论语·里仁》有:"不仁者不可以久处约,不可以长处乐。仁者安仁,知者利仁。"这是《论语》中仅有一次提到"仁者安仁"。《说文》:"'安'者,静也,从女在宀下。"《尔雅》释曰:安,定也。《说文》意在家庭的安定,《尔雅》意在内心的宁静。综合二意则可理解为:心如在家庭中一样安静镇定。约是穷困,乐是富贵。皇侃:"约,犹贫困也。夫君子处贫愈久,德行无变。若不仁之人久居约,则必斯滥为盗,故不可久处也。乐,富贵也。君子富贵愈久,愈好礼不倦。若不仁之人久处富贵,必为骄溢也。"[1]这句话的本义是:仁在于心,人心中有仁,以仁心处事,自然不被外物所动摇。而不仁之人,其心被私欲所蔽,失其本心,心无其主,所以易被外物所动,处贫贱之时,起初或能忍受物质的困乏,其心不因贫穷有所移,但久而久之,则会改变自己的气节;处富贵之时,起初也不会因富贵而改变以往的良好习惯,但时间久了,骄奢淫逸的毛病就出来了。而真正的仁人不同,其仁心存于内,志向储于胸,"富贵不能淫,贫贱不能移,威武不能屈"(《孟子·滕文公下》),处约不忧,处乐不淫,均能够安于仁道。

孔子曾赞颜回:"贤哉,回也!一箪食,一瓢饮,在陋巷,人不堪其忧,回也不改其乐"(《论语·雍也》)。颜回的饮食不过是箪食、瓢饮,可谓是至贫,普通人此时都会怨天尤人,不胜愁苦,而颜回此时,仍能悠然自得。此时其为仁,如果不是安仁的境界,也必然比利仁的境界要高。因为此时颜回心中,己不是为利而行仁,其至贫之时还能至乐,全体皆是仁德自内而外的自然显现,无丝毫造作之嫌,故可谓是安仁。另孔子"饭疏食饮水,曲肱而枕之,乐亦在其中矣"(《论语·述而》)。孔子所食不过粗饭,所饮不过清水,所枕不过其肱,奉养之菲薄,寝处之荒凉可谓至极,但孔子仍能乐在其中,不以贫贱有所忧,不以富贵有所喜,浑然天理,此之仁,绝非利仁、强仁之所及。

孔子在《孔子家语·五仪解》中分别为我们列五种人格,即庸人、士人、君子、

---

① 程树德. 论语集释[M]. 北京:中华书局,2016:296.

贤人和圣人。安仁的境界应该对应的是圣人。圣人是"德合于天地，变通无方。穷万事之终始，协庶民之自然，敷其大道而遂成情性。明并日月，化行若神。下民不知其德，睹者不识其邻。此谓圣人也。"圣人此时已与天地合其德，与日月合其明，已然是明心达道之人。圣人之心已经完全体悟到"民胞物与"的境界，视人无不如己，视物无不含意，所以其仁爱之心，全是性之体的自然显露，无丝毫功利之心，皆是无为而为，无作而作，但其所为与所作又无不合道、无不合情，与常人似无异，所以人多不察。

康德在论述其"道德律"时，提出了两个概念：一个是"纯粹实践理性"，另一个是"一般实践理性"。"纯粹实践理性"是不含任何功利的，不以任何经验事实为基础，纯粹是为了道德而道德，是意志的自我立法，是一种纯粹的"应当"。如果从这个角度分析，安仁就是康德所说的"纯粹实践理性"，是道德行为上的最高境界。

二、利仁

利仁，指因行仁有利才行仁。利仁是有目的性的，认为行仁会有善的结果，所以才行仁。利仁较安仁相比，层次有所下降。《易经·坤卦》有"积善之家，必有余庆；积不善之家，必有余殃"。仁是人人应该行的，小行之得小福，大行之得大福。并且仁乃人心之全德，是内在于己，不假外求的，不仅人人当行，而且是人人能行。利仁者，是心明于此理，而主动求仁、努力求仁。只因其还未能明明德，未能率性而为，故还达不到安仁的境界，但也是特别难能可贵。

安仁因为是无欲而求，所以造次必于是，颠沛必于是，富贵不加多，贫穷不加少。利仁是因为行仁有利而行仁，因内心有所求，所以当遇流离之苦时，可能会有退缩，然而其心明于天道，还会继而奋力行仁。《论语·卫灵公》记载，孔子周游列国期间，曾经在陈蔡绝粮七日，许多弟子都病倒了。当时子路心中就有不快，去问孔子："君子亦有穷乎？"意思是说，君子心中不藏私利，一心为公，惟义是行，应该受到上天的眷顾才是，不应当有此困窘的境况，现在我们遇到如此困境当作何解释呢？孔子回答说："君子固穷，小人穷斯滥矣。"即君子遇到困窘，不会怨天尤人，其志不被外境所夺，依然能以义与命自安。小人则不是，一遇困穷，则志便倒，从而自放于礼法之外，无所不至矣。这一事例，可以说是对"安仁"的最好解释,孔子以其实际所行所为我们展现了什么是"安仁"。这里,如果孔子是"安仁"的话,子路就是"利仁"。

另外,《孟子·离娄下》中曾赞舜:"由仁义行,非行仁义也。"仁义之行,本源于心,舜行仁义,是从心上生发的,是自然而然去做,没有一丝所求,也没有一丝造作,因其是率性而为,故也没有丝毫不宜,一切都是无往而不当,这才是真正的由仁义行,也即是"安仁"。"行仁义"是心中以仁义为美,以行仁义有利,所以是有心行仁义,此种行仁虽为可贵,但从心上来讲则比"由仁义行"低了一个层次,应该属于"利仁"。

利仁对应的是五种人格中的贤人、君子及士人。贤人是"德不踰闲,行中规绳,言足以法于天下而不伤于身,道足以化于百姓而不伤于本。富则天下无宛财,施则天下不病贫。此贤者也"(《孔子家语·五仪解》)。圣人与天地合其德,其所行是率性而为,所以是"随心所欲",即心中无丝毫去遵守道德规矩的意识,但所行却无一不是在道德伦理范围内。贤人则稍降一筹,因其未达率性的境界,其所言所行,还必须有所凭依,要据于德、依于仁。他们内要时时反省,如曾子之三省;外要束于礼,如颜子之四勿。所以他们的所作所为绝不逾越常规,言行必然合乎礼法,他们的言论可以让天下人来效法,道德行为也足以感化百姓。因为内心具有仁爱之德,他们如果富有,绝不会积攒财富,必然会施物以济贫。可见贤人与圣人不同之处在于,贤人还需有所依,其行仁还稍有目的性,但其目的已全然是"为己之学",即在提高自己的道德修养,完全舍弃了外在功名利禄。虽然其还有"利仁"之嫌,但已然快进入"安仁"之域。

君子是"言必忠信而心不怨,仁义在身而色无伐,思虑通明而辞不专;笃行信道,自强不息。油然若将可越,而终不可及者。君子也"(《孔子家语·五仪解》)。所谓君子是责己不责人,求己有忠,但不求人必用己;求己有信,但不求人必信;求己有仁与义,但不求人必爱己。所以己有德而不慢,人有疑而不怨。这种境界,看似不高,似乎很快就能超越,但也是难之又难。君子较贤人,虽不能言而世为天下则,动而世为天下道,但也是人格之上品。其为仁虽然也是"利仁",但亦以提高自身的道德修养为目的。

士人是"心有所定,计有所守,虽不能尽道术之本,必有率也;虽不能备百善之美,必有处也。是故智不务多,必审其所知;言不务多,必审其所谓;行不务多,必审其所由。智既知之，言既道之，行既由之，则若性命之于形骸不可易也。富贵不足以益，贫贱不足以损。此则士人也"（《孔子家语·五仪解》）。士人较君子又稍差一等，但士人也以志道、据德为人生的目的，其所行所言，虽不能集百善于一身，但也不失自己的气节与操守；所知虽不广，但一定要审其所知是否正确；言虽不多，但言必其实；行虽不远，但行必得其正。如此恭敬谨慎，视道德修养如同自己的生命一般珍贵，其成德之基已实，其未来之成就已不言而喻。士之行仁，显而易见，也是"利仁"，即为自己的成德立身而行仁，亦属于孔子所言的"为己之学"。

利仁的境界，虽不如安仁，也未达到康德的"纯粹实践理性"，但也比康德所谓的"一般实践理性"要高。一般实践理性其所以遵从道德律，还主要是从外在的名利出发，是"为人之学"，非"为己之学"。

三、强仁

强仁是勉强而行仁，是因畏惧刑罚而不得不为仁。其心并不以仁义为美，故也不想行仁义道德之事，只是因不行仁怕在社会上行不通，所以假装行仁。所以强仁完全是被动的、不是自主的。

孟子在谈到王道之治时，说道："尧、舜，性之也；汤、武，身之也；五霸，假之也。久假而不归，恶知其非有也"（《孟子·尽心上》）。正义曰："此章言仁在性体，其次假借，用而不已，实何以易，在其勉之也。而行仁，本性之自然者也。汤、武利而行仁，视之若身也。五霸强而行仁，则力假之而已。然而久假而行之，而不归止，安知其非真有也。"[1]从治理天下的角度来看，从上往下有帝道、王道、霸道。以尧、舜而言，仁义完全融于其心，其行纯粹是率性而行，是由仁义行，是自然而然，是安行。以汤、武而言，是指知行仁有利，相信"自求多福，祈天永命"，所以躬身实践，竭力行仁，是利行。五霸是既不能率性，也不能以身行仁，完全是为了事功，假借行仁之名，是济其贪婪，旨在谋利，不在行仁，但不假借为仁之名，难成其霸业，所以才掩人耳目不得不为仁，所以是强仁。利仁虽非率性而安仁，但能躬行实践仁爱之道，已然是君子之行，由此而久之必然能安于仁道。强仁其仁

---

① 十三经注疏·孟子注疏[M].北京:北京大学出版社,1999:368.

心虽被蒙蔽,但假借而不归,久而久之,弄假成真,也可引发其本具之仁心,亦可入道。

与强仁对应的应该是五种人格中的庸人。庸人是"心不存慎终之规,口不吐训格之言,不择贤以托其身,不力行以自定。见小暗大,而不知所务;从物如流,而不知所执。此则庸人也"(《孔子家语·五仪解》)。此处所说之庸人,也就是我们常说之小人。小人之学全是为外在之名利,不求自己本有之明德,唯知徇物,不知有性,通体是欲。所以说"君子喻于义,小人喻于利",喻于利,故见害必避,见利必趋,所以不仁不智,不礼不义,不吐训格之言,不存慎终之规。在《论语》中,孔子经常以君子和小人对举。君子是忧道不忧贫,小人是忧贫不忧道;君子是下学而上达,小人是下学而下达;君子之学为己,小人之学为人;君子怀德,小人怀土;君子怀刑,小人怀惠;君子周而不比,小人比而不周。君子求学是为自己修养而学,知道求学的意义,在成己成物。小人不知道求学之旨,以求名利为先,所以不修道德,只求功利,正因如此,小人之所以行仁,全是被迫而行,是假仁、强仁。

但无论是安仁、利仁还是强仁,其所行毕竟是仁。强仁、假仁行的时间久了,也会逐步进入利仁、安仁的境界。就如同孟子所做的比喻,借别人家的东西时间长了,东西慢慢地也好像成为自己的了。被迫行仁时间长了,仁也会逐渐变成自身本具的德行。而事实上,仁本来就是人天赋的德行,被迫行仁时间久了,自身本具之德自然显现。

孔子曾言"或生而知之,或学而知之,或困而知之,及其知之,一也;或安而行之,或利而行之,或勉强而行之,及其成功一也"(《礼记·中庸》)。人性虽同,但气禀有差,所以人天生资质不同。资质上等的是不学就知;次一级的,通过学也能知;再次一级的,学虽未知,但困苦其心,发奋图强,最后也能知。这三等人,虽闻道有先后,但一旦都豁然开朗,到达"知之"的境界,此境界却不会因人而有异的,最终都能率性而为。"随心所欲不逾矩"不是孔子专享的,只要人人肯努力,人人都能到达这种境界。强仁、利仁、安仁与此理同,只要人人认真行仁,无论目前是假仁也罢,利仁也罢,还是欣欣然愿意行仁也罢,工夫到时,人人都可处于"安仁"之境。

《论语》大义之五:礼乐

  中国素来就有礼仪之邦的称谓,并且礼乐教化在国家教育及社会治理中起着重要的地位。中国作为泱泱大国,中华文明是当代世界仅存的古文明,这与中国的礼乐教化是分不开的。昔者周公制礼作乐,不可以简单理解为为了维护封建等级制度,实则是为了延续上古留下来的以德治国的道统,希望周朝也能做到"以德配天,永葆天命"的目的。而孔子又以"恢复周礼"为己任,一生遭受颠沛流离之苦,不怨天、不尤人,也是为了承传古代帝道与王道。《论语》作为记录孔子言行的代表之作,其中的礼乐教化所占的分量是举足轻重的。据统计,《论语》谈及"礼"的有 74 处之多,谈及"乐"的有 48 处。孔子特别强调礼乐教化的力量,礼乐思想从而成为儒家的核心思想之一。并且孔子对礼乐有着丰富而深刻的论述,其思想至今有着重要的理论与现实意义。

第一节 礼、乐释义

一、礼

  许慎的《说文解字》对"礼"字的解释是:"礼,履也,所以事神致福也。从示从豊,豊亦声。"由此解释不难看出,礼与"履""示"和"豊"三字密切相关。

  (一)礼,履也

  首先,"礼"与"履"紧密相连,甚至有很多学者以"履"释"礼",即"礼,履也"。《易经·坤卦》："履霜，坚冰至。"《经典释文》："履，郑（玄）读为礼。"另外《诗经·商颂·长发》中有："率履不越"，桂馥《说文义证》云："《韩诗外传》《说苑》《汉书》并引《诗》作'率礼'。"为何用"履"来解释"礼"呢？

　　《说文解字》中对"履"的解释是："足所依也。从尸从彳从夊，舟象履形。一曰尸声。凡履之属皆从履。"《小尔雅》曰："在足谓之履。"履，即鞋子。《尔雅·释言》有："履，礼也。"《释名》曰："履，礼也，饰足以为礼也。"《周礼·屦人》："屦人：掌王及后之服屦，为赤舄、黑舄、赤繶、黄繶；青句、素屦，葛屦。辨外内命夫命妇之命屦、功屦、散屦。凡四时之祭祀，以宜服之。"可见，"屦人"的主要职责是掌管皇帝和皇后在什么场合穿什么衣服和鞋子，以及在四时祭祀时众人依照尊卑等级应该穿什么鞋子。通过穿鞋子这种礼仪，传递出某种行为准则，表明人们做事要按照一定的规矩，强调不同场合下秩序和规范的重要性，所以履即礼。

　　另外，履即鞋子，这是履的原始含义，而鞋子是用来走路的，履的引申义就是要实行，即不仅仅是知道，更要做到。《易经》中的《履卦》本身就是用来释"礼"的，其中有说："履者，礼也。"针对此种观点，黄寿祺先生解释说：卦名"履"字之义，《序卦传》谓"物畜然后有礼，故受之以履"，《尔雅·释言》："履，礼也。"含有践履不可违礼之意，尚先生云："《太玄》即拟'礼'，礼莫大于辩上下，定尊卑"，"人之行履，莫大于是"；又《本义》曰："履，有所蹑而进之义"，则兼有小心循礼而行的意思。① 从中不难看出，《易经》中的"履"已不是履的愿意，而是指践履、履行，即指礼作为一种外在行为规范是要人人履行的。段玉裁则言："履，足所依也。""履"是足所依，礼是人所依。古人正是假借"履"的含义，强调了"礼"是人立身处世必须遵从的社会秩序和社会规范。《礼记·经解》有："礼之于正国也，犹衡之于轻重也，绳墨之于曲直也，规矩之于方圆也。"故人无礼不生，事无礼不成，国家无礼不宁。君臣无礼不尊，父子无礼不亲，兄弟无礼不顺。量轻重必须依赖权衡等工具，画直线必须依赖绳墨，人处世也必须依礼而行，礼是调整人与人之间关系的最好方式，如无礼教，君臣无义、父子不亲、夫妇不和、兄弟无序，一切关系都不能和谐有序。

　　《论语·宪问》中有："古之学者为己，今之学者为人。"《论语注疏》释曰"古

---

　　① 黄寿祺，张善文. 周易译注［M］. 上海：上海古籍出版社，2004：91.

人之学，则履而行之，是为己也。今人之学，空能为人言说之，己不能行，是为人也。"此处履即履行、实践之意，即人不能只说不做，只知不行，要言行一致，知行合一。就履的这一层含义，秦人黄石公所著《素书》中言到："礼者，人之所履，夙兴夜寐，以成人伦之序。"宋人张商英注曰："礼，履也。朝夕之所履践，而不失其序者，皆礼也。言动视听，造次必于是，放僻邪侈，从何而生乎？"即礼是人必须要践行的，是不可须臾离的，人一旦离开礼这一行为规范，就会放纵自己的情绪欲望，使其失度，一旦如此，人们就会为所欲为，离道越来越远，社会的乱象也会从而产生。这也就是老子讲的失之毫厘、谬以千里的道理，其端虽微，其后果却非常严重。所以《荀子·大略》曰："礼者，人之所履也，失所履，必颠蹶陷溺。所失微而其为乱大者，礼也。"即礼是人用来实行的。人如不依礼而行，看似是微不足道的事情，却有很大的隐患在其中。

（二）从示

关于"示"，《说文》："天垂象，见吉凶，所以示人也。从二。三垂，日月星也。观乎天文，以察时变。示，神事也。凡示之属皆从示。"所谓"天垂象，见吉凶，所以示人也"，意思是说，日月星辰等天象无时不在显示某种征兆，向人垂现某种吉凶祸福。"示"字的篆体上面是一个"二"，下面是三竖画。"二"是古文的"上"字，表示高高在上的天；三竖画表示日月星。古人认为观察上天日月星辰等天象的变动，就可以推知时势的变化。《易经·贲卦》中有说："刚柔交错，天文也；文明以止，人文也。观乎天文以察时变，观乎人文以化成天下。"另《左传·宣公十五年》也有曰："天反时为灾，地反物为妖，民反德为乱，乱则妖灾生。"

在古代，天地并非纯粹的物质性存在。人们持有的是一种万物有灵论的自然观，自然现象的变化昭示着上天的旨意和对人类行为的评判。所以在古代，当有某些特殊的自然现象出现时，往往人们会认为是自己的行为不恰当而触动了上天，从而会易恶迁善。《史记·孝文本纪》载：

> 十一月晦，日有食之。十二月望，日又食。上曰："朕闻之，天生蒸民，为之置君以养治之。人主不德，布政不均，则天示之以菑，以诫不治。乃十一月晦，日有食之，适见于天，菑孰大焉！"

十一月与十二月接连两次日食,孝文帝认为是自己德不配天所至。可见,对于古人而言,天无时无刻不在向我们昭示着某种吉凶祸福,所以古人特别崇尚祭祀。祭祀活动正是"示"部字中记载的核心信息。《说文解字·示部》中的63字都与神鬼的祭祀活动有关。大致可以归并整理分为五个意义类别:神祇类(24字)、祭祀类(33字)、祈祷类(3字)、人对神祇态度类(2字)、其他类(1字)。祭祀类33字中有28字反映祭祀活动。①

对于古人而言,祭祀是人与神之间沟通的主要方式。通过这种方式人们可以达到寄托情感和祈福的目的。另外段玉裁注曰:"礼有五经,莫重于祭,故礼字从示。豊者,行礼之器。"郑玄注:"礼有五经,谓吉礼、凶礼、宾礼、军礼、嘉礼也。"吉礼即对天地祖先的祭祀,它排在首位。《礼记·礼运》称:"夫礼,必本于天,殽于地,列于鬼神"。古人把祭祀看作是国家的一件大事,这些祭祀活动恰恰构成了早期的礼。所以郭沫若说过:"大概礼之起于祀神,故其字后来从示,其后扩展而为对人,更其后扩展而为吉、凶、军、宾、嘉的各种仪制。"②

(三)从豊

礼的原义并不从"示","礼"的古字是"豊"。《六书证伪》中有:"豊即古礼字,礼重于祭,故加示以别之。"即礼常常与祭祀联系在一起,所以加了一个"示"部,以表示承天祈福之意。"豊"字下方是一个"豆"字,这个"豆"就是古代用来盛祭礼的一种礼器。《说文·豆部》有:"豊,行礼之器,从豆,象形。"即许慎认为"豊"是象形字。但王国维先生对此提出了疑义,他认为"豊"字在卜辞中就已出现,"豊"字上半部分实际是两个"玉"字,即"珏",珏就是两串并列贯穿起来的玉器。《甲骨文编》也有:"古玉或贝一系五枚为玉,二玉为珏或谓之朋。"③这样就不难理解"豊"的含义,其意就是在祭祀的礼器里放着两串并列贯穿起来的玉器。据甲骨卜辞的记载,珏用作祭品,是和祭牲一起使用的。"'五人,卯五牛于二珏。'(乙7645)又'于二珏,有五人,卯十牛'(乙8354)。"④并且郭沫若也有相同的看法,他说:"'禮'是后来的字,在金文里面我们偶尔看见有用'豊'的,从字的

---

① 钟发远.《说文解字·示部》字语义考察[J].宜宾学院学报,2005(3):87.
② 郭沫若.十批判书[M]//郭沫若全集:第二卷.北京:人民出版社,1982:96.
③ 孙海波.甲骨文编[M].北京:哈佛燕京学社,1934:16.
④ 马如森.殷墟甲骨文实用字典[K].上海:上海大学出版社,2008:20.

结构上来说，是在一个器皿里而盛满两串玉具以奉事于神。"①喜爱玉器，一直是中国独特性的文化现象，以玉作为祭品，也是以己之所爱而奉神，体现了对神灵的一种敬畏。

另外还有人认为"豐"字中的"豆"形不是豆，而是"鼓"的初文"壴"。如何理解这种变形呢？"壴"最初是饮食器，后被用作乐器。周一良先生曾指出："鼓"乃"壴"之引申。其本义亦训饮食器，其后用作量器，又用作乐器而击之，于是加"支"而成"鼓"。②"壴"从饮食器到乐器的演变非常符合人类的文化史，因为从人的类角度来看，都是先质后文；从人的个体性角度来分析，人也是先要饱饮食，然后才能知礼节。文学界的鲁迅也持有这样的观点："社会人之看事物和现象，最初是从功利底观点的，到后来才移到审美底观点去。"③这本身符合礼的发展变化的历史规律。正如《礼记·礼运》云："夫礼之初，始诸饮食。其燔黍捭豚，污尊而抔饮，蒉桴而土鼓，犹若可以致其敬于鬼神。"即最初的祭祀，由于生产力水平的限制，祭品仅限于普通饮食，只是将黍樱等谷物和撕下来的猪肉放在烧石上烧烤，以供奉神灵。至于祭祀的器具只是凿地为穴、用手掬水。至于音乐，更是简单得令人难以想象，只是用土块敲击土鼓作乐，从而把人的愿望和敬意传达给神灵。

由此观之，"礼"之本义乃指祭神之器，而后才有了祭神的宗教仪式，再后来才泛指人类社会日常生活中的各种行为仪式。但因为礼起源于祭祀，所以在中国文化中礼有一种类似宗教的功能，具有一种权威性。如《左传·昭公二十五年》有曰："夫礼，天之经也。地之义也，民之行也。"即"礼"是效法于天理、派生于天理的，是人们在日常生活中需要遵循不悖的规范，从而具有道德、法律的类似功能。

二、乐

对于"乐"字，最权威的解释还是许慎的《说文解字》，其释为："乐，五声八音总名，象鼓鞞，木，虡也。"此解释前段释义、后段释形。即"乐"字取象于鼓，会意

---

① 郭沫若.十批判书[M]//郭沫若全集：第二卷.北京：人民出版社,1982:96.
② 周法高主编.金文诂林·卷五上·鼓字条[M].香港：香港中文大学出版社,1974:622.
③ 鲁迅.二心集·《艺术论》译本序[M].北京：人民文学出版社,1973:63.

为"音乐"。该解释一般无有疑义,因为从中国乐器的发展史来看,人类最早使用的乐器是鼓及其他的石制乐器,并尤以鼓较突出。盖由于鼓的节奏性比较明显,而节奏又在早期音乐中具有重要的意义。在古文献中,提及鼓这一乐器的典故可以说是举不胜举,如"抱玉枹兮击鸣鼓"(《楚辞·屈原·国殇》)。"鼓长八尺,鼓四尺,中围加三分之一"(《周礼·冬官考工记·韦军人》)。"瞽奏鼓,啬夫驰,庶人走"(《尚书·胤征》)。此等处,均指鼓这种乐器。并且由于鼓与音乐有着密切的联系,先秦时期,"鼓"字后来还演变为表示演奏音乐的一个动词。如"公将鼓之"(《左传·庄公十年》)。"子有钟鼓,弗鼓弗考"(《诗经·唐风·山有枢》)。"夫战,勇气也。一鼓作气,再而衰;三而竭"(《左传·庄公十年》)。此等处鼓均指"击鼓"。

近代,随着甲骨文的出土,很多人对许慎的解释提出了不同的看法。罗振玉先生根据甲骨文的"乐"字,指出:"乐,丝附木上,琴瑟之象也。"①罗振玉还认为"乐"字是会意字。按许慎的方法,可以写成"从丝从木"。罗氏的说法虽然受到了众多的疑义,但一经提出,却产生了巨大的影响,人们只要提及"乐"字造义,很多人就会想到"丝附木上,琴瑟也"这一解释。另外,关于"乐"字还有一说法,就是冯洁轩在其《"乐"字析疑》中认为:"乐"字是"从木,幺幺声"的形声字,并从民俗学角度"推断""乐"字的本义应是先民围绕树林舞蹈,口中发出"吆——吆——"的欢呼声。② 再有就是修海林先生从"幺"字入手,辨析了"幺"与"丝"字之别。他认为"幺"是谷穗类粮食的象征,"乐"字从二"幺",象征着谷穗累累的收获。即农民在农耕收获时节,会通过音乐和舞蹈的形式来表达自己的快乐!这一解释"使得'乐'字的初义开始淹没在一种实在的快乐感情状态之中,'乐'字的情感意义开始超过其谷类植物初学形象的意义……'饱腹之乐'由此转向'乐舞之乐'"③。

综上所述,"乐"随着最初的造字及后来的演变,它的含义也不断丰富和深化,"乐"不仅指和谐成调的音乐,还指情感方面的快乐。其读音还随着其含义有所变化,所以"乐"字不仅有民俗学、音韵学、文献学的内容,还有考古学的、音乐

---

① 周武彦.为乐字正义[J].音乐研究,1993(1):87.
② 冯洁轩."乐"字析疑[J].音乐研究,1986(3):63.
③ 修海林.古乐的浮沉[M].济南:山东文艺出版社,1989:144.

美学等各方面内容。

第二节　礼乐的核心要义：殊途同源

儒家谈"礼乐"教化，一般都是礼乐并行，二者基本不分离。二者殊途同源、相得益彰，共同构筑了中华民族独具特色的礼乐文明，并为社会的安定团结、人们的安居乐业起到了重要的调节作用。殊途是指二者取向不同、所主不同、具体含义及所起的作用也不相同。但二者却是同源的，都有一个共同的目的，都是为了教育人们，治理社会，都是修德之方，教人之法。二者相辅相成、互相协调、互相补充，使中华文明历经数千年而不衰。

一、殊途

（一）礼取法乎地，主别；乐取法乎天，主和

礼与乐不同，首先就体现在它们的取向不同。《礼记·乐记》对二者的关系，进行了深入、全面的剖析。其中有："乐者，天地之和也；礼者，天地之序也。和，故百物皆化；序，故群物皆别。乐由天作，礼以地制；过制则乱，过作则暴。""天高地下，万物散殊，而礼制行矣；流而不息，合同而化，而乐兴焉。"

从中不难看出，礼取法乎地，主别。大地承载的事物可以说是数不胜数，在一片森林里生活的蚂蚁的种类，就有上百种之多。而事物之间更是千差万别，莫说有高山流水等种种差异，就是一母所生的同胞其性格特征也会千差万别，可以说在天地间找不到完全相同的两件事物。事物之间千差万别、精彩纷呈，而每一事物又与其他事物处在密切的联系当中，整个世界就是一个密密麻麻的关系网，任何事物都是关系中的存在，如何使这种关系和谐有序，就是礼的内容。以人为例，人在自然生物意义上有遗传因素决定的相貌、智力、物种等方面的差别，在社会学意义上又有高低贵贱等诸种差别，有君、臣、父、子、夫、妇等名分的差别。这种差别是一种客观存在，是不容忽视，是必须认可的，也是治理一个国家和社会必须考虑的。要想使一个社会、一个国家和谐健康发展，就必须恰当处理这些差别，及其间的关系。礼的作用正是如此。所以《易经·序卦》曰："有夫妇，然后有父子；有父子，然后有君臣；有君臣，然后有上下；有上下，然后礼义有所错。"即君

臣、父子等等是自然之序,人不能无视这种差别。要想使夫妇、父子、君臣之间和谐有序,人人必须依礼而行,做到"君君、臣臣、父父、子子",即君要在君位行使君的本分,臣要臣位行使臣的本分,即每人都要素位而行,否则势必会造成"君不君、臣不臣、父不父、子不子"的混乱局面。承认这种差别的存在,并不代表把礼等同于维护封建的等级制度。试想师生之间,如果学生越礼,视自己与老师等同,又怎能生起对老师的恭敬心,又怎能获得利益呢? 正是在此意的基础上,孔子才批判季氏在祭祀时用八佾之舞,说道:"八佾舞于庭,是可忍也,孰不可忍也"(《论语·八佾》)! 季氏本为鲁国大夫,祭祀本该用四佾之舞,而今用八佾之舞,而僭天子之礼,是礼之不容、罚之所必及的。因为臣僭其君,以下凌上,礼法则荡然无存,必然会引起社会的乱象。所以后来才有,孔子摄相事,堕三都以强公室,陈恒弑其君,沐浴而朝,请兵讨之的事迹。

正是由于事物之间这种差别的客观存在,礼在多方面规定了不同的人、在不同的场合下不同的礼仪规范。中国古代有"五礼"之说,祭祀之事为吉礼,冠婚之事为嘉礼,宾客之事为宾礼,军旅之事为军礼,丧葬之事为凶礼。并且生活中的生、冠、婚、丧无不有礼。这些礼仪,现在看来,近乎琐碎,甚至被人们称为"繁文缛节"。诚然,这些过于条理化的礼仪已经不适合时代发展的需要,被称为糟粕而被时代淘汰。对于礼本身,我们现在人的一般印象就是维护封建等级统治的工具,是吃人的礼教,而没有真正看到其所起到的积极作用。

礼由地制,是在考虑到了万事万物之间的分殊的基础上制定的。这是礼的出发点,但礼的目的不是让本有的差别固定化,更不是让原来的等级制度森严化,如果是这样,孔子也就不会开设私塾,允许平民百姓接受教育。礼的目的是在认识到这些差别与等级存在的基础上,使社会更有序、更和谐。并且,这些差别的存在也不是对人人平等的否定。人人平等是从人格角度、从人性角度来谈的,讲人人平等,但不能否认相上人与人有着高低贵贱,有着智与愚的差别。就此理,《论语·八佾》中定公问:"君使臣,臣事君,如之何?"孔子对曰:"君使臣以礼,臣事君以忠。"《孟子·离娄下》中有:"君之视臣如手足,则臣视君如腹心;君之视臣如犬马,则臣视君如国人;君之视臣如土芥,则臣视君如寇仇。"即君臣关系是相互的,君仁臣才忠。君之待臣厚,则臣必然要感恩图报,尽心竭力辅佐君王,使其德日清、国日隆;假如为人君者视臣如犬马,轻臣贱臣,则君臣关系自然会疏远，臣之视君就会如路人一般，无怨亦无德；至于君待臣刻薄至极，视臣如同草芥一般，践踏蹂躏臣子，则臣子自然也会离他而去，避之如寇仇一般。实际上君臣关系如此，任何关系也如此，任何事物都是相互中的存在，就关系双方来说，都是平等的存在，关系双方只有各尽其职、各尽其分，才能实现真正的和谐与稳定。所以中国的礼特别讲名分，任何人、任何事都要各尽其分。礼主序，就是此义。礼以"定亲疏，决嫌疑，别同异，明是非也"，正是从此意拓展开来。即礼的作用就是用来确定亲疏远近不同身份行事的尺度，断定疑难事情的恰当做法，分别尊卑地位的同异，明辨是非对错，如此一来，社会才会有序，才会和谐。

乐与礼不同，乐取法乎天，主和。《礼记·乐记》有："地气上齐，天气下降，阴阳相摩，天地相荡，鼓之以雷霆，奋之以风雨，动之以四时，暖之以日月，而百化生焉。如此，则乐者，天地之和也。"天地之间，阴阳相摩，天地相荡，形成一股创进不息的生命之流。这股生命之流旁通贯穿于整个宇宙，形成了一个大化流行的和谐整体。而乐就是这种天地自然之和的体现。因此，乐的核心观念就是主内，主和。

乐是什么？"乐者，音之所由生也；其本在人心之感于物也"。它诉诸的是人的情感，其实质是来调节人们的心的，从而它不是外在强制，而是内心的引导。人们内在的情志不和，要用乐来调节，身体没有规矩，要靠礼来约束。也就是说，如果礼是外在秩序的话，乐就是内在秩序。由于乐的本质是人感于物，所以人与物之间就会产生一种共鸣，因此，相对礼主外，乐就是主内。乐主要不在于娱乐助兴，而在于传递情意，沟通情感，宾主、上下、贵贱、内外等存在差异区隔的人之间，达成情感的交流，实现心灵的沟通，形成一个和谐的整体。

乐主和，乐的本质就是和谐。《说文》曰"和，相应也。"即和的本义是相呼应。和主要体现为不同要素之间的一种相适相应，而不是冲突与对立。而这种相适相应，必须要通过沟通，使彼此间互谅互解才能实现。乐的本质体现为一种以和为贵的思想。乐与礼不同，它不是外在的约束，而是要诉诸人的情感，通过陶冶人的性情，使人与人、人与物之间达到一种互相交融的目的，从而维护社会的和谐与稳定。

这种和不仅指人的身心和谐、人与人之间的和谐，还包括了人与自然的和谐。人的身心和谐比较容易理解，音乐本来就是陶冶性情的工具。音乐，它不是表演给别人看的,它的目的是要抒发一种情感,在本性上也可以说它是"为己之乐",它重视的是那个体,要回到那个本体上去,回到本性上去,达到物我两忘的境界。

乐是通过彼此间情感的沟通来实现和谐的,除了能够实现身心和谐外,它必然也能够实现人与人之间的和谐。《礼记·乐记》中有这样一段话:"是故乐在宗庙之中,君臣上下同听之则莫不和敬;在族长乡里之中,长幼同听之则莫不和顺;在闺门之内,父子兄弟同听之则莫不和亲。故乐者审一以定和,比物以饰节;节奏合以成文。所以合和父子君臣,附亲万民也,是先王立乐之方也"。乐是发自人内心处的声音,表达某一种情感或蕴含某一种教义,所以不同之人听同一首乐曲,会发生共鸣。如先王之乐,本自饱含一种崇高的德风,君臣上下一同聆听、没有谁不附和、恭敬。而在族长乡里演奏音乐,长幼一起听,也会促进整个乡间邻里的和谐。在家门之内演奏音乐,父子、兄弟一同聆听,也会促进整个家庭的和睦亲近。总之,乐通过各种乐器有节奏的演奏,能形成整体和谐的乐章,这本身就能有效协调君臣、父子的关系,使民众相亲相随,这就是历代君王作乐的宗旨。

此外,乐还能实现人与自然的和谐。乐本取法于天地自然之和,因此它自然能带来天人关系的和谐。中国的很多经典名曲,都能让人达到一种空灵悠久的境界,此时人与自然是密不可分的整体,在听音乐的过程中就是一次自然之旅。现在特别流行班得瑞的轻音乐。它就是在简单流畅的旋律中,加入了更多的大自然意向。这使他的音乐有一种空灵感,使人在倾听音乐的同时,似乎也看到了蓝天、白云、森林、溪水也听闻到了鸟的和鸣。此时人虽在陋室,心却融入了自然之中。

乐统同而和谐生,礼别异而恭敬有。礼与乐正是所主不同,内涵不同,才相辅相成,既分化又统一,既恭敬又和谐,从而使社会人伦关系达到一个最佳状态。从相上看,二者的分工不同,所主各异,但究其实质二者又是同源的,二者都是缘情而设,都有一个共同的指归,就是"德"。"知乐则几于礼矣。礼乐皆得,谓之有德"(《礼记·乐记》)。就是说,我们如果把握到乐的精髓,就近于礼;同样如果我们把礼贯彻到底,也就达到了乐的境界,礼乐和合就是德。并且二者之所以能够相辅为用,就是为了建造一个选贤举能、讲信修睦的和谐世界。

（二）礼由外作，乐由中出

礼是相乎地，根据事物之间的差异与关系制订出来的一些礼仪规范。那么这些礼仪规范，相对于人来讲，就是外在的，人必须要遵守这些规范性的制度。我国古代的典籍，"三礼"主要指《仪礼》《周礼》《礼记》。《仪礼》是关于礼的一些仪式。在古代中国，有"礼有五经"之说，"五经"就是指吉、凶、军、宾、嘉。吉，属于祭祀时的吉礼；凶即丧葬的礼节，并且在古代打了胜仗也属于凶礼，因为只要动兵就会有伤亡；军是指军队当中的军礼；宾是天子、诸侯招待客人之礼；嘉指婚礼、加冠礼、乡饮酒礼等。《周礼》就相当于现在一个国家的宪法，包括全面的规章制度和道德规范。《礼记》是这些仪礼的精神实质，以及对礼仪教化作用的诠释。

这些礼仪在相上表现为一些外在规矩，在中国古代，这种规矩表现在方方面面。《史记·礼书》云："君臣、朝廷、尊卑、贵贱之序，下及黎庶、车舆、衣服、宫室、饮食、嫁娶、丧祭之分，事有宜适，物有节文。"即事事物物都有一定的礼节，都要遵循一定的规矩。现在人们对这些仪式节文一般采取敌视的态度，认为是一些抑制人性自由的"繁文缛节"。实际这种态度并非科学的态度。孔子讲"不学礼、无以立"，不学习礼，就不能在社会上立足。因为不学礼，就不能正确处理人与人之间的关系，就很难在社会为人处事。《汉书》中有说："乐以治内而为同，礼是修外而为异，同则和亲，异则畏敬。和亲则无怨，畏敬则不争。"即音乐能用来陶冶人的内心，使人的情志随着音乐一起变得安详和谐；礼仪通过外在的道德规范对人的行为加以引导，使人与人之间能够长幼有序、尊卑有别。内心安详人们就会和睦友爱；长幼有序人们就互相恭敬。和睦友爱就不会产生怨恨，彼此恭敬就不会有争斗。礼虽然是表现为外在的一些规范，但其作用真的不可小看。夫妇之间有礼，就会增长彼此间的恩义与情义；兄弟之间有礼，就会增长兄弟之间那一份友爱；父子之间有礼，则更会使父慈子孝。

古代中国曾有冠礼，即人成年时举行的礼仪。该礼仪意味着人到成年，应该担负起对家庭、对社会的责任与义务。所以礼仪本身就是一种教化，会赋予年轻人一种责任感，使其懂得回报家庭与社会。而现在对年轻人责任心的教化就太少，好像自己的责任就是考试，考个好成绩，有个好学历，其他的事情都"事不关己，高高挂起"。甚至有些年轻人，成年了、毕业了，仍旧承担不起家庭的责任，自己的孩子、自己的三餐都要靠父母。这都是缺乏礼教的结果,不知道自己的本分与义务。礼的教化是潜移默化的,它使人在遵守某些礼仪的同时,逐渐增长其恭敬心,提高其道德的修养。所以《礼记·乐记》有:

> 礼乐不可斯须去身。致乐以治心,则易直子谅之心油然生矣。易直子谅之心生则乐,乐则安,安则久,久则天,天则神。天则不言而信,神则不怒而威,致乐以治心者也。致礼以治躬则庄敬,庄敬则严威。心中斯须不和不乐,而鄙诈之心入之矣。外貌斯须不庄不敬,而易慢之心入之矣。故乐也者,动于内者也;礼也者,动于外者也。乐极和,礼极顺,内和而外顺,则民瞻其颜色而弗与争也;望其容貌,而民不生易慢焉。

人不可片刻离开礼乐。深入于乐,是为了陶冶人的心性;深入于礼,是为了调整身体与言行。一个人的心中如果片刻不和顺不喜乐,则贪鄙巧诈之心就会趁机而入。外貌如果有片刻不庄重不恭敬,那轻忽怠慢的念头也会乘虚而侵。所以乐是调理人的内心,礼是调节人外在的行为。音乐至善,人心就会和顺;礼仪至善,人们就会敬而无失、恭而有礼。内心和畅,外表恭顺,则人们望见他的外貌神情,就不会与他抗争;看到他的威仪,就不会产生侮慢的态度。

由此可以看到礼的本质并不是外在礼仪,而是由外在礼仪而达到内心的庄重恭敬。《孝经》有:"礼者,敬而矣已。"即礼的本质就是恭敬。在《论语·八佾》中,有几处孔子专门论礼:

> "人而不仁,如礼何?人而不仁,如乐何?"
> 林放问礼之本。子曰:"大哉问!礼,与其奢也,宁俭;丧,与其易也,宁戚。"
> "居上不宽,为礼不敬,临丧不哀,吾何以观之哉?"
> "祭如在,祭神如神在。吾不与祭,如不祭。"

这几句话都讲到礼的根本。仁本是人内心的德行,人有仁心,心里必然会常怀恭敬,那么表现出来行仪就是礼;心里和顺,播之于声音,就是乐。即礼乐都有其实质性的要义蕴含于其中。如果内心放逸不恭敬，礼之本已失，只是徒有其表，陈设的礼器，进退的威仪只不过是虚文而已。内心不和不顺，乐之本已失，那钟鼓之声、羽旄之舞，也只不过是虚设。正因为如此，当林放问到礼的本质时，孔子答到："依礼而言，如果过于奢侈，宁可节俭朴素；办理丧事，与其过于注重形式与外表的繁文缛节，宁可保持内心的哀戚。"概礼有质有文，如丧葬之礼，实质是伤痛哭泣、思慕悲哀而已，这叫作质。先哲以为太直，始制擗踊哭泣之节，衰麻之服，这叫作文。文质相当，乃礼之全体。如果不讲质只讲文，则礼纯为虚设；如果只讲质不讲文，则质难以完整体现，质的作用也不能有效发挥。文与质，质为本，文为末，文是为了更好使质得以发挥。如祭祀时的庄严肃穆音乐，光滑整洁的祭器，就能提起人的恭敬之情。但随着习俗的变化，人们更多注重的是文，只在仪式上讲究，日趋偏离制礼之初意，而沦为奢侈，所以孔子讲宁可敦崇朴素。丧葬之礼，也日益追求仪节，而无内心之哀痛，所以孔子宁可过于哀痛。礼绝对不可失其质。祭祀神灵，就相当神如在眼前，要以一颗恭敬挚诚之心祭祀。如失去这种恭敬心，行礼时怠惰散漫，临丧时毫无哀痛之情，这种礼真也就无有可观之处了。

孔子一生倡导礼乐教化，其本人也正如其弟子所言，温、良、恭、俭、让，处处能保持一颗恭敬谨慎的态度。这在《论语·乡党》有详细的记述：

> "君召使摈，色勃如也，足躩如也。揖所与立，左右手，衣前后，襜如也。趋进，翼如也。宾退，必复命曰：'宾不顾矣。'"

> "入公门，鞠躬如也，如不容。立不中门，行不履阈。过位，色勃如也，足躩如也，其言似不足者。摄齐升堂，鞠躬如也，屏气似不息者。出，降一等，逞颜色，怡怡如也。没阶，趋进，翼如也。复其位，踧踖如也。"

这些是描写孔子接待宾客及在朝之容。"诚于中，形于外"，内心是什么，表现在外的行为自然就是什么样。正是由于内心有一颗恭敬之心，所以孔子表现在外自然就是戒慎恐惧、谨慎的样子。"子入太庙，必事问"，也是由于孔子对于祭祀有着恭敬谨慎的态度所以才能"每事问"。礼莫大于祭，祭莫先于敬，若有一毫知之不真，行之不当，便是轻慢放肆，所以要知之为知之，不知不可强以为知，此等行为才真正符合礼的本意。

知此理,也就知道,礼指的并不是外在性的礼仪,而是礼所要表现的实质,有了礼的实质,自然也就无往而不礼。所以当司马牛忧郁感叹,"人皆有兄弟,我独亡。"子夏循循善诱告之曰:"君子敬而无失,与人恭而有礼,四海之内皆兄弟也。君子何患乎无兄弟也?"(《论语·颜渊》)有无兄弟,这是自然已经存在的现实,忧愁也无济于事。君子行事,如果能够内持一颗恭敬之心,就会进退得度,皆合乎礼。有礼之人,人们自然会爱之敬之,而无一丝毫轻慢,四海之内自然都均为兄弟。即君子只患不能自修,而不患无兄弟也。

前面谈及礼属外,即表现为外在的仪礼、规矩,而礼的本质就是敬,那是不是只要有一颗恭敬心就可以了,而不要外在的仪式呢?《论语·学而》有:"礼之用,和为贵。先王之道,斯为美;小大由之。有所不行,知和而和,不以礼节之,亦不可行也。"《论语正义》中说:"登降揖让,贵贱有等,亲疏有体,谓之礼。""用,行也。""礼主于让,故以和为贵。"①礼取法乎地,主别,尊卑上下,要有节有序,其长幼贵贱的次序不可乱。虽然如此,人作为关系性的存在,关系的双方要互敬互让,君仁臣才忠,兄友弟才恭,双方要和顺从容,没有勉强乖戾之意。如果只知用礼,不知用和,一味用礼来约束人的行为,则"礼胜则离",人与人之间就会相互疏远。而人如果每事都从和,不用礼来节制、约束人的行为,则也不可以。因为所谓和者,是在用礼约束人的行为之中,使人能够遵其分而行,最终达到从容自然之意。但若知和以为贵,而完全去掉礼,则又会率意任性,散漫放肆。所以礼作为外在之节文,一刻不可失。

礼主敬,那要恭敬什么呢?《论语》关于敬的论述有很多:

> "道千乘之国,敬事而信,节用而爱人,使民以时。"(《论语·学而》)
>
> 子曰:"今之孝者,是谓能养。至于犬马,皆能有养;不敬,何以别乎?"(《论语·为政》)
>
> 子曰:"事父母几谏,见志不从,又敬不违,劳而不怨。"(《论语·里仁》)
>
> 仲弓问子桑伯子,子曰:"可也,简。"仲弓曰:"居敬而行简,以临其民,不

---

① 刘宝楠. 论语正义[M]. 北京:中华书局,1990:29.

亦可乎？居简而行简，无乃大简乎？"子曰："雍之言然。"(《论语·雍也》)

　　樊迟问仁。子曰："居处恭，执事敬，与人忠。虽之夷狄，不可弃也。"(《论语·子路》)

　　孔子曰："君子有九思：视思明，听思聪，色思温，貌思恭，言思忠，事思敬，疑思问，忿思难，见得思义。"(《论语·季氏》)

　　由上述论述可见，敬的范围很广，不仅要敬人，还要敬事、敬物。

　　首先是敬人，敬人之人自然不会凌人侮人，从而表现出谦卑品质。《论语·泰伯》中孔子有言："如有周公之才之美，使骄且吝，其余不足观也已。"周公是孔子最尊敬的圣人，当然不会骄傲，孔子这里是以假设之辞戒人。人之处世，有才固然是好，但不可自恃其才而有凌人之意。自古言才能技艺，最美者莫过于周公。如若真有周公的才能，也要持之以谦虚的态度，如有丝毫自骄，谓人皆不如己，则其德之大本已失，才艺之美也就不足为观。有周公之才之美，倘若骄傲，尚不足观，况如无周公之才而骄傲呢？所以自满之心不可须臾有之。

　　周易六十四卦，只有谦卦六爻皆吉，其卦下象辞有："谦，亨，君子有终。"象传："地中有山，谦，君子以裒多益寡，称物平施"。谦卦卦象是艮下坤上，据郑康成解释："艮为山，坤为地，山体高，今在地下，其于人道，高能下下，谦之象。亨者，嘉会之礼，以谦为主。谦者，自贬损以下人，唯艮之坚固，坤之厚顺，乃能终之，故君子之人有终也"。何玄子《古周易订诂》说："合二卦言之，内艮为止，则退己而不进，外坤为顺，则让人而不争，所以为谦也"。又说："裒，取己之多，以增益人之寡。若此者，所以称量物之不齐，而平其施。盖损高增卑，以趋于平，视物我若一体而已。即如以善同人，则贤不肖平矣。以财分人，则贫富平矣。以位下人，则贵贱平矣。夫然，始为有而不居，故谓之谦。非若世之人，心实自多，而谬为恭敬之谓谦也。"

　　谦虚之人能够高而不持，为而不有，能够宽以待下，敬以待上，所以自然人心归附，无往而不利。此种谦逊之态度，乃为礼之根本。《礼记》有："夫礼者，自卑而尊人。"即人要自谦，自己把自己的身份降低去尊重别人，就是礼。己有能而不恃之以能，己有才而不恃之以才，恰恰是艮下坤上，山之高大而在地中，卑下之中蕴有崇高。此等做人处世，自然会让人畏之敬之，而不能有丝毫轻慢。所以《尚书》有:"惟德动天,无远弗届。满招损,谦受益。时乃天道。"即只有内在的德行才能感天动地,无论多远都能感人来归附。自满只会招来损害,自谦才会真正得益,这是自然中不变的道理。

其次要敬事,人对待每一件事都有一种恭敬的态度,那么自然就不会有疏忽、怠慢的念头,从而拥有谨慎的品德。孔子一生谨言慎行,"入太庙,每事问""其在宗庙朝廷,便便言,唯谨尔。"都是其谨慎的最好诠释。不仅如此,他还如此谆谆告诫其学生:

> 子曰:"君子食无求饱,居无求安,敏於事而慎於言,就有道而正焉,可谓好学也已。"(《论语·学而》)
>
> "多闻阙疑,慎言其余,则寡尤。多见阙殆,慎行其余,则寡悔。言寡尤,行寡悔,禄在其中矣。"(《论语·为政》)

君子求学,旨在于道,不在于食。食以养生,居以容身,借以追求学问;勤勉任事,而不敢有一丝怠缓;话出口而常患其有余,谨慎收敛,讷讷如不出口,不敢有丝毫放肆狎昵之心,如此才为真正好学之态度。君子于天下的道理虽已多闻多见,但有一丝疑惑存于心,则不敢肆言其不知,不敢肆行其不安。如此谨言慎行,君子虽不以功名利禄为目的,功名利禄也会随之而来。"修天爵则人爵至,君子言行能谨,得禄之道也。"①朱熹此言不虚,《史记》中有一"石庆数马"的故事:"万石君少子庆为太仆。御出,上问车中几马。庆以策数马毕,举手曰:'六马。'庆于诸子中最为简易矣,然犹如此。"石庆以忠厚谨慎闻名,因此被汉武帝任命为宰相。其谨慎的程度,以至于为皇帝驾车,皇帝问有多少匹马,他都不是用眼睛看,而是用鞭子数。此举现在看来迂腐至极,但也正是因为其谨慎,皇帝才重用他。另外《易经·乾卦》有:

> 九三:"君子终日乾乾,夕惕若厉,无咎。"何谓也? 子曰:"君子进德修业。忠信,所以进德也;修辞立其诚,所以居业也。是故居上位而不骄,在下

---

① 朱熹.四书章句集注[M].北京:中华书局,1983:58.

位而不忧。故乾乾因其时而惕，虽危无咎矣。”

乾卦九三爻辞本意即是："君子整日勤奋不懈、自强不息，即使夜晚也警惕戒惧，如同处于险境中而不敢松懈，这样才能免于危难。"其暗含之意就是，君子要增进道德、建立功业，首先要做到忠诚守信，由此而增进道德。再来对人民施行教化，自己要以身作则，正己化人，言行一致，由此积蓄功业。所以在上位而不骄以凌人，在下位而不忧以谗人。能够整天勤奋不懈，随时保持戒慎忧患，虽处险境也能免于危难。即人们行事，要时刻葆有一种谨慎的态度，这是保身第一法，也是安国第一宝。是故古之君子，从不放肆自己的言行，即使在暗室屋漏之中，也会如十目所视、十手所指。所以《礼记·中庸》有："道也者不可须臾离也，可离非道也。是故君子戒慎乎其所不睹，恐惧乎其所不闻。莫见乎隐，莫显乎微，故君子慎其独也"。君子求学，意在志道。"道者，日用事物当行之理，皆性之德而具于心，无物不有，无时不然，所以不可须臾离也。是以君子之心常存敬畏，虽不见闻，亦不敢忽，所以存天理之本然，而不使离于须臾之顷也。"[1]越是隐微之事，才越能显示一个人的道德修养。因为众目睽睽之下，考虑他人对自己的看法，考虑到自己的个人形象，非君子可能也要装饰出君子之形。在那隐微之处，在人不得见而独自知之处，非君子之人，可能就会原形毕露，肆意妄为了。所以真君子者，特别谨慎独处，不使邪念滋长于隐微之中，以免离道日远。《列女传·卫灵夫人》载：

> 灵公与夫人夜坐闻车声辚辚，至阙而止，过阙复有声。公问夫人，曰："知此谓谁?"夫人曰："此必蘧伯玉也。"公曰："何以知之!"夫人曰："妾闻礼：下公门式路马，所以广敬也。夫忠臣与孝子，不为昭昭信节，不为冥冥堕行。蘧伯玉，卫之贤大夫也，仁而有智，敬于事上，此其人必不以暗昧废礼，是以知之。"公使视之，果伯玉也。

蘧伯玉不欺暗室，所以才受到万人赞叹，这也是其成为圣贤的原因所在。儒

---

[1] 朱熹.四书章句集注[M].北京:中华书局,1983:17.

学提倡恭敬的态度,表现在时时处处,不仅对人、对事恭敬,对物也恭敬,即用任何一个物品,都会尽力做到物尽用,而不会随意浪费,这种态度就培养了儒家节俭的品质。孔子以温、良、恭、俭、让著称,俭是其重要美德之一。《论语》中孔子就多次提倡俭约。子曰:"道千乘之国,敬事而信,节用而爱人,使民以时"(《论语·学而》)。治理一个千乘的大国,事务繁杂,人民众多,并非易事。若想治理,需要做好几件事:一是要敬事。为人主者,位高责重,一事不敬,可能就会留下无穷的祸患;一时不敬,可能就会留下千百年的遗憾。所以必须要兢兢业业,事无大小,都要谨慎处理,不能有一丝毫的轻视之心。二是要取信于民。信者,乃人君之大宝,若赏罚不信,则号令无法实施,百姓亦无法治理。三是要节用,即要节省各项财政开支。天地生财是有限度的,若用之不节,自然会出现匮乏,所以要量入为出,不急之用,奢侈之行都要节省,这样生之有时,用之有度,则财自然就能足用。四是要爱人。君之视民如赤子,不忍其饥,不忍其寒,有一民饥则如己饥,有一民寒,则如己寒,如此自然能赢得人民的爱戴,敬君如敬父母。五是使民以时,即不违民农时,如役使农民,必待农事完毕之后,不误其耕种,不妨其收成,如此才能五谷丰登,君安民乐。

另外,《论语·先进》记载,孔子最得意的弟子颜回死了,买不起外棺,就是通常说的椁。颜路即颜回父亲请求孔子卖掉车子,给颜回买个外椁。孔子没有同意,从而提出根据自己的经济实力和现状从简办丧事的思想。原文如下:

> 颜渊死,颜路请子之车以为之椁。子曰:"才不才,亦各言其子也。鲤也死,有棺而无椁。吾不徒行以为之椁。以吾从大夫之后,不可徒行也。"
>
> 颜渊死,门人欲厚葬之。子曰:"不可。"门人厚葬之。子曰:"回也视予犹父也,予不得视犹子也。非我也,夫二三子也。"

颜回与孔鲤在身份上有学生与儿子的区别,但在感情上,对孔子来说则无二无别,"皆子也",孔子都当作儿子看待。孔鲤虽不如颜回有才,然而毕竟是孔子的儿子,其去世时也是有棺而无椁。再来给颜回买椁,与礼不和。颜回没有做过大夫,就不可以以士大夫的礼仪来治丧。孔鲤也没有做过官,所以孔鲤也没有椁。师徒如父子,但毕竟不是父子,所以弟子们厚葬颜回时,孔子不能制止,只能感叹自己不能像父亲对待儿子那样对待颜回。孔子爱学生是爱之以德，不是爱之以情。《礼记·檀弓》里曾经记载"子游问丧具，孔子答以'称家之有无'"。即办理丧事要趁家里的经济状况，不可"踰礼厚葬"。如果家里贫穷，还要用厚礼来埋葬，就不符合家境，就是背礼了。

另《论语·述而》中孔子更明确地说："奢则不孙，俭则固。与其不孙也，宁固。"意思是说，生活奢侈就傲慢不谦虚，节俭就显得孤陋固执，然二者相比较宁可孤陋固执，也不能傲慢而不谦虚。先王制礼要遵守中道，过犹不及。若崇尚奢靡，则过乎中，谓之奢。人一旦奢侈，就会放纵无礼，虽理之不当为，也僭越而强为之，久而久之就桀骜不驯。若专务省约，而不及中者，则是俭。俭则容易吝啬，虽理之当为，也会惜费而省，这样就会显得过于简陋。但这二者，孔子如选其一，宁固而不奢。因为若俭而固，只不过鄙陋而已，尚不失其质朴之风，更不会坏天下之纲纪。但假如奢则不逊，其害则大矣。因为越礼犯分，骄奢纵欲，能败国家之纲纪，坏天下之风俗，岂能不慎！

俭，德之共也；奢，恶之大也。俭是中华民族的美德。《说文》："俭，约也。"段玉裁注曰："俭者，不敢放侈之意。""俭"的本义就是约束，不仅仅是对物质生活上的一种约束，还包括生活的方方面面，不可过度放纵，要合乎一定的度，也就是对自身欲望的一种理智、合理的约束，因此节俭本身就是制欲的一种有效方法。王通的《文中子》中有："节乎己者，贪心不生"，即对自己的行为与欲望进行一定约束，就会防止贪心的无限滋生。《淮南子·氾论训》："今人之所以犯囹圄之罪，而陷于刑戮之患者，由嗜欲无厌，不循度量之故也。"即人之所以犯监禁之罪，而有刑罚、杀戮之祸，其根本还在于人们的贪欲没有止境。其实，小到一个人，大到一个国，皆是如此。《汉书》曰："自成、康以来，几且千岁，欲为治者甚众，然而太平不复兴者，何也？以其舍法度，而任私意，奢侈行而仁义废也。"成王、康王在位期间，国力强盛，文化昌盛，社会安定。后世将这段时期誉为"成康之治"。《史记·周本纪》有："成康之际，天下安宁，刑措四十余年不用"。成康以后，想使天下大治的人很多，然而太平盛世却不复出现，究其原因就是领导者舍弃法令制度，放纵自己的私欲，奢侈之风盛行而荒废了仁义。故桓范《政要论·节欲》有："故修身治国也，要莫大于节欲。传曰：'欲不可纵。'历观有家有国，其得之也，莫不阶于俭约；其失之也，莫不由于奢侈。俭者节欲，奢者放情。放情者危，节欲者安。"小到修身大到治国,节制欲望是成功的关键所在。历观古往今来的成败得失,取得成功的无不是凭借俭约,遭到亡国败家厄运的,无不是由于奢侈纵欲。纣为象箸而箕子惧,因其欲望无穷,"象箸必不加于土铏,必将犀玉之杯。象箸玉杯必不羹菽藿,则必旄、象、豹胎。旄、象、豹胎必不衣短褐而食于茅屋之下,则锦衣九重,广室高台"(《韩非子·喻老》)。人的欲望如不加以节制,就会无限膨胀,最终会有毁家灭国的危险。俭则寡欲,节俭的人能处处规矩自己的行为,约束自己的欲望,自然就能趋福避祸。《易经·否卦》中有言:"君子以俭德辟难,不可荣以禄。"既当人遭遇困顿危难的时候,都是以节俭来化解这个灾难。

《晏子春秋·内篇谏下第二》中就有:"食:饱;饮:足以通气合好;衣:足以掩形御寒,不务其美;冠:足以修敬,不务其饰;居:避风避湿,土事不镂,足以便生;行:弊车驽马,以奉其身。"另外,墨子的《节用》篇也一再告诉我们同样的道理:"其为衣裘何? 以为冬以圉寒,夏以圉暑。……其为宫室何? 以为冬以圉风寒,夏以圉暑雨。……其为舟车何? 以为车以行陵陆,舟以行川谷,以通四方之利。"饮食是为了身体的健康;衣服是为了掩体并御寒;房屋是为了遮挡风雨;舟车是为了方便出行。这才是衣食住行的根本,用形而上的说法就是道之所在,任何时候都不可以丢弃,如舍本而追求奢华,则是离其本而求其末,舍本逐末必然会引起一系列的社会问题。

二、同源

(一)缘情而作

儒家讲人无伦外之人,人都处在一定的伦理关系之中。马克思也说,人在现实性上,是一切社会关系的总和。圣人之所见略同,每个人都处在一定的关系之中,他要面临人与自然、人与人、人与社会的关系,孤立的、纯粹的个体性的人是不存在的。任何人的活动,都要凭借一定的社会关系,都要借助社会的力量,所以人永远是这个关系中的人。而每个人在作为一个社会人的同时,他首先还是一个自然人,每一个人总是本能地追求着自我欲望的满足,在追求自身满足的同时,势必造成对他人有利或不利的影响。如果人的欲望没有节制,不断受外界刺激而膨胀的话,那么人与人之间就不可避免地要产生冲突,不稳定的因素也必然会产生。如何使人与自然、人与人的关系和谐,礼便应运而生。礼的作用就是一方面既要使个人的自然性欲望得以满足，又要实现社会这一整体的和谐。如何实现二者的统一呢？礼就是要通过一系列的伦理规范把人的欲望控制在合理的范围之内。《礼记·乐记》中言："人生而静，天之性也；感于物而动，性之欲也。物至知知，然后好恶形焉。好恶无节于内，知诱于外，不能反躬，天理灭矣。"

此句朱子从"性""情"二字释之。何谓性？朱子言："概人受天地之中以生，其未感也，纯粹至善，万理具焉，所谓性也。"①即性作为本体，是纯善的，并且是至静至能，万理具备。但是有是性就有是形，有是形就有是心，有是心就不会无感于物，感于物而动，于是欲望从而产生，性之欲就是情。"物至而知，然后好恶行焉"就是心感于物，从而形成好或恶的情感。好恶本有自然的节制，这是与本性相符合的，如《中庸》所说："喜怒哀乐之未发谓之中，发而皆中节谓之和。"但是如果情欲没有节制，面对外面诱惑又不能反躬内省，这样终究不会明达天理，离道也会日趋而远。所以修道之人，要反躬于内，节诱于外，念念不忘，如此则情欲有节、天理益明。明了此理，就明了制礼作乐的目的，就是要把人的情欲把握在一定的范围之内，不使其离本性太远。故此，《淮南子·泰族训》中也有：

先王之制法也，因民之所好，而为之节文者也。因其好色，而制婚姻之礼，故男女有班；因其喜音而正《雅》《颂》之声，故风俗不流；因其宁家室、乐妻子，教之以顺，故父子有亲；因其喜朋友，而教之以悌，故长幼有序。然后修朝聘以明贵贱；乡饮习射以明长幼，时搜振旅以习用兵；入学庠序以修人伦。此皆人之所有于性，而圣人之所匠成者也。

先王之所以制定法令、礼仪，都是依据人们的喜好，使其有所节制，使之行之有度。根据人们的情欲而制定婚姻之礼，所以男女的界限就分明；根据人们喜好音乐而创造纯正的雅乐、颂乐，因此社会风俗就不会变坏；根据人们珍惜家庭的和乐，希望子女膝下承欢的快乐，所以教导人们要孝顺，使父子之亲自始至终得以保持；根据人们喜欢交朋友，而教人们以悌道，懂得长幼之序。做到这些以后，再制定朝拜之礼、出使诸侯国之礼，显明地位尊卑的区分；制定乡饮酒礼和习射

① 孙希旦.礼记集解[M].北京：中华书局，1989：1006，987.

礼,来显明长幼之间的次序;适时检阅车马、整顿军队,以训练军事;让人们进入地方学校学习,接受伦理道德教育。这些都是根据人们天生的某些特性,经由圣人制定相应的教化,从而完善人们的人格。礼这种对人的行为的调节,使人们的行为都能保持在一定的节度内,都按自己的本分行事,君行君道、臣行臣道、父行父道、子行子道,这样人与人之间就不会冲突,就能和谐相处,而具体到每一个人,他的愿望也能够实现,但欲望也不会无限扩大,从而关系中的个体不会有怨憎之心,关系整体也会处于和谐有序的状态。《礼记·乐记》中的"君子有礼,则外谐而内无怨。"可以说是对礼之作用的最好诠释。

礼是缘情而作,乐也人感于外物而动。《礼记·乐记》开篇就说:

> 凡音之起,由人心生也。人心之动,物使之然也。感于物而动,故形于声。声相应,故生变;变成方,谓之音;比音而乐之,及干戚羽旄,谓之乐。乐者,音之所由生也;其本在人心之感于物也。是故其哀心感者,其声噍以杀。其乐心感者,其声啴以缓。其喜心感者,其声发以散。其怒心感者,其声粗以厉。其敬心感者,其声直以廉。其爱心感者,其声和以柔。六者,非性也,感于物而后动。是故先王慎所以感之者。故"礼以道其志,乐以和其声,政以一其行,刑以防其奸。礼乐刑政,其极一也;所以同民心而出治道也。"

郑氏曰:"宫、商、角、徵、羽杂比曰音,单出曰声。"[1]此篇告诉我们乐的缘起。人心不能无感,感于物而动,就形成了声。声之别有五种,但始起之时,只一种声而已。而声一旦形成,就有不能自已之势,于是同类相应,而有同又有异,于是又有他声掺杂其中,杂而生变,变之极而抑扬高下,五声具备,成为歌曲而音生矣。所以音乐的根本就是"感于物而动",即受外界物所感而生成。而"凡人之情,得所欲则乐,丧所欲则哀;顺其心则喜,逆其心则怒;于所畏则敬,于所悦则爱"[2]。所以音乐因其心所感,而有杀、缓、散、厉、廉、柔之别。此六者皆是人心感于物而动之有,所以是后天的,是哀、乐、喜、怒、敬、爱之情的反映,因此是情不是性。《礼记·中庸》有:"喜、怒、哀、乐之未发,谓之中。发而皆中节,谓之和。中也者,

---

① 孙希旦.礼记集解[M].北京:中华书局,1989:1006,976.
② 孙希旦.礼记集解[M].北京:中华书局,1989:1006,977.

天下之大本也。和也者，天下之达道也。"人们每日与物相接，顺境、逆境不可避免，于是就有喜、怒、哀、乐之情，这都是人之常情。而与物未接之时，此情尚未发动，既不着喜，也不着怒，既无哀也无乐，无所偏倚，是谓中道。倘若人之性情发露之时，能有一定节度，当喜则喜，但不会得意忘形；当哀则哀，但不怨天尤人，这就是和。中乃天命之性，是道之体。譬如树木之根，枝枝叶叶都从这里发起，所以说是天下之大本。和，乃是率性而为，属于道之用，譬如通行的大路一般，人人都可在上面行走，由此路可达道之体，所以是天下之达道。明了此理，就明了乐的目的，就是要使人的喜、怒、哀、乐之情有所节度，使其达于中道，而不是顺着自己的情绪越跑越远。所以中国之乐，崇尚德音雅乐，就是想通过音乐对人心起以正确的引导，使其逐渐通达道之体。

《礼记·乐记》载，有一次子贡向师乙请教音乐，曰："赐闻声歌各有宜也，如赐者宜何歌也？"师乙曰："乙贱工也，何足以问所宜？请诵其所闻，而吾子自执焉。宽而静，柔而正者，宜歌《颂》。广大而静，疏达而信者，宜歌《大雅》。恭俭而好礼者，宜歌《小雅》。正直而静，廉而谦者，宜歌《风》。夫歌者，直己而陈德也。"宽容而又宁静，柔顺而又正直的人适合歌唱《颂》；广大而又宁静，疏脱、豁达而又诚守信的人适合歌唱《大雅》；恭敬、俭朴而又好礼的人，适合歌唱《小雅》；正直而又宁静、廉洁而又谦虚的人，适合歌唱《国风》。歌，是直抒胸臆和陈述德行的，自己受到触动而真情流露，那么天地都会受感应，四季因此融和，星辰因此运行有常，万物因此化育。

所以礼乐均不可废，礼乐一旦废除，人们就不会按照各自的本分行事，而是盲目追求自己欲望的满足，而单纯自己的欲望的满足势必又给别人带来伤害，这样人与人之间就会互相冲突，社会的不和谐因素必然产生。《礼记·乐记》有：

> 夫礼禁乱之所由生，犹防止水之所自来也。故以旧防为无所用而坏之者，必有水败；以旧礼为无所用而去之者，必有乱患。故婚姻之礼废，则夫妇之道苦，而婬僻之罪多矣；乡饮酒之礼废，则长幼之序失，而斗争之狱繁矣；丧祭之礼废，则臣子之恩薄，而背死忘生者众矣；聘觐之礼废，则君臣之位失，诸侯之行恶，而倍畔侵陵之败起矣。

礼节,能从根源上禁止混乱的发生,就像堤防能阻止洪水泛滥一样。所以,认为古老的堤防没有用处而毁坏它,一定会遭遇水灾;认为古老的礼仪没有用处而废弃它,一定会有祸乱发生。

任何礼仪的背后都蕴含着某种责任或义务。比如婚姻之礼,其貌似繁琐的礼仪,强调的是夫妻双方应尽的那份道义与情义。如果认为礼繁而弃之不顾,无形之中就会降低人对家庭的责任感,淫乱的罪行就会增多。丧祭之礼强调的是为人子者对于父母或祖先的恭敬或追思,如果认为死者死矣而弃之不用,为人子对于父母的恩义就会淡薄,悖逆祖先、不忠不孝的人或事就会增多。其他的礼仪也是同理,乡饮酒礼现在虽然已经不用,但日常宴客,长幼之序还是存在的,这体现了幼对长的一份恭敬。这种礼仪虽然微小,但从中也能看出一个人的修养。古时的聘问之礼和朝觐之礼已被今天国与国之间的礼仪所代替,它强调的是国与国之间的互相尊重和互助合作,不仅不可无,而且应该更加重视才行。

总之,礼与乐在传递着一种声音,沟通着一种感情,它源于人情,也调节着人情,同时对治理国家、稳定社会也有着重要的作用。

(二)与政相通

古代中国特别崇尚礼乐教化,一个国家建立之初,必先制礼作乐。因为礼乐教化能从根本上转变人心,从而使政治稳定。《礼记·乐记》载:

> "声音之道,与政通矣。宫为君,商为臣,角为民,徵为事,羽为物。五者不乱,则无怗懘之音矣。宫乱则荒,其君骄。商乱则陂,其臣坏。角乱则忧,其民怨。徵乱则哀,其事勤。羽乱则危,其财匮。五者皆乱,迭相陵,谓之慢。如此则国之灭亡无日矣。"

"宫、商、角、徵、羽"是我国五声音阶中五个不同的音阶。"宫"音为五音之主,统帅众音。《国语·周语下》曰:"夫宫,音之主也,第以及羽。"《礼记正义》引郑注《月令》曰:"宫属土,土居中央,总四方,君之象也。"①所以宫音一乱,音乐就放散而无统序,意味着君主傲慢、刚愎自用而贤人远离。"商属金,以其浊,次宫,

---

① 十三经注疏·礼记正义[M].北京:北京大学出版社,1999:1078.

臣之象也。"商音一乱，音乐则斜而不正，意为臣子官品败坏，利用权势谋取私利。"角属木，以其清浊中，民之象也。"角音一乱，音乐就会充满忧愁，意味着政令苛刻而百姓哀怨。"徵属火，以其微清，事之象也。"徵音一乱则声音哀苦，意味着徭役不休而百姓哀苦。"羽属水者，以其最清，物之象也。"羽音一乱则声音倾危，由是知赋税沉重而百姓财用匮乏。如果五音全乱，意味着君臣上下之间互相凌越，称为"慢音"，表示国政傲慢又怠惰，如此一来，国家离灭亡的时间就不远了。因此，真正的明君，为了替百姓谋福，一定会从音乐中体会民情，虚心调整政事。《礼记·乐记》又曰："郑、卫之音，乱世之音也，比于慢矣。"即在众多的音乐之中，郑、卫之音就是"慢音"，也即亡国之音。所以孔子曰："放郑声，远佞人。郑声淫，佞人殆"（《论语·卫灵公》）。放，即罢废之义，也就是废弃不用。其实不仅仅郑、卫之音不可听，《论语正义》引《乐记》曰："郑音好滥淫志，宋音燕女溺志，卫音趋数烦志，齐音敖辟乔志。此四者，皆淫于色而害于德，是以祭祀不用也。"①即丧志败德的音乐，国家绝对是要废弃的，因为它会使人流于淫乱而不自知，国家趋于危亡而不自警。

《礼记·乐记》："乐者，通伦理者也。是故知声而不知音者，禽兽是也；知音而不知乐者，众庶是也。唯君子为能知乐。是故审声以知音，审音以知乐，审乐以知政，而治道备矣。"乐本质上是与伦理相通的。只懂得声音不懂得音乐的，是禽兽。只懂得音乐而不懂得乐理的，是普通百姓。只有君子才懂得乐理，由音上升到乐，由乐上升到理，由理则可治国、平天下。所以《礼记·乐记》亦曰："是故先王之制礼乐也，非以极口腹耳目之欲也，将以教民平好恶，而反人道之正也。"也就是说，圣哲制礼作乐，绝对不是满足我们视觉、听觉上的享受，而是要起到教育人民，起到移风易俗的作用。以周公制礼作乐为例，其目的实际上就是要实现天下大治的理想。

据相关资料显示，早在尧、舜、禹时期，中国就有了礼与乐。如《尚书·尧典》："夔！命汝典乐，教胄子，直而温，宽而栗，刚而无虐，简而无傲。"帝舜命夔为乐官，负责教习音乐。目的就是要使人民养成正直而温和、宽厚而坚栗、刚毅而不粗暴，质朴而不傲慢的道德品行。到了殷商时期，随着生产力的不断发展，人

---

① 刘宝楠.论语正义[M].北京：中华书局，1990:624.

们的物质文化生活也越来越丰富,礼乐也初具规模。但这一时期的礼乐还没有形成自己独立的体系,还主要容纳在当时的祭祀、占卜等活动之中。《礼记·表记》有曰:"殷人尊神,率民以事神,先鬼而后礼,先罚而后赏,尊而不亲。其民之敝,荡而不静,胜而无耻。"即言殷人尊鬼崇神,重鬼神而轻视礼仪,也就是说这一时期的礼乐是为侍奉鬼神而服务的,不是为人服务的,"其所重者,在由仪节所达致的'致福'目的,而不是在仪节本身,故有礼之事实而无礼之观念。礼的观念是在周初始显现出来,此时才特别重视礼节本身所含的人文意义,这才是礼的真正原始意义"①。

周灭商以后,开始重新思考殷商的"天命"观念,他们认为殷商之所以有亡国祸家的命运,是由于其德不配天造成的。《史记·周本纪》记载,周建立之初,一日武王彻夜难寐,周公问曰:"曷为不寐?"武王曰:"维天不飨殷,自发未生于今六十年,麋鹿在牧,蜚鸿满野。天不享殷,乃今有成。维天建殷,其登名民三百六十夫,不显亦不宾灭,以至今。我未定天保,何暇寐!"即商之所以灭亡,是因为其不修德政,百姓民不聊生,所以才失去了上天的眷顾。周代殷之初,虽克勤克俭,但"未定天保",即没有确定能否得到上天的眷顾,故而忧患而不成眠。可见,到周朝时,"德"越来越取代"神"受到君主的重视。要使周朝的国运永葆不变,不是单纯祀神,而是"我维显服,及德光明",即实施德政,做到"以德配天"。所以《尚书·召诰》篇中有说:"知今我初服,宅新邑,肆惟王其疾敬德。王其德之用,祈天永命。"可见,周朝的建立,使天命的观念增加了更多道德的成分。为人君者要时时检查自己的德行是否与天命相应,如此才能得到幸福,即"永言配命,自求多福"。正是在这一观念的影响下,周公在平息了武庚、管叔的叛乱后,乃重定封国,根据天子、诸侯、卿大夫、士等地位的差异,制定了各种"礼""乐"来区分身份的尊卑贵贱,如果处于下位者运用上位者的礼乐,就形成了"僭越"。《礼记·表记》云:"周人尊礼尚施,事鬼敬神而远之,近人而忠焉,其赏罚用爵列,亲而不尊。其民之敝,利而巧,文而不惭,贼而蔽。"这说明,西周时期,人们思想和行为的重心已由殷商的"尊神"转为"尊礼",礼乐开始从祭祀中脱离出来,形成了一种独立的社会力量,来维护社会的稳定。另外《史记·周本纪》载:"既绌殷命,袭淮

---

① 林安弘.儒家礼乐之道德思想[M].台北:文津出版社,1988:16.

夷,归在丰,作《周官》。兴正礼乐,度制于是改,而民和睦,颂声兴"。总而言之,周公的制礼作乐可以说是中国历史上一次重要的变革。礼乐通过一套自天子以至于庶人的伦理关系规范,成为稳定社会和协调秩序的重要力量。

周初礼乐作为一种社会力量虽然为社会的稳定起了重要的作用,但是自周东迁之后,诸侯崛起,战争频繁,随着诸侯国力量的强大,原来维系社会秩序的礼乐也名存实亡,这时儒家一代宗师——孔子应运而生。孔子一生以恢复周代礼乐文化为己任,他曾徵殷礼于宋,学礼于郯子,学乐于师襄子。并且他在继承周朝礼乐基础上"援仁入礼",提出了"仁本礼用"的思想,礼之用的目的就在于实现"仁"。《论语·八佾》中,孔子曾言:"人而不仁,如礼何? 人而不仁,如乐何?"即礼乐的目的在于饰仁,人如不仁,礼乐也就失去了其存在的意义与价值。也就是说,孔子恢复周礼的目的不在于恢复其形式,而在于恢复其蕴含的道德教化意义,以明天理、正人伦,实现其理想中的大同盛世。故《史记·孔子世家》赞孔子:"孔子之时,周室微,而礼乐废,《诗》《书》缺。追迹三代之礼,序《书传》,上纪唐虞之际,下至秦缪,编次其事。……古者《诗》三千余篇,及至孔子,去其重,取可施于礼义,上采契、后稷,中述殷周之盛,至幽厉之缺,始于衽席,故曰'《关雎》之乱以为《风》始,《鹿鸣》为《小雅》始,《文王》为《大雅》始,《清庙》为《颂》始'。三百五篇孔子皆弦歌之,以求合《韶》《武》《雅》《颂》之音。礼乐自此可得而述,以备王道,成六艺"。

从上述得知,无论是周公的制礼作乐,还是孔子的删述六经,都有一个共同的目的,就是要以德治国。礼乐的作用不在于其形式,而是要通过这种外在仪礼或乐舞,达到教育和治理社会的目的。故《礼记·乐记》曰:"乐者,非谓黄钟大吕弦歌干扬也,乐之末节也,故童者舞之;布筵席,陈樽俎,列笾豆,以升降为礼者,礼之末节也,故有司掌之。"黄钟大吕只是乐的末节不是乐的本质;樽俎笾豆也只属于礼的器与文,不属于礼的本质。礼乐之本在其德教。故孔子谓《韶》:"尽美矣,又尽善也。"谓《武》:"尽美矣,未尽善也。"《大韶》乃帝舜之乐,是诗、乐、舞三位一体的乐曲,极其盛美。但其不仅尽美还尽善,舜是安而行仁之圣人,其至孝闻于天地间,其心和以感天地之气和,以至格神人,舞鸟兽,其妙不可形容。《尚书·益稷》载:"夔曰:戛击鸣球,搏拊琴瑟,以咏。祖考来格,虞宾在位,群后德让。下管鼗鼓,合止柷敔,笙镛以间,鸟兽跄跄。《箫韶》九成,凤凰来仪。夔曰:

于!予击石拊石,百兽率舞,庶尹允谐。"武王于伐纣安民之日作《大武》,其节奏行列,至于六成,也极其盛美而可观。但其美中不足的是,武王乃反身修德之圣人,却以诛杀征讨而得天下,比于《韶》乐,则未尽善。可见,观礼与乐所蕴含的情与理,可知其德之大与小,也可知其政的成与败。

第三节　礼乐之大用:治民易俗

自周公制礼作乐,及孔子祖述尧舜、宪章文武以来,礼乐文明成为中国文化的一显著特色,并且几千年来,礼乐教育对社会的稳定起着重要的作用。《孝经·广要道章》曾言:"安上治民,莫善于礼;移风易俗,莫善于乐"。礼乐教化能从根本上改善社会风俗,起到治国安民之效。

一、百德之辅

礼属于德之节,它能教人尊上爱下,履行人伦规矩。礼有质与文,有礼意与礼仪之分。质与礼意,就是礼所要表现的实质,如子对父之孝,臣对君之忠,兄对弟之爱等等。这些实质性的内容要表现出来,就得需要一定的仪式,这就是礼仪,也即文的内容。礼意与礼仪不分,质与文相辅相成,才能构成礼。如果我们只讲质,不讲文,就成了孔子的"知和而和,不以礼节之,亦不可行也。"《论语·颜渊》中,颜渊曾问仁,孔子告之曰:"克己复礼为仁",并告之其下手之处,即"非礼勿视,非礼勿言,非礼勿动。"盖仁乃人心本具之德,只是由于受外物所感,私欲萌生,使人渐迷其本性,而流于不仁。人要回归其仁,就要战胜自己的私欲。如何去除私欲,就是要外束于礼。概礼乃缘情而制,顺性而设,只要按礼行事,天下归仁亦不是难事矣!颜回进而问复礼的具体条目,孔子告之,视、听、言、动皆以礼约于心,但使人心有一丝私欲萌生,即以礼约之,从而不违于仁。可见,人的德行的成就必须要靠礼的约束才行,因为人生于世界不可能没有私欲,不可能不产生喜、怒、哀、乐之情感,这些情感我们又不能不节制,所以我们必须依靠礼使自己时时想到该如何行事。

《论语·卫灵公》还有:"知及之,仁不能守之,虽得之,必失之。知及之,仁能守之,不庄以涖之,则民不敬。知及之,仁能守之,庄以涖之,动之不以礼,未善也。"现在一般人最重视的就是知识、才能，但孔子告诉我们用智慧才能得到的东西，如果没有仁德之心，我们虽然得到却不能守住，必然会得而复失；那么用智慧得到，又能用仁爱之心保持它，但临民处事之际，不谨其容，不用庄重严肃的态度处事，只会启民之慢，不会得到人民的尊敬和爱戴。假如前三者都做得很好，既有智慧，又有仁心，又有严谨庄重的态度，可谓内外兼得，应该无可非议了，但是如果不能以礼引导百姓，仍然没有达到尽善尽美的境地。因为礼表现为外在的一些道德规范，没有了这些规范，人心无论如何和善，也不可能有效得以实施。

《孟子·离娄上》有："离娄之明，公输子之巧，不以规矩，不能成方员；师旷之聪，不以六律，不能正五音；尧、舜之道，不以仁政，不能平治天下。"治国本于心，但不能失去礼法的辅助。这就如同制器一般，虽有离娄的眼力，有公输子的巧技，然而也要利用规以为圆，利用矩以成方。假如不用规矩，则明巧均失去了根据，方圆亦不能成。还譬如审乐，以师旷的听力，使之察音，音之清浊立即可辨，然而也必须依靠六律，定五音的高下使之形成音乐，假如不用六律，虽极其聪明也无计可施。再如尧、舜，古代称谓圣人莫过于此二人，二人均以仁义治天下，但是仁心也必须依靠仁政才能得以实施，没有相应的纲常法度，虽有仁心也不能养民以厚其生。可见做任何事情，都必须有一定礼法作为依循，这就如同器不可无规矩，乐不可没六律一样，礼法是做任何事情的保障。所以《礼记·曲礼》中有："道德仁义，非礼不成；教训正俗，非礼不备；分争辨讼，非礼不决；君臣上下，父子兄弟，非礼不定；宦学事师，非礼不亲；班朝治军，莅官行法，非礼威严不行；祷祠祭祀，供给鬼神，非礼不诚不庄。"

仁义道德虽好，但如不借助礼在细微曲折间体现出的等级秩序及具体行为规范，就不能实现；身教和言教虽能移风易俗，扶正去邪，但若不以礼为根本标准，也不免要顾此失彼而无法周到完备；分辨曲直，辨讼是非乃为政之要务，但若不以礼为准绳也难做出正确判断。另外君臣、父子、上下、兄弟、师生之间，没有礼就无法定名位、尽本分。没有礼君臣则无义，父子则无亲；没有礼则为师者不尊，为学者不敬；没有礼军队则不威，祭祀则不庄。总之，礼体现在一切时一切处，它是百德之辅，万事之具。任何事情的成功都需要礼的辅助才能完成。

人情如水，礼法如堤。人不能无情，但情不可泛滥。礼，究其实质，其作用就是调节我们行为，使之合于中道。《论语·泰伯》中有："恭而无礼则劳，慎而无礼则葸,勇而无礼则乱,直而无礼则绞。"人立身处世,应该合乎天地之节文,不可以太过,也不可不及。待人恭敬固然可贵,然而也不可失去中道,必须依礼而行。仪节繁多,奉承过度,则不免过于劳累;处事谨慎无可厚非,然而如谨慎过度,不以礼为裁度,则又显得太过畏缩,而不免于葸;勇敢而不屈不挠,是人之美德,然而过于勇敢,不以礼自守,则又过于莽撞;正直、直率固是善行,然而不能以礼自防,由着自己的情绪行事,则又显得没有涵养,说话则可能过于刻薄。恭敬、谨慎、勇敢、正直都是难能可贵的,但也要依礼而行,否则也会偏失其本质。

二、禁于未发之未有

《论语·为政》中孔子曾言:"道之以政,齐之以刑,民免而无耻;道之以德,齐之以礼,有耻且格。"人君治天下的目的是要人易恶迁善,若不知此本原,只是用法令刑罚来管理人们,如侍奉父母,如有不孝便加以惩戒;尊敬师长,如有不敬,便加以禁约,强令他们奉行遵守。这样人们虽不敢为恶,然只是惧怕刑罚,苟免于一时,并不能使人知道不孝、不敬是羞耻,为恶之心并没有杜绝,所以人们怎能永远不犯过失呢?但假如用道德去教化人民,正己化人,欲民孝者己先孝;欲民悌者,己先悌,并且以礼来引导人民。这样人民的善心自然会被感发,以孝悌为美,不用法令强迫来使其遵守,民风也自然转化。所以凡事有本有末,相对于法来讲,礼乐是本,法令刑罚是末。礼乐能够从根本上使人转恶为善,提高人们的道德修养;刑罚是从后天角度,对人们犯的错误给予惩罚,并非是从源头上正本清源。《文子》有:"不知礼仪,不可以行法。法能杀不孝者,不能使人孝;能刑盗者,不能使人廉。"百姓不知道礼义,就不能依法办事。法律能够教训不孝的人,但不能使人有孝心;能够惩治盗贼,却不能使人产生廉耻之心。所以万事要守其本离其末,守其本,则事半而功倍;着其末,则事倍而功半。

礼乐教化正因为它能从根本上解决问题,能够使问题还没出现时就已经解决,所以它的作用往往不被人们认可。相反法令刑罚,由于惩办恶人特别明显昭著,人们好像更能看到法令刑罚的作用,所以人们更倾向于法治。《鹖冠子·世贤》中曾经记载这样一件事:

魏文侯问扁鹊曰:"子昆弟三人,其孰最善为医?"扁鹊曰:"长兄最善,中兄次之,扁鹊最为下。"文侯曰:"可得闻耶?"扁鹊曰:"长兄于病视神,未有形而除之,故名不出于家。中兄治病,其在毫毛,故名不出于闾。若扁鹊者,镵血脉,投毒药,副肌肤间,而名出闻于诸侯。"

魏文侯曾问过扁鹊,他们家兄弟三人,哪个最擅长医术?扁鹊回答说,他大哥最好,二哥次之,而他却是最差的。魏文侯很是奇怪,大概扁鹊名声最大,所以问扁鹊缘故。扁鹊说,他大哥治病是看病人的神色,在病变还没有形成的隐微阶段,就把病治好了,所以他的名声不出家门。他二哥治病是在病情刚刚发作之时,就能把病治好,所以他的名声不出巷子。而扁鹊治病,扎针疏通血脉、用有副作用的汤汁,甚至做手术来救治病人,因此他的名声响遍诸侯。

礼乐的教化作用形同长兄,法令刑罚的作用形如扁鹊。《礼记·经解》中有:"故礼之教化也微,其正邪于未形,使人日徙善远罪而不自知也,是以先王隆之也。"《易》曰:"君子慎始。差若毫厘,谬以千里。"礼的教化作用是潜移默化的,它防范邪恶于未形成前,能让人在不知不觉中天天向善德靠近而远离恶行,因此,先王都尊崇礼的教化作用。

现代科学的发展已经证明,事物之间存在着复杂的多种多样的联系。事物的发展虽有规律可循,但同时也存在着许多不可测的变数,一个微小的变化可能引起难以想象的巨大后果。由此美国气象学家爱德华·罗伦兹提出了著名的"蝴蝶效应",即一只南美洲亚马孙河流域热带雨林中的一只蝴蝶,偶尔扇动几下翅膀,可以在两周后引起美国德克萨斯州的一场龙卷风。这一思想是近代伴随着系统科学的产生而逐渐兴起的,其实质与《周易》有着异曲同工之妙。中国古人重视礼乐教化,实质就是要"慎于始",要在蝴蝶扇动翅膀之际就要防患于未然。

另外,《资治通鉴·汉纪十七》中记载了这样一个故事:

初,霍氏奢侈,茂陵徐生曰:"霍氏必亡。夫奢则不逊,不逊则侮上。侮上者,逆道也,在人之右,众必害之。霍氏秉权日久,害之者多矣。天下害之,而又行以逆道,不亡何待!"乃上疏言:"霍氏泰盛,陛下即爱厚之,宜以时抑制,无使至亡。"书三上,辄报闻。其后霍氏诛灭,而告霍氏者皆封,人为徐生上书曰:"臣闻客有过主人者,见其灶直突,傍有积薪,客谓主人:'更为曲突,远徙其薪,不者且有火患。'主人嘿然不应。俄而家果失火,邻里共救之,幸而得息。于是杀牛置酒,谢其邻人,灼烂者在于上行,余各以功次坐,而不录言曲突者。人谓主人曰:'乡使听客之言,不费牛酒,终亡火患。今论功而请宾,曲突徙薪无恩泽,焦头烂额为上客邪?'主人乃寤而请之。今茂陵徐福,数上书言霍氏且有变,宜防绝之。乡使福说得行,则国无裂土出爵之费,臣无逆乱诛灭之败。往事既已,而福独不蒙其功,唯陛下察之,贵徙薪曲突之策,使居焦发灼烂之右。"上乃赐福帛十匹,后以为郎。

霍光受武帝托孤之重,任汉室之寄,辅昭帝十三年,又废刘贺,迎宣帝,历经汉武帝、汉昭帝、汉宣帝三朝,官至大司马,从政几十年,可以说为汉室的中兴及天下稳定做出了巨大贡献。但最终其家族却惨遭灭门之祸,其中的道理不得不令人深思与警醒。

如人官高权重却不知止,则不免高而有危。司马光言:"霍光之辅汉室,可谓忠矣;然卒不能庇其宗,何也? 夫威福者,人君之器也;人臣执之,久而不归,鲜不及矣。"①霍光功虽大,但后期其子孙则均流于骄奢淫逸,所以茂陵人徐福就预言霍氏必亡。因为凡奢侈无度,必然傲慢不逊;傲慢不逊,必然冒犯主上;冒犯主上就是大逆不道,必然会有大咎。霍氏一家长期把持朝政,遭到很多人的厌恶。天下人厌恶,又做出大逆不道的事,怎么可能不灭亡呢! 实际在徐福之前,山阳太守张敞也曾密奉宣帝,建议解除霍氏三侯的官职,以侯的身份令其回家,这样霍氏一家既可以世世代代无忧无患,同时也不会有叛乱之祸。宣帝虽欣赏张敞之策,但终未采用。"曲突徙薪"的道理甚为易懂,但人们却最容易忽略,世间亡羊补牢的人多,未雨绸缪的人少。徐福三次上书朝廷,建议皇上对霍氏家族加以约束限制,因为皇上既然厚爱他们,就不应让其权势太大,以至于发展到灭亡的地步! 但天子也未采纳,后霍氏一家被诛杀,曾因霍氏作乱而告发的人都得到封赏,独徐福被遗忘。告发之人犹如救火之客,其功显而见;徐福上书犹如建议曲突远薪之人,其言虽能使人防患于未然,其功却隐而不显。

---

① 司马光著,胡三省注.资治通鉴[M].北京:中华书局,2016:833.

礼乐教化的作用实际也是如此，其功都表现在隐微之际，在日常伦理生活的细节之间，看似无大用，但片刻不可离。它潜移默化地引导我们的行为，使我们不至于偏离伦理之大道，从而防患于未然。并且礼乐在生活中处处规矩我们的行为，所以常常被人形容为桎梏与锁链，而遭人厌弃。但这恰如严父之爱子，人如果从小养成遵规守矩之习惯，长大就不会有违礼犯法之事。如果宣帝早日约束限制霍氏家族，以免其后世的灭门之祸，无疑才是对霍氏家族的真正厚爱。法令刑罚的作用，则如火势已猛，眼看有危人倒屋之险，此时如瞬间能灭火而脱险，其功则人人皆知，显而易见。但刑罚虽能灭火，但却未找到起火之原因，不能从源头上解决问题。礼乐与刑罚，二者是一本一末，一内一外，相得益彰、相辅相成，均不可偏失。

《论语》大义之六:教育

　　孔子是中国古代著名思想家、教育家,是儒家学派的创始人。他首创私塾教育,并修《诗》《书》,定《礼》《乐》,序《周易》,作《春秋》,奠定了中华文化几千年的根基。他首创私人讲学风气,主张因材施教,"有教无类"。他一生"学而不厌,诲人不倦",是中国历史上第一个将毕生精力奉献给教育事业的人。相传他有三千弟子,其中有七十二贤人。《论语》一书蕴含着丰富的教育思想,并对后世教育产生了深远的影响,孔子也从而被人尊为"大成至圣先师"。

第一节　教、育释义

　　孔子的一生颠沛流离,他为了恢复周礼,周游列国十四年,饱受风霜之苦。他志向未遂,晚年专注于删诗书、定礼乐,讲学授徒。其为政志向虽未如愿,但其丰厚的哲学思想,其浓厚的教育智慧,却影响了中国几千年的历史,奠定了中华文化的辉煌。《论语》一书,思想之丰富,难以描述,其中蕴含的教育思想深邃而又有价值,对今天的教育事业仍具有重要的指导意义。

　　提起教育,生长在高科技、现代化的今天,人们可能更多地想到的是知识性的教育,学校的主要目的就是要传授知识,学习的功利性也非常明显。但是在古代,教育却有着更为深刻的含义,教育的目的也不简单是要学习某种知识,而是要"传道、授业、解惑"。要深入孔子的教育哲学,首先还要从"教""育"二字的释义入手。

一、教：上施下效

教，《说文》中的解释是："教，上所施，下所效也。从攴，从孝。"所以"教"的基本含义有两方面：一是从孝，一是从攴。

（一）从孝

一种说法，是说教字"从孝"，其根据是《说文》造字的"于形得义"。中国文字都是音、形、义的统一体，"从孝、从攴就是'于形得义'的具体化"①。这一说法有其根据，中国思想特别以孝著称，《孝经》开篇就说："夫孝，德之本也，教之所由生也。"《礼记》一书更是无数次提到孝，单单《祭义》一章就有43处提到孝，并且孝还有大、中、小之分，有孝志、孝心、孝身之别。另外《论语》中更是处处谈及孝，如"孝弟也者，其为仁之本与！""弟子入则孝，出则弟，谨而信，泛爱众，而亲仁。行有余力，则以学文。"孝是中国文化的显著特色，以孝释教，从文义上看，有其合理性。

但同时，也有人从词渊的角度提出了疑义。"教"的基本字形写作"敎"。"孝"应该"学"，并且该字先于"孝"字而产生。因此，教就应该是"从学，从攴"。"学"是由爻与子两部分组成。"爻"字《说文》释为"交也"，又释"交"为"交胫也"。"交胫"即是"交合"，《礼记·月令》有："（仲冬之月）虎始交。"郑玄注："交，犹合也。"《广雅·释诂》："交，合也。"由交合义又引申出效仿、模仿之义，因为效仿、模仿就是使自身的某种行为与样板的行为相合。所以《广雅·释诂》有："爻，效也。"由于"爻"具有模仿义，所以《说文》释："学，放也。从子，爻声。"段玉裁的《说文注》："放、仿古通用。学训放者，谓随之依之也。今人则专用仿矣。"可见"学"义就是效仿，即上有所施，下有所效。因此古代的教育思想，特别注重言传身教，即是要言行一致，正己化人。这从古人对教育定义可以证实。《白虎通·三教》："教者，效也。上为之，下效之。"段玉裁《说文解字注》云："教字、学字皆从会意。教者与人以可放（仿）也，学者放（仿）而像之也。"《广雅·释诂》："教，效也。"

（二）从攴

甲骨文里的"攴"字像手拿一小木棍，表示击打之意。"攴"原本是个象声

①　王静. 试论《说文解字》中的"教育"二字[J]. 教育研究，1995(3)：48.

词,得名于"啪啪"(扑扑)声,其本义是击打。《说文》有"攴,小击也。"另徐锴《说文系传》:"所执,以教导人也……"可见,"攴"的含义就是,执教者手里拿着荆条、戒尺之类的教具,督促人来学习。

教从"孝",说明"教"的实质就是"上所施,下所效",即教育者要以身作则,为学生做一可模仿的典范,起到正己化人的作用。教从"攴",说明教育是一个很严肃的过程,所谓"教不严,师之惰"。

二、育:养子作善

谈到"育",人们首先想到的就是生育、养育、教育这些词,实际上这些词也基本涵盖了育的含义。甲骨文里的"育"字正像母产子之形。另《玉篇》:"育,生也。"可见"育"字的本义就是生育。《易经·渐卦》:"夫征不复,妇孕不育,凶。"此处之"育"即生育。"育"由生育义引申出养育义,《玉篇》:"育,养也。"如《孟子·告子下》:"尊贤育下,以彰有德。"进而又由养育义引申为教育义,《说文》:"育,养子使作善也。《虞书》曰:'教育子'。""育"在此就是教育孩子,使其成为一个善良的人,所谓"使作善",就是一个教育的过程。

由"育"字结合上面的"教"字,"教育"的意义就明显了,就是通过以身作则,教育孩子成为一个善良的人。

第二节 建国君民,教学为先

现在的时代是一个科学技术迅猛发展的时代,是一个物质极大丰富的时代。然而就在这样一个时代,却产生了各种各样威胁着全人类的问题,如食品安全问题、生态恶化问题、医疗问题、资源枯竭问题等等。这些问题已经不是局部性的,而是全球性的,属于全人类共同面对的问题。我们现在正为解决这些问题努力着、探索着,人们也提出了许多有价值的建议,如完善制度建设,提倡民主政治,寻找可替代性资源等等,但是这些问题的解决已经不是单纯依靠法律与政治能够解决的。这些问题产生的根源是多方面的,但有一点不可否认就是人们的价值观出现了问题。自从科学技术给人类带来巨大的物质财富的同时,在满足人们一个个愿望的同时,人们的欲望也在不断鼓胀,功利性的伦理观也越来越深入人心,人们在自然中的地位也越来越高大,自然也越来越成为我们控制与改造的对象。人一旦喻于利,自然会产生一系列的问题,而这一系列问题的解决,也必然要追根溯源。比如社会腐败问题,这个问题我们如果从表象分析,会发现很多原因,比如法制不健全、监督机制不完善等等,但是其根源却在领导者的私欲膨胀。而人们的私欲之所以越来越大,又在于社会流行的功利主义的渗透与腐蚀,所以解决问题还要追究其根本。

孔子为恢复周礼,曾经周游列国十几年,有一次行经到卫国,当时冉有为孔子驾车。孔子见此地百姓众多,不禁感叹:"这里的百姓真多啊!"冉有听此,问孔子说:"一个国家,固然需要吸引百姓,百姓既然能居住于此国,接下来应该做些什么呢?"孔子回答:"庶而不富,百姓的生养就得不到保障,终究还会离散,所以必须想办法让他们富有起来。"冉有又问,那富裕之后又该怎么样呢? 孔子又说:"富而不教,则饱暖思淫欲,骄奢之心起矣,所以必须要设痒序,教之以礼义,使百姓之间孝亲尊长,形成仁让的风俗习惯。如此则可富而有礼,可谓为国之道。"

《孟子·滕文公上》也有:"人之有道也,饱食、暖衣、逸居而无教,则近于禽兽。圣人有忧之,使契为司徒,教以人伦:父子有亲,君臣有义,夫妇有别,长幼有序,朋友有信。"人虽有明德之性存于内,但人如饱食暖衣,居住安逸,又缺乏教化的话,则会耽于安逸,习于奢侈,而距禽兽不远,所以在富民之时,一定不能忽于教民。古之圣贤熟于此道,所以任契为司徒之官,教民以人伦大道,使父子有亲,君臣有义、夫妇有别、长幼有序、朋友有信。所以教育永远是治理一个国家的"百年大计"。

一、百年之大计

人们常言,"十年树木,百年树人",一个国家的下一代就是一个国家的未来,下一代教育不好,就等于输掉了未来。所以"建国君民,教学为先",任何一个国家,要想长治久安,首要的一件事就是要搞好"教育"。教乃国之大计,它能正民心,和民意,是国之为国的根本。

《管子》中有:"一年之计,莫如树谷;十年之计,莫如树木;终身之计,莫如树人"。即一年中的规划,没有什么比种植五谷重要;十年的规划,没有什么比栽种树木重要;而终身的规划,则没有什么比培养人才更为重要。教育关系到一个人成败,也关系到国家的兴旺发达。儒家讲"修身、齐家、治国、平天下",我们要实现社会的和谐发展,首先就要从修身开始,从每一个具体的个人,从每一个家庭开始。家庭是社会的细胞,如果家庭破裂,社会自然就受影响。孩子由于缺乏教育,内心感受不到来自父母的关爱,从而对父母、对他人、对社会充满了怀疑、充满了敌意、冷漠,就会成为社会中一个个危险分子。只要我们认真观察,就会发现那些学习成绩差的、心理有问题,还有青少年犯罪的大多数来自于不健全的家庭。这就告诉我们,慎于未发之未豫,教育是解决社会问题的关键所在。

正因为如此,古代开明的帝王,建国之初,必先设痒序,以教化民心,安定社会。《资治通鉴·唐纪八》载,李世民登基后,有一次宴请群臣,奏《秦王破陈乐》。太宗身为秦王时,因经常奉父命东讨西杀,往往身先士卒,突破强敌,故民间流传此乐。李世民登基后,对此乐加以润色,用一百二十人披甲执戟而舞,制为乐舞。当时李世民言:"朕昔受委专征,民间遂有此曲,虽非文德之雍容,然功业由兹而成,不敢忘本。"意思是说,此乐虽没有文德之乐的温文尔雅,但功业却由此而成就,所以始终不敢忘本,故制为乐舞,示人不忘创业之艰。鉴于太宗如是说,封德彝说:"陛下以神武平海内,岂文德之足比!"即李世民是马上得天下,其神武之才,岂是文德所堪比拟。李世民曰:"戡乱以武,守成以文,文武之用,各随其时。卿谓文不及武,斯言过矣。"即平乱建国凭借武力,治理国家保持已取得的成就却要靠文治,文武两件,不可偏废,或用武,或用文,要随时而变。文不如武,此言差矣! 天下是不可以武治理的。治理天下,关键是要取得民心,民心不服,天下则危。而民心绝不是用武力,用高压的手段取得,必须要施以德治。所以任何一个国家,用武力建国,但必须要以文治国,必须要把教育放到第一位。通过教育,人们才能树立正确的思想观念和价值观念。

《淮南子·泰族》有:"民无廉耻,不可治也。非修礼义,廉耻不立。民不知礼义,法弗能正也。非崇善废丑,不向礼义。"民心是社会治理的关键,如果人民没有廉耻之心,社会就不会得到根本治理。而如果不施行礼义的教化,人民的廉耻心也就建立不起来。人与人之间没有进退之礼,处处交争利,不崇尚道义,那么法律也不能使他们的行为端正。而要人们崇礼尚义,必须要推崇善举,废除恶法。所以孔子特别注重教育的重要性,说"不教而杀谓之虐",即百姓犯罪,因不明事理,所以如果不教育他,就把他杀害,这就是变相的虐待人民。另外《论语·子张》有："孟氏使阳肤为士师，问于曾子。曾子曰：'上失其道，民散久矣。如得其情，则哀矜而勿喜！'"阳肤为曾子的弟子，当时孟氏任阳肤为士师，也就是掌管刑狱的官。有一次，阳肤向曾子请教治狱之道。曾子说，刑罚的作用是防民为非，并不是为了惩罚人民，是不得已而为之。对人民，首先要进行教化，自身要率先行道，正己化人。如果不能化人，再耐心用道理教导，如仍不能使其改邪归正，当其犯法，则不得不用刑。但是当时，礼崩乐坏，为人君者，德教不修，已不能为人仪表，而又不能施以礼教，刑政无章，赏罚无度，将养民之善的道理丧失很久了。因此民虽犯法，作为刑狱之官，当怜悯百姓不明道理，而不能以明察案情而沾沾自喜。由此可见，真正的爱民就是教民。

二、爱民则教民

《盐铁论·刑德》曰："治民之道，务笃其教而已。"即一个国家，想使人民来归附，最好的办法就是要使百姓得到利益；而利益百姓最好的方法就是用仁义来教化百姓。百姓接受教育，在家就能孝顺父母，出门就能尊敬长辈，富贵而不骄，贫贱而不怨，忿言不出于口，恶行不加于身。百姓明白了做人做事的道理，自然就会耻于作恶，更不会做犯法违禁的事情了，自然也就不会受到法律的惩罚，所以这本身就是对百姓最好的爱护。圣君之治天下，均视民如子，见之饥寒，则为之哀；见之劳苦，则为之悲。有一民饥，则曰："是吾饥之也"；见一民寒，则曰："是吾寒之也。"商汤曾言："朕躬有罪，无以万方；万方有罪，罪在朕躬！"(《论语·尧曰》)所以天下之所以大治，并没有什么秘密，就是孟子的"以不忍人之心行不忍人之政"，而真正的不忍人之心就是教化百姓。

孟子曰："仁言不如仁声之入人深也，善政不如善教之得民也。善政，民畏之；善教，民爱之。善政得民财，善教得民心"(《孟子·尽心上》)。赵歧注曰："仁言，政教法度之言也。仁声，乐声《雅》《颂》也。仁言之政虽明，不如《雅》《颂》感人心之深也。善政使民不违上，善教使民尚仁义，心易得也。"①善政虽可以齐民，但只可使民面从，不可使民心服。善教则能深入人心，使人心悦诚服接受教化。

---

① 十三经注疏·孟子注疏[M].北京：北京大学出版社,1999:358.

《孝经·广要道章》中有说:"移风易俗莫善于乐,安上治民莫善于礼。"道德伦理的教育能使人们在不自觉中改变原来的不良习气,从而养成良好的行为习惯。《大学》中讲"物有本末,事有终始,知所先后,则近道矣"。万事万物都有本有末,只有按照其自然次序办事,才能几于道。小到修身,大到治国都是如此。修身以孝为本,治国以教育为本。《汉书》中有说:"南面而治天下,莫不以教化为大务。立大学以教于国,设庠序以化于邑,渐民以仁,摩民于谊,节民以礼。故其刑罚甚轻而民不犯者,教化行而习俗美也。"

教化是治国的根本,用仁爱、道德、礼义教育人民,是从根本上提高人们的道德素养。如果人民都耻于作恶,哪里还用得着严刑峻法。道德修养的重要性不仅仅存在于中国的古文献当中,现在西方人也越来越多地意识到这一点,西方著名伦理学家的代表人物麦金泰尔曾说过这要一句话:"对于法律的应用而言,它仅仅对那些拥有正义的美德的人才有可能发挥作用。"①因此,习主席2013年12月30日在中共中央政治局第十二次集体学习时谈道:"对中国人民和中华民族的优秀文化和光荣历史,要加大正面宣传力度,通过学校教育、理论研究、历史研究、影视作品、文学作品等多种方式,加强爱国主义、集体主义、社会主义教育,引导我国人民树立和坚持正确的历史观、民族观、国家观、文化观,增强做中国人的骨气和底气。"

三、人禽之辩

关于人与动物的区别,古来有很多思想家提出了不同的观点。西方启蒙主义把它归结为人的理性,认为人是世界唯一有理性的。马克思把它归结为实践活动,认为正是由于实践造成人与动物的根本区别。儒家思想以道德伦理著称,它把道德归结为人与动物的区别。关于这一思想,最早的记述来自《尚书·泰誓》,其中有:"惟天地万物父母,惟人万物之灵。"另《孝经·圣治章》引孔子所言:"天地之性,人为贵。"邢昺释:"性,生也。言天地之所生,唯人最贵也。"②此几处,均是言人在天地间最为可贵,至于为什么可贵,就是因为天地虽有德,但天不言地不语,要靠人来诠释。《礼记·礼运》有:"人者,天地之心也,五行之端也,

① Rawls,John,A Theory of Justice,Massachusetts,Harvard University Press,1971,p.192.
② 孝经注疏[M].上海:上海古籍出版社,2009:43.

食味、别声、被色而生者也。"《正义》释为："天地有人，如人腹内有心。"①即人是天地之心。过去人们普遍认为，心乃思维器官，人作为天地之心，即天地要靠人来思维，人来认识。正如王阳明所说："天没有我的灵明，谁去仰他高？地没有我的灵明，谁去俯他深？鬼神没有我的灵明，谁去辨他吉？"即天地之德，需要人来演绎，来显现。

在《论语》中，关于人禽之辩，孔子虽未详说，但从其言行中也可窥见一二。《论语·微子》中，孔子曰："鸟兽不可与同群，吾非斯人之徒与而谁与？"当时天下无道，圣人隐匿，有些隐士讥孔子不能独善其身。孔子言："天下虽无道也久矣，然鸟兽既是异类，不能与之同群。但天下之人，与我们同生共育，为同一物类，我不与他们同群，还能与谁同群呢？"这里谈及了人与动物的区别，但并没有进一步说明。在《论语·为政》中孔子有进一步解释。当时是子游问孝，孔子曰："今之孝者，是谓能养。至于犬马，皆能有养。不敬，何以别乎？"包咸注曰："犬以守御，马以代劳，皆养人者。一曰：人之所养，乃至于犬马，不敬则无以别。孟子曰：'食而不爱，豕畜之；爱而不敬，兽畜之。'"②既人与禽兽不同，禽兽只知养，而人有敬。养是生物意义的本能，敬则是道德意义上伦理行为。

关于人禽之辩，如果说在孔子那里还略显微薄的话，那么作为孔子弟子的孟子，则给予了最深刻的阐述。《孟子·离娄下》有："人之所以异于禽兽者几希，庶民去之，君子存之。舜明于庶物，察于人伦，由仁义行，非行仁义也。"人与动物皆有生命，其区别就在于几希之差。但就这几希之差，其端虽微，但推衍开来，小人受气禀所拘，迷于物欲，舍之而日沦为禽兽而不知，君子保之、存之、长之，却能成就自己伟大之人格。所以《尚书·虞书》曰："人心惟危，道心惟微"。发于私的是人心，发于义理之正是道心。人心一发，若无义理加以节制，则便日流于邪恶而不自知，岂不危哉！道心虽微，若专一守之，使其常为一身之主，不为私欲所摇夺，则犹火之始燃，泉之始达，足以为君子、贤圣之人格。另《易经·系辞下》："有天道焉，有人道焉，有地道焉。兼三才而两之，故六。六者非它也，三才之道也。"人之所以能与天地并称为三才，就是因为人能效法天地之德。天之德是自强不息，地之德是厚德载物。并且"天无私覆也，地无私载也，日月无私烛也，四时无

---

① 朱彬.礼记训纂[M].北京:中华书局,1996:348.
② 何晏.论语集解义疏[M].北京:商务印书馆,1937:17.

私行也"(《礼记·孔子闲居》)。而天地之间,只有人上能观天文,下能察地理,承天地之德,功而不有,为而不恃,所以人号为"三才"之一。

人虽是万物的灵长,与天地并称为"三才",但这有一个先决条件就是教育。《纲鉴易知录·太昊伏羲氏》载:

> 人生之始也,与禽兽无异,知有母而不知其父,知有爱而不知其礼。卧则呿呿,起则吁吁,饥则求食,饱则弃余,茹毛饮血而衣皮革。太昊始作网罟,以佃以渔,以赡民用,故曰伏羲氏。养牺牲,以充庖厨,又曰庖牺氏。太昊德合上下。天应以鸟兽文章,地应以龙马负图。于是仰观象于天,俯观法于地,中观万物之宜,始画八卦。卦有三爻,因而重之为六十有四,以通神明之德。

即上古之时,风气未开,人虽为万物之灵,但实与禽兽无异。直到太昊治天下,才教民一些生活技巧,使人们逐渐脱离原始的禽兽状态。并且太昊又上观天象,下察地理,中观万物于人,画八卦以通神明幽微之德,所以又被称为"伏羲氏"。并且上古之时,男女无别,太昊又制嫁娶之礼,正姓氏、通媒妁,使男女有别,不相渎乱。可以说,正是由于圣人的教化,人们才一步步由野蛮走向文明,由愚昧走向智慧。

我们今天的文明正是过去的一代代人教育的结果。正是由于我们能够接受教育,我们才能站在圣贤的肩膀上看问题、思考问题,才能青出于蓝而胜于蓝,从而推动文明的不断进步。但是,虽处于现代化文明中的我们,一样也不可失去教育,失去了教育,人一样会退回到与禽兽无异的地步,甚至更甚。《傅子·贵教》有:"中国所以常制四夷者,礼义之教行也。失其所以教……则同乎禽兽矣。不唯同乎禽兽,乱将甚焉。何者?禽兽保其性然者也,人以智役力也。智役力而无教节,是智巧日用,而相残无极也。相残无极,乱孰大焉。"马克思曾说,人与动物的区别在与,人是能动的改造自然,动物则是被动地适应自然。人作为有意识的能动的类存在物,使人在自然中脱颖而出,与动物相区别。但此能动性要以礼义来指导,人一旦失去了伦理道德的教育,滥用其能动性,对自然、对社会所造成的伤害,则是动物远远不能比拟的。比如今天的科学技术必然要用道德来指导,若是最顶尖的科学技术掌握在一群恐怖分子或者毫无道德可言的人手上,只会引起世界的灾难。

第三节　传道、授业、解惑

韩愈的《师说》有:"师者,所以传道、授业、解惑也。"即老师教育学生的目的有三:传道、授业、解惑,这可以说是对古之教者教育目的的一个最精炼的概括。

一、传道

"形而上者谓之道,形而下者谓之器","传道"顾名思义,即所传授的是关于天地之间的大学问,而不是简单的记诵性知识。现代的教育注重的是知识性教育,主要是提升我们一种分析问题、理解问题和解决问题的能力,它无关乎形而上之大道,所以它会增加我们知识的广博,但却不能增长我们的智慧。它主要的还是提供给我们一种关于自然界的一种知识,或者掌握一种技巧,却不能提供给我们一种包括人这一主体在内的具有绝对性的真理,不能告诉自然界背后的那种关于"存在的存在"。

以中西哲学对比为例,初习中国哲学与西方哲学,就会有一见解,感觉西方哲学重知识、重逻辑,目的就是要追求一种具有确定性的真理。中国哲学重道德、重伦理。道德与伦理给人的感觉好像与真理并不挂钩,因为真理必然是不以人这一主体为转移的,绝对正确的东西。后来偶然看到一篇文章,即熊十力的《中西哲学简论》。文中熊十力言到,真与善不可分为两边,中国哲学重修养,但并非不求真。并且,哲学所求之真与科学不同,哲学所求之真,乃存在的存在,是现象界背后之真,是绝对的,具有本体意义的,因此"真正见到宇宙人生实相的哲学家,必不同科学家一般见地把真和善分作两片说去"①。道,实际上就是这种"实相之真"的初显。儒家教育的目的就是传授这种"道"。

"道"的原意指"道路"。《说文解字》曰:"道,所行道也。从辵从首,一达谓之道。"可见,道的最初含义即是道路,即到达目的地所必经的途径。道路能使我

①　熊十力.中西哲学简论[C]//傅永聚.韩钟文主编.儒学与西方哲学研究.北京:中华书局,2003:30.

们由此达彼,实现我们的目的。"道"这一最初含义逐渐引申,进而成为我们做人做事要达到某种目的所必须遵守的原理原则。"道"就由最初的"道路"上升到伦理学的范畴。

因为人本质上是关系性的存在,"人与人之间相处,总有一种特殊的关系,这种关系既不是自然的、盲目的关系,也不是由权威、律令强行规定的关系,而是由关系双方作为自觉主体本着'应当如此'的精神相互对待的关系。这种关系就体现着人与之间的伦理关系"①。即伦理是一种关系性的学问,而人生活在世间,他必然生活在一定的关系当中,他不仅面临着人与自然的关系,还面临着人与人、人与社会的关系。那么在这种关系当中,必须存在着一种秩序,正是这种秩序调和着关系当中的人、事、物,使其朝着和谐、正确的方向发展,那么这种秩序就是"道"。处于关系中的人、事、物,自然也要依道而行,故而形成了不同事物之间、不同名称之间的各自当行之道,如天道、地道、人道、君道、臣道、夫道、妇道等等。天之道为自强不息,地之道为厚德载物;人则应效天地之德,为而不恃、功而不有;另外君对臣要敬,臣对君则抱以忠;夫妇有别,男主外,要领;女主内,要从。除此之外,实际上社会上的士、农、工、商,各行各业也莫不有道。道实际上也是我们俗语中常说的"本分",说某一件事是某人的本分事,意思即是应该做的、毫无理由可讲的。如士人,孝悌乃其本,亦其当行之道,交友应酬则为末;农民应以耕田为本,游业则为其末;百工,应以致用为本,以雕琢装饰为末;商人,应以通货为本,以出售珍奇货物谋利为末。守其本,即守其道,守道守到无守而有守,无为而有为,则复归其性。如此可知,士农工商皆可入道。可见行业只有分工的不同,却无贵贱的差别。

道就蕴含在生活当中,举手投足莫不有道,只是我们大多数人对此是习而不察,不知其中还蕴含着有关"道"这样深层次的哲学。孟子曰:"行之而不著焉,习矣而不察焉,终身由之而不知其道者,众也"(《孟子·尽心上》)。道不远人,道就蕴含在人们的日常生活之中,只是人们是用而不知。我们出入往来,所行所履,哪一不是道?如农夫耕地、商人经商、师者教学、学者求知,莫不有道,人从少至老,终身处于斯道之中,却不知道为何物?故《礼记·学记》讲"人不学,不知

① 宋希仁.论伦理关系[J].中国人民大学学报,2000(3):58.

道"，即人不学习，就不会知晓"道"为何物，所以为人师者要传道，故圣人之教，首先要"传道"。

《孝经·开宗明义章》开篇就言："先王有至德要道，以顺天下，民用和睦，上下无怨。汝知之乎？"孔子一生就以传"先王之道"为己任，终生教育的目的就是为了使道得以承传。他一生远述尧舜，近循文武，以承传尧、舜、禹、汤、文、武、周公之道为己任，颠沛必于是，造次必于是。孔子匡地受难，犹泰然处之；陈蔡绝粮，尚弦歌不掇；遇司马桓魋迫害，仍坦然曰："天生德于予，恒魋其如予何？"孔子之所以临危不惧，究其根，就在于其传道的决心与志向。

《论语》通篇皆在传道，为学即是求学之道，为政即是治国之道，忠恕乃一贯之道，礼乐乃教化之道。道在《论语》之中无处不在，无字不显。孔子教育的目的就是要人明道，而不是我们通俗意义上增加知识，更不是把教育当作谋利或教人谋利的工具。故孔子言"君子谋道不谋食""道不同不相为谋"。即君子求学在于进德修业，而不为外在之名利。《论语·宪问》有："古之学者为己，今之学者为人。"为己，即欲得之于己；为人，即欲见知于人。为己之学的目的就是要明道，所以儒家讲志道、据德。如曾子之三省，颜回之四勿，他们为学的目的就是孜孜不倦以进其德，以复其性，性在于己，所以称为己。为人，所学是为了取誉于人，为了沽名而钓誉，誉取于人，所以称为人。正因如此，《论语·雍也》中孔子对子夏说："汝为君子儒，无为小人儒。"君子儒即为己、为道、为德，小人儒即为人、为名、为利。

二、授业

授业，就是教授学业，使学生将来能承担一定职业，创造一番事业。关于从业一说，儒家作为入世之学，一向持肯定态度。《论语·子张》："君子仕而优则学，学而优则仕。"凡出任在位者，应殚精竭虑，克尽职守，为国尽忠，但也不可错过光阴，一有闲暇，仍要努力学习。因为学如逆水行舟，不进则退，一日不学，一日不明事理，则惑不解，从而有失为官之道。然未仕而为学者，更应当争朝夕，夺分秒，以尽务学之事，待学有所成，涵养纯熟，也应该出仕以利民，不能辜负其所学。总之仕与学，二者不可偏废，不学不足以明事理，不仕则学不能利人，二者相辅相成，才可谓真正传道。

另《大学》讲"修身、齐家、治国、平天下。"这有两种含义,一方面,治国、平天下要从修身开始;另一方面,人之为学要从修身开始,进而要齐家、治国、平天下。用一句话概括儒家的学问就是要"内圣而外王。"内圣是指内在要有很高的道德修养,外王是指要建功立业,这体现了道德与政治的直接统一。儒家一方面要讲道德,另一方面讲政治。政治只有以道德为指导,才能有正确的方向;伦理道德唯有通过政治,才能产生作用。唯有以伦理道德为引导的政治,才能得人心,才能真正使人们安居乐业。正是基于这一理想,孔子周游列国十四年,历经千辛万苦,矢志不渝,目的就是想使圣贤治国理政的思想,通过政治得以实现。所以当子贡问孔子:"有美玉于斯,韫椟而藏诸? 求善贾而沽诸?"孔子曰:"沽之哉! 沽之哉! 我待贾者也"(《论语·子罕》)。子贡以美玉喻孔子,玉本乃有用之物,但如以玉为美藏于家,而不买卖,则有用之物也似无用,只供个人欣赏而已。孔子本大圣大贤,是隐居于世独善其身呢,还是积极入世,以求一用而施展抱负呢? 孔子的答案很明确,就是要等待机会,以求一用,从而使道得以弘传,实现济人利人之大志。

教导学生选择事业的学问,首先就是要教学生知道选择职业的目的,即以济民利生为本,而不以功名利禄为目标,即"人能弘道,非道弘人"。当樊迟向孔子请教稼穑之事,孔子曰:"吾不如老农。"请教苗圃之事,说:"吾不如老圃。"等到樊迟出去,孔子感叹:"小人哉,樊须也! 上好礼,则民莫敢不敬;上好义,则民莫敢不服;上好信,则民莫敢不用情。夫如是,则四方之民襁负其子而至矣,焉用稼"(《论语·子路》)? 即天下之事,有大人之事,也有小人之事。大人之事,以修身、齐家、治国、平天下为己任,心装天下人之安危;小人之事则以农圃为己职,只装自己小家之安危。孔子批评樊迟,是期望弟子皆能以传道为毕生之事业,所以不屑农圃之事。

当然孔子虽求沽之,但也要等待,即要遇有道明君,才能使志得以畴,即绝不会被富贵所利诱而枉道事人。孔子之所以离开鲁国,也是因为这一原因。《孔子家语·子路初见》记载:

> 孔子相鲁。齐人患其将霸,欲败其政,乃选好女子八十人,衣以文饰而
> 舞容玑,及文马四十驷,以遗鲁君。陈女乐、列文马于鲁城南高门外。季桓

子微服往观之再三，将受焉，告鲁君为周道游观。观之终日，怠于政事。子路言于孔子曰："夫子可以行矣。"孔子曰："鲁今且郊，若致膰于大夫，是则未废其常，吾犹可以止也。"桓子既受女乐，君臣淫荒，三日不听国政，郊又不致膰俎。孔子遂行。

当时孔子辅助鲁国国君治理政事，颇有成效。齐国人害怕鲁国崛起称霸，欲从中加以破坏，于是就挑选了八十名美女，让她们穿上文饰华丽的锦服，教给她们跳容玑舞，又挑选了一百六十匹骏马，准备一起赠送给鲁国国君。齐国将这些舞女、骏马停列在了鲁国都城南面的高门外。季桓子换上便服前去观看，看了多次，准备接受下来，就谎告鲁君说要到各处去巡游考察。随后季桓子就整天观赏齐国送的这些舞女、骏马，对政事则漠不关心，怠于处理。当时子路就劝孔子离开鲁国，但孔子认为时机还没到。季桓子接受了舞女之后，君臣上下荒淫无度，甚至一连三日不理朝政，郊礼之后也没有分送祭祀余下的熟肉。孔子见鲁国道之不存，无奈才离国而去。

另外，孔子的弟子冉求是季氏的家臣，季氏无道，而冉求还为彼孜孜营求，所以孔子对弟子们说："非吾徒也。小子鸣鼓而攻之可也"（《论语·先进》）。《中论·爵禄》中有："位也者，立德之机也；势也者，行义之杼也。圣人蹈机握杼，织成天地之化，使万物顺焉，人伦正焉。"职位就像是建立仁德的织布机；权势就好像是施行道义的梭子。圣人脚踏织机、手握梭子，从而编织成天地间的仁德教化的风气，使天地间的万物顺利生长，人们都能敦行伦理道德，和谐相处。也就是说位与势都是行道的工具，没有此位与势，要想行道就像织布而没有机器一样，则难上加难。孔子曾讲"名不正，则言不顺；言不顺，则事不成；事不成，则礼乐不兴；礼乐不兴，则刑罚不中；刑罚不中，则民无所措手足"（《论语·子路》）。名正言才顺，名不正，没有君臣之名而强为君臣，没有父子之名而强为父子，虽发号施令，也难以令人信服。所以要想兴礼乐，必须有名分、有位、有势才行。位与势是行道之器，而非教育与为学之目的。

那如何求位与势呢？在《论语·为政》篇孔子说过"君子不器"，即君子不能以某一种器皿自限，能行此，而不能行彼。君子大可以经纶治国之大业，小也可以理钱谷甲兵之小事，只要有利于民，就可以守常而达变，无往而不宜。如孔子虽有经纶天下之大志,但也曾做过管理仓库与畜牧的工作。当然,理虽如此,毕竟人与人的天赋不同,资质有异,所以每个人从事职业,就有各自的优势,孔子针对每一个学生发表自己的看法。《论语·公冶长》有:

> 孟武伯问:"子路仁乎?"子曰:"不知也。"又问。子曰:"由也,千乘之国,可使治其赋也,不知其仁也。""求也何如?"子曰:"求也,千室之邑,百乘之家,可使为之宰也,不知其仁也。""赤也何如?"子曰:"赤也,束带立于朝,可使与宾客言也,不知其仁也。"

孔子不言子路、冉求、子贡之仁,但却知其材。子路以勇称,好勇而果断,即使是千乘的大国,使其管理兵赋之事,必能训率倡勇,治之有方。冉求多才,即便千家的大邑,百乘的大家,如让其做邑长,必然能修政于其邑,使人民安居乐业,若任其作家臣,必然也能展其才于家,使各项事务治之有节有理。子贡以言行著称,懂礼知进退,如若使之立于朝堂之上,迎接四方宾客,必然能通两国之情,达主宾之意,进退有度,不会失礼。所以教育也要因材施教,因材而用,要人尽其材,材尽其用。

当然,这种情况都是要在"邦有道"情况下实现,如果"邦无道"则又当别论。孔子在《论语·泰伯》中言:

> 笃信好学,守死善道。危邦不人,乱邦不居。天下有道则见,无道则隐。邦有道,贫且贱焉,耻也。邦无道,富且贵焉,耻也。

儒家虽注重入世,讲究仕途经济学问,但最终却以道为目的。君子处世,即贵有可用之材,也贵其有能守之节。若国有道,有明君治世,贤臣则不可隐于世,应当辅佐君主共同治理国家;如邦无道,圣君不出,贤臣即使出之任职,也不能施展才华,倒不如归而隐居。所以《孟子·尽心上》:"穷则独善其身,达则兼善天下"。孔子晚年,治国、平天下之志不遂,所以才退而删诗书、定礼乐。虽则孔子当时看似是独善其身,然而却成就了中华几千年的文化大业。

三、解惑

为学的目的就是要解除心中疑惑，由学以达智，那么解惑自然是教育的目的之一。《论语》整部经典每一句都是对弟子的解惑。我们可以先看几则孔子解惑的例子。

一则是在《论语·颜渊》中，子张问崇德辨惑。子曰："主忠信，徙义，崇德也。爱之欲其生，恶之欲其死。既欲其生，又欲其死，是惑也。'诚不以富，亦祇以异'。"子张问孔子如何提高自己的道德修养，又如何辨别迷惑？孔子告诉子张崇德要"主忠信，徙义。"主忠信是忠信存于我心，若不以忠信为主，只争在外之事业功名，则离德已远，不能谓崇德也。徙义是"闻义，徙己义以从之，犹迁善也"①。即见之当为之事，勇力为之；不当为之事则努力改之，如此则事事自然合宜。崇德是立本，徙义则日新，如此则为崇德之方。那如何辨惑呢？人之惑大多源于自己的爱恶之情。爱之，则要其生，恶之，则要其死，全不问事理如何，完全溺于自己的爱恶之私欲，此不是惑吗？

《论语·颜渊》中还有一次，也是子张问崇德、辨惑的事情："樊迟从游于舞雩之下，曰：'敢问崇德，修慝，辨惑。'子曰：'善哉问！先事后得，非崇德与？攻其恶，无攻人之恶，非修慝与？一朝之忿，忘其身，以及其亲，非惑与？'"在此问中，孔子先给予他的提问以赞叹，进而解释。德是行道有得于心，若做事只着重于得失，则私欲已萌于心，明德已失，所以做事要先攻事之难为者，后效验其得失，使心志专一，那么明德之本善则日渐而明，此正是谓崇德矣。慝是恶念藏于心，所以修慝要在修己之过失上下功夫，不可存他人之恶。而惑者，莫过于不能忍一时之小忿，而与人争斗，以至于丧亡其身，殃及父母，从而亏体辱亲。由小忿而引起大祸，这不是最大的迷惑吗？

从上两则事例，可以看出迷惑大多出于个人之情绪私欲，要想解除迷惑，就要克制自己的情绪，以理智行事。所以儒家强调忍的功夫。孔子言"小不忍，则乱大谋。"《鹤林玉露·忍事》中有："大智大勇，必能忍小耻小忿。"即想有智，则必须要忍一时之愤怒，使自己的心不为情绪所统摄，能控制情绪，才能掌握未来。

---

① 钱穆.论语新解[M].成都：巴蜀书社,1985:293.

孔子对弟子解惑,除这些之外,还表现在因人因事而利导。如同是问仁、问孝、问君子、问礼,孔子给出的答案都不同。无论孝与仁其体是一,但是实现的方式和方法却因人而异。每个人具体情况不同,性格特征不同,具体方法自然也就不同。如《论语·先进》有:

> 子路问:"闻斯行诸?"子曰:"有父兄在,如之何其闻斯行之?"冉有问:"闻斯行诸?"子曰:"闻斯行之。"公西华曰:"由也问'闻斯行诸',子曰:'有父兄在',求也问'闻斯行诸',子曰:'闻斯行之'。赤也惑,敢问。"子曰:"求也退,故进之;由也兼人,故退之。"

儒家学说贵知行合一,于是子路发问:"听到一种道理,是不是就应该果断实行?"孔子说:"闻道固然应当勇为,然而父兄均在,则不可以自专,应该先咨询父兄,然后再行。"后来,冉有又问了同样一个问题,孔子的回答却是:"学莫贵于力行,若见不为,则无勇矣,所以闻道即行。"于是公西华就迷惑了,同是问一个问题,孔子却有两个截然不同的答案,为什么呢? 孔子解释说:"人之材质不同,教人应因材而教之。子路过于刚强,勇猛过度,做事容易冲撞,所以告之有父兄在,使之安分守礼,从而不陷于妄动之失。冉有则优柔寡断,凡事好畏缩不前,所以孔子告之闻斯行之,使他勇往直前,从而不陷于怯弱之失。"《洪范》有:"沉潜刚克,高明柔克。"沉潜则治之以刚,即所谓退而进之;高明则治之以柔,即所谓兼人而退之。圣人解惑,从不固执一端,而是要通权达变,因势利导。

第四节　子以四教:文行忠信

孔子一生注重教育,那孔子教育的主要内容是什么呢?《论语·述而》中有:"子以四教,文行忠信。"即孔子对弟子要加强四方面的教育:文、行、忠、信。

一、文

什么是文呢?《说文解字》有:"文,错画也。象交文。凡文之属皆从文。"即文是一种表示某种含义的符号。到了先秦时期,文的内容不断扩大,扩展到了文学、文章、礼乐制度、鼓乐等等。在《论语》一书中，"文"的含义也是多方面呈现。其含义主要有以下几方面：

一是指《诗》《书》《礼》《乐》等这些文化典籍。如《论语·学而》的"行有余力，则以学文。"《论语·雍也》："君子博学于文，约之以礼，亦可以弗畔矣夫！"何晏《集解》引马融说："文者，古之遗文。"①朱熹解释的更为详细："文谓《诗》《书》六艺之文。"②

二是指与质相对应的文，质是本质，文是文采。如《论语·雍也》："质胜文则野，文胜质则史。文质彬彬，然后君子。"《论语·子张》："小人之过也必文。"为人既要有质，也要有文。质多于文，则如野人，即像没有文化的乡下人，言行不加修饰，朴素有余，文采不足；文多于质，则专尚文采，外虽可观，而中无实意，则显得虚伪浮华。唯有内含忠信诚挚之心，外有威仪文辞之饰，文质彬彬，本末相当，才可称得上君子。

三是指文学或文章。如《论语·先进》："德行：颜渊、闵子骞、冉伯牛、仲弓。言语：宰我、子贡。政事：冉有、季路。文学：子游、子夏。"《论语·公冶长》有："夫子之文章，可得而闻也；夫子之言性与天道，不可得而闻也。"

四是指谥法中的"文"。《论语·公冶长》中子贡问曰："孔文子何以谓之'文'也？"子曰："敏而好学，不耻下问，是以谓之'文'也。"邢昺引《谥法》云："劝学好问曰文。"③孔文子爵位虽显，但勤学而好问，所以其谥为"文"。

五是专指尧、舜、禹、汤、文、武、周公所推崇的文化传统。《论语·子罕》：子畏于匡，曰："文王既没，文不在兹乎？天之将丧斯文也，后死者不得与于斯文也；天之未丧斯文也，匡人其如予何？"

六是作动词，表修饰或陶冶性情。《论语·宪问》子路问成人。子曰："若臧武仲之知，公绰之不欲，卞庄子之勇，冉求之艺，文之以礼乐，亦可以为成人矣。"

此几处关于"文"的含义，或许有交叉、有重叠，但总体来看，"文"的含义已经很丰富，不仅仅指文学、文章或经史子集，它还包括了礼乐等制度、文化方面的内容。"文行忠信"中的"文"，《论语正义》释："'文'谓《诗》《书》、礼、乐，凡博

①　刘宝楠.论语正义[M].北京:中华书局,1990:18.
②　朱熹.四书章句集注[M].北京:中华书局,1983:49.
③　刘宝楠.论语正义[M].北京:中华书局,1990:188.

学、审问、慎思、明辨,皆文之教也。"①即孔子教学的四科之中,第一科就是文。因为天下义理至深至奥,均藏于《诗》《书》等六艺之中,如不讲明,则学生便不可得而闻之。由此可见,文的目的就是使"道"得以显现,即"文以载道"。另外,我们经常讲"文化"二字,其实这二字的含义就是要"以文化人"。"化"字,《说文解字》释为"教行",即人们通过对"文"的学习,以达到受教育的目的,从而变化气质、改过迁善,提升自身的道德素养。

第一次提出"文以载道"的是宋人周敦颐,他在《通书·文辞》中说:"文所以载道也。"此处以车子喻文,以车所载之物喻道,文的作用就是承道、载道。在他之前,唐朝的柳宗元也提出"文以明道"之说。其在《报崔黯秀才论为文书》中说:"然圣人之言,期以明道"。他在《答韦中立论师道书》中又说"始吾幼且少,为文章以辞为工。及长,乃知文者以明道"。即文的目的是为了让我们明白某种道理,而不是为了写得漂亮而专注于文辞修饰,如果过于注重外在的文采,则是文过于质,从而流于浮华不实之风。浮华一起,则道就会名存而实亡。章学诚曾就此说过:"文,虚器也;道,实指也。文欲其工,犹弓矢欲其良也。弓矢可以御寇,亦可以为寇,非关弓矢之良与不良也。文可以明道,亦可以叛道,非关文之工与不工也"(《文史通义·言公》)。即文是虚的,道是实的,文的作用是显道。如果舍本逐末,只在文上下功夫,就相当于让弓箭变得善良一样。弓没有好与坏,可以御寇,也可以为寇,要看用弓之人。文也与弓一样没有善与恶,要看文所载之道的善与恶。

中国的经史子集,每一部经典可以说都是载道之器。以《易经》为例,该书用一阴一阳两爻组合成八八六十四卦,其主旨就是要上观天文,下察地理,中审人伦风化,并总结其中的变化之道以示人,从而使人能趋吉避凶。《尚书》就是一部治国宝典,向我们传递治国的盛衰之道。人人耳熟能详的"满招损,谦受益"就出现在《尚书·大禹谟》之中。骄满就会给自己招来损失,谦虚便会让自己受益,这是一个自然界不变的法则。另外《尚书·汤诰》还有:"天道福善祸淫","淫"就是骄奢淫逸的"淫",原意是过分与放纵而不知止。天对一切人都是公平的,没有厚此薄彼,但天自然会给善良的人带来幸福,而给欲望过度膨胀的人带来灾祸。

---

① 刘宝楠.论语正义[M].北京:中华书局,1990:274.

《春秋》就是一部导名分的书,名不正,则言不顺。礼不可僭,德不可失。"国之兴也,视民如伤,是其福也;其亡也,以民为土芥,是其祸也"(《左传·哀公元年》)。这是国家兴盛不可违反的常道。把百姓视为自己的伤口而细心呵护、关爱,这是国家的福祉所在。国家之所以灭亡,就是因为把百姓看成像泥土、小草一样的微贱而随意践踏,因而招致灾祸。所以马一浮赞:"圣人往矣!其道则寓于六艺,不尝息灭也。"①孔子教学生以"文",正是传此斯文也。

二、行

儒家求学问的目的是为变化气质、增强自身的道德修养,所以必然注重实行。儒家思想很少抽象地谈问题,即便谈论"道"这一形而上的概念,也必然从日常生活入手,讲的是"下学而上达",即通过日常生活中的道德伦理的实践,以达形而上之道。儒家求学问的次序,就是从格物、致知、诚意、正心开始,一步步上达,最终止于至善。在这一上达过程中,学与行是并行的。学的目的是明理,不明理就不能有效指导行;行就是把所学运用于生活,用道德伦理真正指导自己的一言一行。只学不行则理就不能发挥作用,所学也只是徒有其表,徒然增长自己的浮华而已;只行不学,行就失去了正确方向的引导,人只会按照自己的想法、看法办事,价值观有了偏颇可能也不知道。所以儒家思想一向强调"知行合一""言行一致"。

另外,从道和德的构字方式来看,道和德都强调要实行。道,从辵从首。段玉裁注:"道人所行也。故从辵。""首者,行所达也。"也就是说"道"是用来行的,学问的主旨是明道,但是明白的道理必须要落实在生活中。再来看"德",德有一重要部首即"彳",古义表示行走,《说文解字》释为:"小步也"。所以德之含义,更重要的要表现在行动上。"德"字还有一类常见的文字由"直"与"心"组成,即古"悳"。此类文字可见战国时期的命瓜君壶和中山王鼎。关于"悳"字,在《说文》里被解释为"得":"外得于人,内得于己也。"段玉裁注:"内得于己,谓身心所自得也。外得于人,谓惠泽使人得之也。"内得于己,就是自己在行道过程中有所得;外得于人就是帮助别人遵守伦理道德而有所得。可见,儒家的道德伦理思想

① 马一浮.马一浮新儒学论著集要[M].北京:中国广播电视大学出版社,1995:30.

不是用来说的,而是用来做的。

孔子在《论语·学而》中说:"弟子,入则孝,出则弟,谨而信,泛爱众,而亲仁。行有余力,则以学文。"在这里把学文放到了最后,其含义并不是说,把前面的孝、悌、谨、信、爱众、亲仁做完全了再来学文,而是指做这些事情比学文更重要。《礼记·学记》有:"记问之学,不足以为人师。"掌握一些记诵的学问,而不用来实行,只是增加了自己的知识,并不能提高自己的道德修养,单凭这些,是不可以为人师的。《礼记·中庸》有:"博学之,审问之,慎思之,明辨之,笃行之。"此笃行列于学、问、思、辨之后,非谓行不重要,实则是因为笃行乃进德之枢机。经过学、问、思、辨,虽对天下之义理已经明白通达,无有疑惑,但如不见之于行,或者行不能有恒,则平生之所学只不过空有其表,所以必须解行相应、言行一致,才算有真学问。鉴于笃行之重要,马一浮先生在《学规》中明言:"笃行为进德之要者",并明言:"《洪范》五事,《论语》九思、四勿、三贵,并属于行。"①另朱子论知行时,也明确说道:"只有两件事:理会,践行。"(《朱子语类·卷九》)由此可见,行对于成德的重要性。

学与行如车之两轮,鸟之双翼,人之为学,二者是缺一不可。故此,言行一致也成为君子人格的一个主要表征。《论语·为政》中,子贡问孔子:"什么样才算是一个君子呢?"孔子答:"先行其言而后从之。"一般人是言常有余,而行常不足。若未做就先说,则言行就会常常不一致,这样如何称得上是一个君子呢? 具有君子人格的人,凡事必先实践,如孝、悌、忠、信等,凡是口所欲言的,必件件躬身实行。行常于言前,言常于行后,如此可逐渐笃行成为君子。所以《论语·里仁》有:"君子欲讷于言而敏于行。"因为君子常恐行跟不上言,所以言语自然谨慎收敛,讷讷似迟钝一般。非谓不当言的不敢言,即便是当言的也会三思而后言,以免有失言之过。然而君子于行,凡是敦行道德伦理等事,自然奋发勇往,不敢稍有怠缓。子路是这方面的一个典范。《论语·公冶长》有:"子路有闻,未之能行,唯恐有闻。"人贵闻善,但闻而不行,与不闻同;行而不果,与不行同。子路为人,勇敢果断,闻一善言,必会即刻而行,如若未行,心就会惕惕然而不安,只恐又有所闻,而前日所闻则滞然而不得行。由此可见子路力行之精神,也正因为如此,

---

① 马一浮.复性书院讲录[M].南京:江苏教育出版社,2005:16-17.

孔子称赞"子路无宿诺"。子路平时为人，最讲信用，若受人之托，已经答应别人的事，必然急于兑现，从没有迟留经过一宿而不行的。

言行一致是君子美德，所以在《论语》中，孔子更是多次教导弟子要言行一致，如"古者言之不出，耻躬之不逮也"（《论语·里仁》）。又说："君子耻其言而过其行"（《论语·宪问》）。即指君子注重实行，切忌空谈，如果喜欢高谈阔论，肆意大言，又不能加以实行，则不过是便佞小人而已，故君子最为耻之。《论语·颜渊》有这样一段话：

> 子张问："士何如斯可谓之达矣？"子曰："何哉，尔所谓达者？"子张对曰："在邦必闻，在家必闻。"子曰："是闻也，非达也。夫达也者，质直而好义，察言而观色，虑以下人。在邦必达，在家必达。夫闻也者，色取仁而行违，居之不疑。在邦必闻，在家必闻。"

有一次子张问孔子："一个士人怎么样才叫作通达呢？"孔子知子张不识"达"之意，故而反问他："那你认为怎么样才算通达呢？"子张于是发表了自己的看法，人一般都是因为名誉和声望没有彰显，所以处事才会有障碍。他认为通达之人，必然是名望传播于乡里与邦国之间，人人皆知。孔子听罢说，那只是有闻名，而不是通达。闻与达，看似相似而实质不同。所谓达，并非有心求于人知，秉性正直而无丝毫伪饰，喜礼好义，恭以待人，做事必按其当行之道，而无自私掺于其中，虽能如此行善积德，但犹不放肆，能察言而观色，懂得谦虚退让，谨言慎行。能如此行事，自然能赢得别人的爱敬，无往而不顺，无往而不利。在其邦国，能上得乎君，下得乎民；在其家乡，则父兄安之，宗族悦之，如此之人，真可谓达者。而所谓的闻者，是心内无仁，但却能矫情饰貌，装出个君子模样。如若考察其实行，却与仁道相背，但由于其善于伪装，在邦国与家乡都能闻其名，所以称为"闻"。言行不一致，言过其行，君子都耻之，何况作伪之事，事久必然败露，闻者与达者，表面相似，实质却已经差别几万里了，识人、用人、交人都不可不慎。故此，中国很多经典对言行不一致，有很多的批判，所以孔子也说"巧言令色鲜矣仁。"

总之，一个人成就其德行，不能离开行，曾子之三省，颜回之四勿都是从行入手，一切学术，一切学问都要并归于行，没有行一切都是画饼充饥，望梅止渴。

三、忠

忠是孔子教育四科中的第三科。《论语》多次提到忠,曾子的三省,其一就是与人忠与不忠,并且还有人把"忠恕"作为孔子的一以贯之的道,可见忠在儒家教化中的地位。也正是这一思想的教导下,中国出现了一批批的忠臣良将。范仲淹的"先天下之忧而忧,后天下之乐而乐",文天祥的"人生自古谁无死,留取丹心照汗青",林则徐的"苟利国家生死矣,岂因祸福趋避之"激励了一代代的中华儿女前赴后继,用血与汗凝聚成了一道坚固的爱国主义的长城。那孔子从哪几方面教导弟子要忠呢?

首先是做人做事要忠,要尽心尽力去做,不可有丝毫疏忽、怠慢。如"主忠信,无友不如己者。过则勿惮改"(《论语·学而》)。"主忠信,徙义,崇德也"(《论语·颜渊》)。"居之无倦,行之以忠"(《论语·颜渊》)。"吾日三省吾身:为人谋而不忠乎?与朋友交而不信乎?传不习乎"(《论语·学而》)?忠就是发自内心的一种敬意,一种责任感,所以忠也就不仅仅体现在忠君,他还体现在忠于天、忠于国、忠于礼、忠于友等各方面。如孔子生病,子路请祷,使门人为臣,孔子知道后,批评子路说:"吾谁欺,欺天乎"(《论语·子罕》)?还有孔子讲过:"君子有三畏:畏天命,畏大人,畏圣人之言。小人不知天命而不畏也,狎大人,侮圣人之言"(《论语·季氏》)。畏,也是忠的一种体现。《论语正义》释:"天命,兼德命、禄命言。"①孟子说"修其天爵,而人爵从之"(《孟子·告子上》)。古人修的是天爵,而人爵自然也就来了。仁、义、忠、信,这些道德原则就是天爵,公卿大夫这些禄位就是人爵。仁、义、忠、信,这些天爵实质就是天理的显现,君子求禄位与小人不同,君子的心从来不在禄位上,而在天理上,一举手一投足,唯恐自己德有未至,不能成己成物,而有负于天,所以畏天命。所谓大人者,郑注:"大人,谓天子诸侯为政者也。"②君子畏为政者,并非因其权位的崇高,而是身在其位,就要谋其位之政。君在君位,就要为全天人的安乐负责;臣在臣位必然要进退以礼,匡谏以正,不能有丝毫疏忽,即"我非尧、舜之道,非敢以陈于王前也"(《孟子·公孙丑下》)。此之真谓"畏大人"。何谓圣人?《繁露郊语篇》云:"天地神明之心,

① 刘宝楠.论语正义[M].北京:中华书局,1990:661.
② 刘宝楠.论语正义[M].北京:中华书局,1990:662.

与人事成败之真，固莫之能见也，惟圣人能见之。圣人者，见人之所不见者也，故圣人之言亦可畏也。"①君子畏天命、畏大人、畏圣人，正是体现了君子对人对事的谨慎与忠诚。所以君子有三畏，小人则无。小人不以修身为务，专慕虚名，做事没有恭敬之心存于内，自然也就没有忠厚之行现于外，所以有不畏天、狎大人、侮圣人之言行。

其次，忠还表现在劝人为善，即劝谏。《论语·宪问》有"爱之，能勿劳乎？忠焉，能勿诲乎？"父母之爱子，是天下通理。但父母爱子要爱之以道，如若认为姑息纵容是爱，见子有恶习，不令其改而娇之惯之，最终必然会纵其为恶以取祸。人臣事君也是同理，忠臣事君，必尽心竭力，见君有过，自然不能视而不见。如只求自保，以顺君为忠者，必然是谄媚小人。《孝经·事君章》有："君子之事上也，进思尽忠，退思补过，将顺其美，匡救其恶，故上下能相亲也。"即君子事奉国君，在朝为官时，要尽忠职守且认真负责，为天下人谋福利；退朝居家时，要内省己过，增进道德学问，以便利益大众。如果国君有美德善行的事，以忠事君者一定顺从、推广；如果国君有过恶，一定帮助他匡正、补救，如此君臣上下必能同心同德、相亲相爱。

孔子的弟子冉有为季氏家臣。季氏上欺君，下诈民，冉有不能尽臣之责而行劝谏之道。有一次季氏当时想出兵征讨颛臾，冉有和子路心有不安而见孔子，孔子批评他们二人。当时冉有为自己辩解说，这是季氏的主意，并非他们二人的主张。孔子严厉批评冉有："求！周任有言曰：'陈力就列，不能者止。'危而不持，颠而不扶，则将焉用彼相矣？且尔言过矣。虎兕出于柙，龟玉毁于椟中，是谁之过与"（《论语·季氏》)？就是说，臣子如能尽力做好自己的本分事，则可就其位；若做不好，君主有了过错不能匡救使其改正，便可离职而去。譬如瞽目之人，全赖相助者之扶持，从而能免于危险，假如有危险而不止，跌倒了又不能扶，还用他相辅助吗？再来老虎、犀牛从笼子里跑出来，龟甲、玉器在匣子里坏掉了，这又是谁的责任呢？可见，儒家的忠不是愚忠，其忠也不是忠于君主某一个人，而是忠于国、忠于道。君主有过，为人臣者必须要谏之以道，否则就不是真忠。

再来忠是相互的，君仁臣才忠。很长时间以来，人们都认为儒家讲的是"愚

① 刘宝楠.论语正义[M].北京：中华书局，1990：663.

忠、愚孝",实际上这是对忠、孝思想的误解,儒家讲忠,绝对不是忠于某一个人,更不是一味地忠,而是要审时度势,忠的是道、是理。《论语·八佾》有:"君使臣,臣事君,如之何?"孔子对曰:"君使臣以礼,臣事君以忠。"为人君者,位尊临卑,很容易流于简慢,若简慢一起,敬心便失,贤人则易去。所以人君对于臣子要使之以礼,要用一颗恭敬心待臣下。如此,则臣必视君为腹心,恪尽职守,尽心而辅佐。《群书治要·汉书》有:

> 文王好仁,故仁兴;得士而敬之,则士用,用之有礼义。故不致其爱敬,则不能尽其心,则不能尽其力,则不能成其功。故古之贤君于其臣也,尊其爵禄而亲之;疾则临视之无数,死则吊哭之,为之服锡衰,而三临其丧;未敛不饮酒食肉,未葬不举乐,当宗庙之祭而死,为之废乐。故古之君人者于其臣也,可谓尽礼矣;故臣下莫敢不竭力尽死,以报其上。

周朝有八百年的国运不是偶然现象,文王喜好仁德,所以才有仁政;能够以礼待士,所以才得士而用。君视臣以礼,臣才能事君之忠,这是世之常道。君不仁而望臣忠,则是缘木求鱼,无有之事。

四、信

信,《说文解字》:"信,诚也。从人从言,会意。"信是一个会意字,从人,从言,即指人说出来的话一定是守信的。《曲礼》有:"鹦鹉能言,不离飞鸟。猩猩能言,不离走兽。"动物都有自己的语言,但人与动物不同,人说出来的话守信,所以言而有信,是人之为人最基本的标准。

《论语·为政》有:"人而无信,不知其可也。大车无輗,小车无軏,其何以行之哉?"大车,是平地载物的车。輗是辕前的横木,用以驾牛。小车是兵车、乘车之类,軏是辕前的曲木,用以驾马。立心诚实,是万事的根本。人必有信而后可行,这就如同车必有輗、軏,而后可行也。若大车无輗,便无以驾牛;小车无軏,便无以驾马。轮辕虽具备,但车一步也动不得。人言而无信,就如同车无輗、軏一般,在家不可行于家,在国不可行于国,往而无不阻。所以当子张问孔子,怎么做才能在哪都能行得通呢?孔子回答说:"言忠信,行笃敬,虽蛮貊之邦,行矣。言不忠信,行不笃敬,虽州里行乎哉"(《论语·卫灵公》)? 至诚乃能感通,君子求学,凡事应求诸己。如所言皆出于忠诚,言而有信,所言绝无虚伪荒诞之辞,所行绝无肆意妄为之事,那么自然人见者敬,人闻者慕,所往而无不通。假如言不忠信,所言皆是虚妄之词;行不笃敬,所行皆是饰貌以相与,人们见之自然恶之,闻之自然远之,虽在家乡故里,也会遇到重重阻挠,何况远行他国呢? 可见,言而有信是我们处世的基石。言而有信,可以通行天下而无阻;言而无信,方圆之里行不通。正因为如此,曾子每日三省之一就是"与朋友交而不信乎?"

信,不仅一个人立身处事的基础,也是一个国家建功立业的基本保证。《论语·颜渊》有这样一则事例:

> 子贡问政。子曰:"足食,足兵,民信之矣。"子贡曰:"必不得已而去,于斯三者何先?"曰:"去兵。"子贡曰:"必不得已而去,于斯二者何先?"曰:"去食。自古皆有死,民无信不立。"

子贡向孔子寻问为政的道理,孔子回答说,为政的关键,一定要依民生最关切要的事情而做。民以食为天,粮食是百姓赖以生存的基础,如粮食短缺,百姓的生活得不到保障,那么社会安定的基石也就不复存在,所以为政第一件事,就是让老百姓富起来。再来,兵者是防卫人民安全的,如果兵不足,百姓的安稳就受到威胁,所以还要强化军队建设。然而米粟虽多,兵坚虽利,如果没有取信于民,民心离散,政治也得不到稳定,所以为政关键在于取信于民。所以食、兵、信三者之中,最先去兵。因为食足而民亲于上,即便无兵,百姓也可固守之。食与信二者如不得已而去,则去食。概民无食即死,然而自古之人都有死。死,是人所不能避免的。然而信却是人本心之德,如若无信,人与人之间相互欺诈,则无异于禽兽矣。所以为人君者,宁死不可失信于民,民亦宁死不失信于君矣。信,乃人君之大宝,政教号令一出,要信如四时,不可朝令夕改,然后民可顺从,而天下大治。

另《论语·子张》有:"君子信而后劳其民,未信则以为厉己也。信而后谏,未信则以为谤己也。"君子事上使下,必以诚为本。如劳民动众的事,本来就不是民众所乐意作的,必须平日爱民之意至诚恳切,取得百姓的信任,百姓才能乐为。

如果未取信于民,而使民用民,事虽可能成就,但民心不悦,必然会被疑为是虐待人民。谏君也是如此,谏诤乃违拂君之言,非君之所爱听者,必然是平日爱君敬君之意恳切,取得君主的信任,见君有过,出于挚诚不得已才谏君,君主亦体谅其心出于忠爱,此时劝谏才有效果。否则,臣虽有忠心,也会落得个诽谤的名声。

可见君子要想有为于天下,必须先取得信任,那如何取得信任呢?《中论·贵验》引孔子言:"欲人之信己也,则微言而笃行之。笃行之;则用日久;用日久,则事著明;事著明,则有目者莫不见也,有耳者莫不闻也,其可诬哉?"即想让别人信任自己,就应当少说而切实履行;真正落实去做,效果就能持久;成效日益长久,事理就更能彰显;理事都明白,那么大家有目共睹,有耳皆闻,谁还能歪曲事实真相呢?所以孟子说:"以佚道使民,虽劳不怨;以生道杀民,虽死不怨杀者"(《孟子·尽心上》)。即从谋求百姓安定的出发点使用民力,百姓纵然劳苦也不会怨恨;以保障百姓生存的出发点处死有罪的人,罪人虽被处死也不怨恨杀他的人。

文、行、忠、信四者,文主明理,行主实践,忠主内心之诚,信主行之效果。四者知行合一,内外互摄,所以能行四教,则可近道矣。皇疏引李充曰:"其典籍辞义谓之文,孝悌恭睦谓之行,为人臣则忠,与朋友交则信,此四者教之所先也。故以文发其蒙,行以积其德,忠以立其节,信以全其终也。"[1]

除了四教以外,在《论语·先进》中,孔子还提到了四科:德行、言语、政事、文学。四教以文为先,自博而约;四科以文为后,自本而末。所以无论四教还是四科,其名不同,其理为一,都可统摄孔子的教化之道。

---

① 程树德.论语集释[M].北京:中华书局,2016:627.

《论语》大义之七：忠恕

《论语·里仁》：“子曰：'参乎！吾道一以贯之。'曾子曰：'唯。'子出，门人问曰：'何谓也？'曾子曰：'夫子之道，忠恕而已。'”即曾子将孔子的一贯之道定为忠恕。“一以贯之”即万世皆可用的常道，是可以依之修身的常则。朱熹接着又发挥“忠恕”二字的意义说：“夫子之一理浑然而泛应曲当，譬则天地之至诚无息，而万物各得其所也。”①天下事物千变万化，但总有道理；天下河流千条万脉，但总有源泉；天下树木千枝万叶，但总有根本。这一理、这一源、这一根，就是忠恕。

第一节　忠：尽己、求己、成己

“忠”是中华民族的优良传统，在这一精神的指引下，中国历史上曾涌现出无数的忠臣义士，比干谏而死，介之推宁死不言禄，诸葛亮鞠躬尽瘁以报国。这些故事数之不尽，讲之不完，他们为大家舍小家，前赴后继，谱写了中国历史上最壮丽的篇章。那什么是“忠”？“忠”为什么可以与“恕”称为一贯之道呢？

一、尽己之谓忠

《论语》共有 18 次谈到“忠”，如“为人谋而不忠乎”（《学而》）？“臣事君以忠”（《八佾》）。“夫子之道，忠恕而已矣”（《里仁》）。“居之无倦，行之以忠”（《颜渊》）。“居处恭，执事敬，与人忠”（《子路》）。“言思忠”（《季氏》）。从上

---

① 朱熹.四书章句集注[M].北京:中华书局,1983:72.

述可以看出,孔子所谓的"忠"并不单指忠于君,它还包括对人、对事的忠。"忠"所体现为一种尽心尽力做事的态度,侧重于诚心待人。朱熹《论语集注》云:"中心为忠""尽己之谓忠"。① 刘宝楠《论语正义》引《荀子·礼论》注:"忠,诚也……诚心以为人谋谓之忠。"②把这种诚意正心的态度应用到生活中,就形成了方方面面的忠。对朋友讲信用,讲情义,就是对友忠;对单位领导交办的事情认认真真去做,就是对君忠;对自己分内的事情,一丝不苟,认真负责就是对事忠。《礼记·礼器》有:"丧礼,忠之至也。"为人子要能够尽心奉养父母,而且在父母去世的时候,都能符合礼制办好父母的丧礼,这也是忠。父母临终之际,是为人子这一生孝养父母最后的终点,所以要尽忠心追念,所以称为"忠之至"。而这种做事尽心尽力,一丝不苟的态度实际上就是敬,所以"忠主敬"。

(一)忠主敬

《说文解字》:"忠,敬也。从心,中声。"忠是形声字,心是形旁,中是声旁。忠,从心,即是发自内心的诚心诚意去做事,所以忠主敬。段玉裁注曰:"敬者,肃也。未有尽心而不敬者。"即尽心做事,不能不敬。一有懈怠,必然流于疏忽,也就不能称之为尽心做事,恭敬之心也自然丢失。但也有些人反对这种解释,因为在字形上忠与敬完全不同。但这从字义上却说得通,唯有一心对人、对事保存敬畏的态度,才能去除内心之私欲,使其心为忠。

人尽心尽力做事,心里只有一个目标就是如何把事做好,故其心自然主诚主敬,而不会放肆怠慢。敬是儒家为学的一个最基本的态度。凡"敬"字在《论语》中就出现了 21 次之多,可见孔子对"敬"的重视。"敬"是人之为人最基本的修养。《礼记·曲礼》开篇就言:"毋不敬,俨若思,安定辞,安民哉"。"毋不敬",就是对一切人、事、物没有不恭敬的;"俨若思",就是举止端庄稳重,像若有所思的样子;"安定辞",谈吐要安详稳定,条理分明;"安民哉",如此言谈举止之中有一种恭敬的态度,自然就能安定人民。事实上,这句话与《论语·宪问》中子路问君子时,孔子的回答相仿:

子路问君子。子曰:"修己以敬。"曰:"如斯而已乎?"曰:"修己以安

---

① 朱熹.四书章句集注[M].北京:中华书局,1983:72.
② 刘宝楠.论语正义[M].北京:中华书局,1990:10.

人。"曰："如斯而已乎？"曰："修己以安百姓。修己以安百姓，尧舜其犹病诸？"

子路问如何能成为一名君子，孔子的答案就是时时要保持一颗恭敬之心。因为人之为学，不外乎一心而已。能庄重恭敬，则心就会惕厉谨慎，不会放纵自己的言行，从而静时能存养自己的浩然之气，动时能检省自己的言行举止，使自己的德行日趋高尚，最终步入君子的行列。并且涵养修敬，不仅可以成身，而且还能安人，因为敬以存内，与人交往自然能感而遂通，外推之就能安人，推之再广就能安百姓。尧舜之所以为圣人，也是因为能推己及人。

马一浮在《复性书院讲录》的"学规"一章中，第一条提到的就是"主敬为涵养之要者"，并明确提出"敬之一字，实为入德之门"①。孟子曰："故苟得其养，无物不长；苟失其养，无物不消"（《孟子·告子上》）。任何事物，如果得到好好的养护，就能茂盛地生长；相反如果得不到雨露的润泽，就会逐渐枯槁而失去生机。人心亦然，我们也应善养自己的浩然正气，不使其梏亡。而涵养须用敬，敬则心自收敛，精神摄聚，由此则能以志帅气。

事实上，人如果一直处在一种恭敬的心态之中，其心就不忙不乱，就会得定，就会志于道而不摇。《大学》中有说："定而后能静，静而后能安，安而后能虑，虑而后能得。"意志有定，心就会静，就不会浮躁，就不会妄动；心不乱动，自然就会随遇而安；安则不忙不慌，遇事就会思考斟酌，自然能虑；虑则处事精详，事事得当，所以虑而后能得。所以敬之一字，其用甚大。

《孟子·公孙丑上》言："夫志，气之帅也；气，体之充也。夫志至焉，气次焉。故曰'持其志，无暴其气'"。何以持志，主敬而已。伊川曰："涵养须用敬"，即心果能志于道，念念不移，锲而不舍，则四肢百骸皆随之运用，则气自收敛。气敛则神聚，神聚则照用自出，智慧自然增长。人如失敬，心就会放肆、怠慢，心一怠慢，则气自发散，则理自然难明。所以马一浮说"主敬为涵养之要者"，"敬，则此心常存，义理昭著；不敬，则此心放失，私欲萌生。敬，则气之昏者可明，浊者可清。气自清明，义理自显，自心能为主宰。不敬，则昏浊之气转增上，通体染污，蔽于习

① 马一浮.复性书院讲录[M].南京:江苏教育出版社,2005:10.

俗,流于非僻,而不自知,终为小人之归而已矣"①。可见"敬"之一字,看似甚小一件事,然而其影响却深矣远矣。另《中庸》曰:

> 诗曰:"衣锦尚䌹",恶其文之著也。故君子之道,暗然而日章;小人之道,的然而日亡。君子之道,淡而不厌、简而文、温而理。知远之近,知风之自,知微之显。可与入德矣。

"衣锦尚䌹"源于《诗经·国风》,其原意是说,人穿了锦绣的衣服,外面又加一件朴素的禅衣盖着。这是为什么呢?因为锦绣之衣,文采太过于暴露,所以外加禅衣掩盖一下。此句用以比喻君子之学,专务为己,不求人知,外面虽然黯然无华,但却有实德蕴于其中,时间久了,自然彰显。小人之学,专事于人,注重外表虚饰,看似有文采,却无实德,久而自然会暴露其虚伪,所以日见消亡。君子之道,因不加外饰,看似平淡,却别有意趣;看似简略,却有文采;外虽温厚浑沦,内自有条理,井然而不乱。平时用功日深,君子者流就能由近知远,由源知流,由微知显,如此恭敬谨慎,循序渐进,就会逐步迈入圣人的境界了。

敬慎的态度,也恰好如此,平时看似过于简而温,但如一天天充实起来,一月一月提升起来,最终必会放出万丈光芒。故就如何成为一个君子,孔子言:"有君子之道四焉:其行已也恭,其事上也敬,其养民也惠,其使民也义"(《论语·公冶长》)。恭,是谦逊。敬,是谨恪。人之所以为君子,有四种方法:对己要谦逊以自居;对领导要恭敬以待上;对人民要养民以兴利,使民要合宜。如此而行,则可离君子不远矣。另外,如何成为一个仁人,孔子又曰:"居处恭,执事敬,与人忠。虽之夷狄,不可弃也"(《论语·子路》)。人之日用云为,不是闲居,就是应事,不是应事,即是接人。闲居之时,虽无接人待物之劳,人也应庄重俨然,不能有所怠慢,因为怠慢之心生,放肆之意起,则邪思便有可乘之机。人如果起而应事,则要恭敬谨慎,不能疏忽怠惰,如果与人交往,则更要忠实而不能有丝毫欺诈之意。人不仅要在安常处顺的平时如此行事,即使到了蛮陌夷狄之所,于此三者也不能有所违背。

---

① 马一浮.复性书院讲录[M].南京:江苏教育出版社,2005:9.

总之，人要时时保持内在的敬慎之貌，对人、对事，甚至对于鬼神都要敬，总之时时处处都要有一种恭敬谨慎的态度。

（二）忠者无私

心中存有敬意，自然就会无私，《广韵·冬韵》："忠，无私也。"《国语》说："除暗以应外谓之忠。"所谓"暗"，即对本性之明德起遮蔽作用的私欲与偏见等。把这些私欲与偏见去除，以一颗纯粹的无私之心做事，就是忠。

《后汉书·循吏列传》言："忠臣不私，私臣不忠，履正奉公，臣子之节。"意思是说，忠臣没有私心，有私心的臣子则不忠，履行正道、奉公行事，是做臣子的节操。忠臣必然无私，因其一心为国为人民谋福利，如其任职在于获得富贵荣禄，其心早已不中也不正，故不能称忠。举中国历史上的忠臣义士，无不具有清廉之美德。说到清廉，我们或许首先想到的就是介之推。介子推辅佐晋文公重尔，在外流浪十九年。曾有一次文公因饥饿而昏倒，介子推便把大腿的肉割下来给文公吃。后来晋文公回到晋国当国君，其他陪伴的臣子都开始邀功，唯独介子推既不争功，也不受邀，而是选择了退隐。《史记·晋世家》载：

> 文公修政，施惠百姓。赏从亡者及功臣，大者封邑，小者尊爵。……推亦不言禄，禄亦不及。推曰："献公子九人，唯君在矣。惠、怀无亲，外内弃之；天未绝晋，必将有主，主晋祀者，非君而谁？天实开之，二三子以为己力，不亦诬乎？窃人之财，犹曰是盗，况贪天之功以为己力乎？下冒其罪，上赏其奸，上下相蒙，难与处矣！"其母曰："盍亦求之，以死谁怼？"推曰："尤而效之，罪有甚焉。且出怨言，不食其禄。"母曰："亦使知之，若何？"对曰："言，身之文也；身欲隐，安用文之？文之，是求显也。"其母曰："能如此乎？与女偕隐。"至死不复见。

介子推"割股奉君""永不言禄""功成身退"的高尚品质，成为人们历代相传的佳话，其廉洁之德、谦卑之行，一直受到人们的赞叹与景仰。另《后汉书·杨震列传》中还记载了一位廉洁之士，即杨震：

> 杨震字伯起，弘农华阴人也。迁东莱太守。……道经昌邑，故所举荆州

茂才王密为昌邑令,谒见,至夜怀金十斤以遗震。震曰:"故人知君,君不知故人,何也?"密曰:"暮夜无知者。"震曰:"天知,神知,我知,子知,何谓无知!"

因此事杨震被后世称为"四知先生"。"天知、神知、我知、子知"成为杨氏家族世代相传的堂号,无形之中不知教育了多少人。关于杨震,《后汉书·杨震列传》还有:"故旧长者,或欲令为开产业。震不肯,曰:'使后世称为清白吏子孙,以此遗之,不亦厚乎?'"《三字经》言:"人遗子,金满嬴;我教子,唯一经",杨震遗留给子孙的不是金银等物质财富,而是廉洁的品质,此品质使他的儿子秉、孙子赐、曾孙彪,统统做到三公的位置。三公下来才是九卿,所以他们四代三公,都是人臣中极富贵的地位。《易经》言"积善之家,必有余庆",从杨家这个事例中,我们就可以有所领会。

还有,诸葛亮相刘备,为匡扶汉室,六出歧山,可谓鞠躬尽瘁、死而后已。《三国志·蜀志》载,诸葛亮晚年曾向后主刘禅上表:"成都有桑八百株,薄田十五顷,子弟衣食自有余饶。至于臣在外任,无别调度,随身衣食,悉仰于官。若死之日,不使内有余帛、外有赢财,以负陛下。"到诸葛亮去世之时,一切都像他所说的那样,家中确无余财。

如穷举此类的忠臣廉士,我们会永无休止,中国历史是一个忠臣辈出的历史,廉臣义士构成了中国精神文化上的万里长城,任何外来的诱惑都动摇它不得。《左传·襄公十五年》载:"宋人或得玉,献诸子罕。子罕弗受。献玉者曰:'以示玉人,玉人以为宝也,故敢献之。'子罕曰:'我以不贪为宝,尔以玉为宝,若以与我,皆丧宝也。不若人有其宝。'"宋人认为"玉"乃世间珍宝,所以想把玉献给子罕。但子罕却以"不贪"的品质为宝,所以子罕如果接受他的玉,二人是皆丧其宝。此语道出了廉士之所以廉洁的秘密,因他们都以"不贪"为宝,以自身的道德修养为宝。因其有崇高的道德追求,所以才有至高的人生品格。

《群书治要·晋书》言:"州之北界有水,名曰'贪泉'。父老云:'饮此水者,使廉士变节。'隐之始贱境,先至水所,酌而饮之,因赋诗曰:'古人云此水,一歠怀千金。试使夷齐饮,终当不易心!'"可见,能不能由廉变贪,不在于外,全在于己,如己有忠正之品质,有志道据德之志向,就不会受外界的诱惑而动摇。

（三）忠，德之正也

心中无有私心，所以行事就不会有太多想法与顾虑，所以就会直。《玉篇·心部》："忠，直也。"何谓"直"？《说文·部》："直，正见也。"《吕氏春秋·孝行》："事君不忠，非孝也。"高诱注："忠，正也。"《盐铁论·刺议》："以正辅仁谓之忠。"可见，正和直是忠的本有之义。曾子曰："夫孝，德之始也；悌，德之序也；信，德之后也；忠，德之正也"（《曾子·子思子》）。忠，从心，从中。守其中，所以得其正。正就是不偏不倚，心不偏颇。正与邪对，忠臣必然是行得正，作的端，不容丝毫邪曲于其中。《大学》讲"修身在正其心"，修身要从根本入手，而一切言行是人心的演绎，所以修身要从正心入手，心正则言行举止自然得正。正己才能化人，俗语讲"桃李不言，下自成蹊。"桃树、李树的果实很甜美，自自然然人们就会走出一条路来，来采摘这些果实。同理，"道之所在，天下归之；德之所在，天下贵之；仁之所在，天下爱之"（《说苑·谈丛》）。人真得有德行，自然能感得他人向自身学习。

《礼记·聘义》："瑕不掩瑜；瑜不掩瑕；忠也。""瑕"是玉上面的斑点，代表缺憾。"瑜"就是美玉，很光彩、很光亮的好玉。"瑕不掩瑜"，一块玉石可能有斑点的部分，也有非常光亮的部分，引申出来，就是缺点不掩盖优点，这是忠的表现。即心要正，看问题不能以偏概全，也不能有所成见。看待人、事、物，在看到其优点的同时，也要看到其缺点，要取其长补其短。看到缺点的同时，也不能忽略其优点，要辩证、全面看问题。所以《大学》讲，"好而知其恶，恶而知其美者，天下鲜矣。"人好恶心太重，就很难达到忠。所以忠要实事求是，并且看到别人的缺点，要帮他改正才对。孔子言："忠焉，能无诲乎！"即人与人相处，看到对方的缺点，不能掩盖他的缺点，应该去帮助他改正缺点，这才是忠。所以忠臣往往敢于进谏，因为其心纯是一颗公心，一颗正心、直心、为对方着想、为整个社稷着想的心。刘向的《说苑·君道》载：

> 师经鼓琴，魏文侯起舞，赋曰："使我言而无见违。"师经援琴而撞文侯，不中；中旒，溃之。文侯顾谓左右曰："为人臣而撞其君，其罪如何？"左右曰："罪当烹。"提师经下堂一等。师经曰："臣可一言而死乎？"文侯曰："可。"师经曰："昔尧舜之为君也，唯恐言而人不违；桀、纣之为君也，唯恐言而人违

之。臣撞桀、纣,非撞吾君也。"文侯曰:"释之,是寡人之过也。悬琴于城门,以为寡人符;不补旒,以为寡人戒。"

魏文侯可算春秋时一代圣君,其之所以为贤圣,因其有直臣争臣。魏文侯因位而骄,因势而纵,因无人能拂己意而欣欣然之时,师经能以力撞国君,不可不谓"正"且"直"。魏文侯见其言有理而讷谏,并悬琴于城门以自戒,量不可不谓弘,容不可不谓广。《孝经·广扬名》:"天子有争臣七人,虽无道,不失其天下;诸侯有争臣五人,虽无道,不失其国;大夫有争臣三人,虽无道,不失其家"。历史上国之所以兴,与这些正臣直臣有很大关系。"能容正臣,则上之失不害于下,而之所患上闻矣"(《傅子·通志》)。正臣能够直言进谏,不顾个人之生死,全装天下之大义,见君有失,不忍不指,所以为人君的错误就不至于贻害百姓,百姓的忧患君主也能知详听闻,于是政策才不得以偏,百姓才得以安。

纵观中国历史,自汉末以来,三国争霸,战争频繁,民不聊生。好不容易晋统一三国,迎来的又是五胡乱华,进入了"五胡十六国"时期。此段时间战争持续不断,国土也是四分五裂。至唐建国,短短几十年内,就出现了"贞观之治"的盛况,这有多方面的因素,既有客观的历史文化因素,也有主观的君臣协力的正德修业。其中最值得一提的就是正臣直臣之典范——魏徵。魏徵直言不讳,前后上谏两百多事,李世民全然接纳。魏徵进谏,大多是直言进谏,不顾及皇帝的面子,并且凡是他认为正确的意见,必定坚持到底,决不妥协。

《资治通鉴·唐纪九》曾赞魏徵的正与直:"徵状貌不逾中人,而有胆略,善回人主意,每犯颜苦谏;或逢上怒甚,徵神色不移,上亦为霁威。"魏徵貌不惊人,不过寻常人而已,但因其有忠心存于内,所以就有正气现于外,即使遇君有雷霆之怒,魏徵神色也不为之所变,反而君被其正气所感。据《旧唐书·魏徵传》记载:

太宗谓长孙无忌曰:"魏徵、王珪,昔在东宫,尽心所事,当时诚亦可恶。我能拔擢用之,以至今日,足为无愧古人。然徵每谏我不从,发言辄即不应,何也?"对曰:"臣以事有不可,所以陈论,若不从辄应,便恐此事即行。"帝曰:"但当时且应,更别陈论,岂不得耶?"徵曰:"昔舜诫群臣:'尔无面从,退有后言。'若臣面从陛下方始谏,此即'退有后言',岂是稷、契事尧、舜之意

耶?"帝大笑曰："人言魏徵举动疏慢,我但觉妩媚,适为此耳。"徵拜谢曰:
"陛下导之使言,臣所以敢谏,若陛下不受臣谏,岂敢数犯龙鳞?"

这段文字,现在看来,仍有潸然泪下之感! 对于药,人多是喜甜而恶苦;对于
言,人多是乐顺而恶逆。人臣犯颜进谏,都冒有一定的生命危险。进谏不被采
纳,魏徵还能屡谏不止,直到被采纳才罢休。魏徵有这等勇气,全是因为其存有
一颗忠心,把自家生死置之度外。"诚中于,形于外",其忠存于内,其浩然正气就
现于外。所以李世民也被其忠所感,能视魏徵貌似"疏慢"之色为"妩媚"无比。
如以魏徵为千里马,李世民则为伯乐。千里马不常有,唯伯乐能识。无魏徵,李
世民不能有"贞观之治";无李世民,魏徵之才也不得以展。所以《旧唐书·魏徵
传》曰:"夫君能尽礼,臣得竭忠,必在于内外无私,上下相信。上不信则无以使
下,下不信则无以事上。信之为义,大矣哉! 故自天祐之,吉无不利。"李世民治
唐正是由于上下齐心,君臣协力,才造就了中国历史上的难得的辉煌。
　　所以魏徵病故,李世民痛苦至极,说:"夫以铜为镜,可以正衣冠;以史为镜,
可以知兴替;以人为镜,可以知得失。魏徵没,朕亡一镜矣!"(《资治通鉴·唐纪
十二》)"镜以见玼",镜的作用就是发现自身所具有的瑕疵与缺点,进而改正,以
达到进德修业的目的。魏徵确实如君之一镜,唐朝的兴盛与其直言进谏息息相
关。另《国语·晋语》还载一典故:

　　　　叔向见司马侯之子,抚而泣之,曰:"自此其父之死,吾蔑与比而事君矣!
　　昔者此其父始之,我终之,我始之,夫子终之,无不可。"籍偃在侧,曰:"君子
　　有比乎?"叔向曰:"君子比而不别。比德以赞事,比也;引党以封己,利己而
　　忘君,别也。"

叔向和司马侯都是当时候晋国大臣,司马侯去世以后,有一次叔向见到司马
侯的儿子。见其子而思其父,不禁痛哭失声,并感言不能与其父并肩劝谏君主
了。因为当年,他二人是密切配合以达到劝谏君主的目的。籍偃也是当时候的
臣子,看到他们配合如此默契,便说了一句话,"君子有比乎?"比就是搞私党。故
叔向说了一句话"君子比而不别","比"在这里就是并肩合作把事情成就,但不

是"别",即并不是别立党派,结私党去损害国家的利益。

《论语·为政》:"君子周而不比,小人比而不周。"周,即普遍。比,即结党。君子有爱心,无私心,视人如己,视天下如一家,能亲亲而仁民。理所当爱,恩所当施的,君子皆爱之施之,所以能周而不比。小人以利为先,见有势者则附之,见有利者则趋之,专为己利而结党营私,所以是比而不周。叔向和司马侯虽也有"比",但目的是"比德以赞事",是为了相互配合成就君主的德行。故其不同于小人之比,小人之比是为了"引党以封己",透过这些群党,然后谋私利来厚自己。故君子与君子相交是道义之交,小人与人小相交是利益之交。君子谏君主也是出于一份道义、一份责任,正是由于这种责无旁贷的忠诚,成就了中国历史上的无数朝代的盛世。

二、反求诸己

忠强调尽己,即尽自己所能竭尽全力去做事,所以忠者遇到困惑或者是不能解决的问题时必然是反求诸内心的道德意识,即在自己身上找原因,而不是单纯地从外在因素找原因,或者把责任归于他人。我们通常讲的"反求诸己"即是此意。

许慎《说文解字》注:"反,覆也。"段玉裁注"从又必有覆之者。"《汉书·陈胜项籍传》曰:"使者五反。"师古注曰:"反,谓之回还也。"《广韵》:"己,身也。"《韵会》:"己,对物而言曰彼己。"《尚书·大禹谟》:"舍己从人。"《说文解字》:"己,中宫也,像万物象辟藏诎形也。"由此可知,反求诸己,直译就是遇到问题要返回本心,寻找原因。

《论语·八佾》有:"君子无所争,必也射乎! 揖让而升,下而饮,其争也君子。"《论语正义》曰:"争者,竞胜之意,民有血气,皆有争心。'君子'者,将以礼治人,而恭敬、遵节、退让以明之,故无所争也。"[1]有德行的君子,其心常平,其礼常恭,谦虚礼让,不与人争,这从古之射礼中就可见一斑。凡是为射,必有所中,也必有所失,有中多者,也有中少者。但凡是为射,射之前,要三辑三让而后升堂。既射之后,胜者要揖不胜者,并自取罚酒。其中虽有胜负之较量,但自始至

---

① 刘宝楠.论语正义[M].北京:中华书局,1990:87.

终，谦逊礼让，此之争是君子之争，而非小人的血气之争。

古代有四种射礼。一是大射，即天子、诸侯祭祀前选择参加祭祀人而举行的射祀；二是宾射，即诸侯朝见天子或诸侯之间相会时举行的射礼；三是燕射，即平时燕息之日举行的射礼；四是乡射，即地方官为荐贤举士而举行的射礼。射礼前后，常有燕饮，乡射礼也常与乡饮酒礼同时举行。射礼自始至终蕴含着谦和、恭敬、礼让等文化传统，提倡"发而不中、反求诸己"，重视人的道德自省。射礼本质上是一种教育方式，是古之先民寓德于射、寓礼于射、寓教于射的教育典范。

《射义》："射者，进退周还必中礼。内志正，外体直，然后持弓矢审固。持弓矢审固，然后可以言中，此可以观德行矣。"《正义》曰："此一经明射者之礼，言内志审正，则射能中。故见其外射，则可以观其内德，故云'可以观德行矣'。"① 另《射义》曰："射者，仁之道也。射者，求正诸己，己正而后发。发而不中，则不怨胜己者，反求诸己而已矣。"射礼体现了为仁之道，因为要想射中，必须先正其身，身正而后才发矢。矢之不中，不能怨胜己之人，只能怪自己的射艺不精。人之处世，也是如此，事行不通，不能怨憎于人，要反求诸己，在自己身上找原因。所以《中庸》曰："射有似乎君子。失诸正鹄，反求诸其身。"另外，孟子也以射喻人为仁："仁者如射，射者正己而后发，发而不中，不怨胜己者，反求诸己而已矣"（《孟子·公孙丑上》）。《孟子注疏》解释此章说："以其射者，必待先正其身，已然后而发矢射之也。盖君子以仁存心，其爱人则人当爱之，犹之正己而后发也。有人于此待我以横逆，犹之发而不中也。自反而不以责诸人，犹之不怨胜己者、反求诸己而已矣。"②

因此，根据遇事人们的不同反应，孔子给予君子和小人的划分。"君子求诸己，小人求诸人"（《论语·卫灵公》）。君子以仁心为心，凡事皆反求诸己，如爱人不得人爱，礼人不得人敬，不是徒怨其人，要反观于己。小人凡事以己出发，己不仁而求人对我亲，己不敬而责人对我敬，不见己过，只求备于人。

《孟子·离娄上》曰："爱人不亲，反其仁；治人不治，反其智；礼人不答，反其敬。行有不得者皆反求诸己，其身正而天下归之。《诗》云：'永言配命，自求多福。'"凡事有本有末，反求诸己，乃成败之本，抓其本，自然能及其末。不务其本，

---

① 十三经注疏·礼记正义[M].北京：北京大学出版社，1999：1641.
② 十三经注疏·孟子注疏[M].北京：北京大学出版社，1999：97.

其末亦失。人与人都是相互的,爱人才能赢得他人之爱己,敬人才能赢得他人之敬己,不爱人敬人而求他人之爱己敬己,则如镜中花,水中月,无有之事。所以圣贤有过都责之于己,有善都归之于人。有过求责于己,则寡过;有善归之于人,则人喜,如此上下一家,一团和气,才是兴盛之道,故而有言"诚爱而利之,四海之内,阖若一家"(《韩诗外传》)。

三、成己

君子能有"忠"之德,对人对事能尽心竭力,究其原因在于其求学之目的在于成己。《论语·宪问》:"古之学者为己,令之学者为人。"即古人求学意在成己,目的是为了成就自己的道德学问;现在人求学的目的是为人,即为了得到他人的赞誉。为了成就自己的道德学问而学,所以就不在乎外在的评价,有了过失会勇于承担并立刻改正。如果人求学的目的是为了获得外在的声誉,自然就特别在乎别人的看法,就会极力掩盖自己的过失,而不使人知。

因人为学目的在于成己,所以对于伦理道德就会努力践行,能尽心敬事,而不是虚饰,卖弄自己的道德学问。《荀子·劝学》有云:"君子之学也,入乎耳,箸乎心,布乎四体,形乎动静,端而言,蝡而动,一可以为法则;小人之学也,入乎耳,出乎口,口耳之间则四寸耳,曷足以美七尺之躯哉? 古之学者为己,今之学者为人。君子之学也以美其身;小人之学也以为禽犊。"即君子所学乃实学,必须要落实于生活中的点点滴滴,其举手投足、言语举动无不合义、无不合礼。小人所学重在求利,只是拿学问炫耀于人,以达到某种目的,所以其所学重文不重质。刘宝楠《论语正义》中还引《北堂书钞·新序》中墨子答齐王之言:"古之学者,得一善言,以附其身;今之学者,得一善言,务以悦人。"又引范晔《后汉书·桓荣传》:"为人者,凭誉以显物;为己者,因心以会道。"①也就是说,君子之学,知道求学的意义,在成己成物。为己就是先成就自己,例如智、仁、勇,皆须自己先成就,然后始有能力成就他人。小人之学,不知道求学的意义,以求名利为先,所以不修道德,只求显誉以得利。

因君子求学务在成己,所以就不重视外人对自己的评价。孔子曰:"不患无

---

① 刘宝楠.论语正义[M].北京:中华书局,1990:586.

位,患所以立。不患莫已知,求为可知也"(《论语·里仁》)。君子所患不是有位无位,而是有德无德。我有德,人不用我,其责在人,不在我,故无忧;如人在其位,却不能谋其政,上不能忠君,下不能泽民,则亏在己,故不能不忧。所以君子只求自己可知,只注重自己有没有值得被他人赏识的才能,而不以他人能不能赏识自己为忧。荀子作为儒学的主要继承者,亦以此为志。《荀子·非十二子》:"君子能为可贵,不能使人必贵己;能为可信,不能使人必信己;能为可用,不能使人必用己。故君子耻不修,不耻见污;耻不信,不耻不见信;耻不能,不耻不见用。是以不诱于誉,不恐于诽,率道而行,端然正己。不为物倾侧,夫是之谓诚君子。"君子能做到值得人尊重,但不能让别人必定尊重自己;能够做到值得人信任,但不能让别人必定信任自己;能够做到值得任用,但不能让别人必定任用自己。所以君子以不修养品德为耻,不以被人污辱为耻;以不守信用为耻,不以不被人信任为耻;以没有才能为耻,不以不被任用为耻。因此不被虚誉所引诱,不为诽谤所恐惧,遵循正道而行,庄重整肃,端正自身,不被外物所动摇,这才称得上是真正的君子。

第二节　恕:如己、推己、成人

恕道精神是儒家思想的一个重要组成部分,它形成了中华民族特有的天下一家、和谐万邦、荣辱与共的优秀品质,孕育了中华民族爱好和平、追求和谐团结的博大胸襟,显示了一种强大的民族亲和力和感召力,无形中铸就了我们伟大的民族思维范式。

一、如心之谓恕

《说文》:"恕,仁也。从心如声。"关于"如"字,《说文》:"从随也。从女从口。徐锴曰:'女子从父之教,从夫之命,故从口。会意。'"段玉裁注:"从随即随从也。随从必以口。从女者,女子从人者也。幼从父兄。嫁从夫。夫死从子。故《白虎通》曰:女者,如也。引伸之,凡相似曰如。凡有所往曰如。皆从随之引伸也。"可见,恕,从心从如,即为人处事要"如其心",即要考虑到对方的感受与想法,不可一意孤行。所以段玉裁注"恕"曰:"仁也。孔子曰:'能近取譬,可谓仁之方也矣。'孟子曰:'强恕而行,求仁莫近焉。'是则为仁不外于恕。析言之则有别,浑言之则不别也。仁者,亲也。从心如声。"可见,恕的本义就是将人心比自心,能够从对方的立场思考问题。这与仁德是一致的,仁的本质也是指要恰当处理人与人的关系,尤其是自己与他人的关系,在想到自己的同时,也要想到他人的利益与感受,所以恕通仁,由恕可入仁。忠如果还主要着眼于自己,恕则主要着眼于他人。

《论语·卫灵公》中子贡问孔子:"有一言而可以终身行之者乎?"子曰:"其'恕'乎! 己所不欲,勿施于人。"求学务必知其要。子贡问孔子有没有一句话,可以终身奉行而无蔽。孔子教之说,书虽不可尽言,言虽不可尽意,然而天下事皆从心而发,欲求终身可行之理,其要莫过于恕。人己虽异,然其心无别,自己不愿意做的事,万不可加诸于人,就是恕。视人如己,别人无礼于我的事,我不以此对人;别人不忠于我的事,我也不以此施彼,如此以己及人,无论远近亲疏、富贵贫贱,只将此理推将开来,自然无往而不宜。因为天下虽大,但其道唯一,亦不过与他人同其好恶而已。此心之用,实质就是《大学》中的"絜矩之道":

> 所恶于上,毋以使下;所恶于下,毋以事上;所恶于前,毋以先后;所恶于后,毋以从前;所恶于右,毋以交于左;所恶于左,毋以交于右;此之谓絜矩之道。

絜,度也。矩,所以为方也。"絜矩之道"的实质就是我所不欲人加诸我的,我绝不以此加诸人,如此将人比己,以己度人,自然无往而不当,上下四方,均齐方正。这就如同工匠制方形器皿一般,器皿初时虽极不规则,但如度之以矩,则无处不方。人如以此道处世,天下之人虽有三六九等,诸种不齐,但能以己心度人心,处处能体谅他人之心境,自然也能使人心得以平复。焦循的《雕菰集·卷九·格物解二》说:"以我之所欲、所恶,推之于彼,彼亦必以彼之所欲、所恶推于我,各行其恕,自相让而不相争,相爱而不相害,平天下,所以在絜矩之道也。"[①]

相反,如果反道而行,则是违背了恕道,势必使人心离散。《左传·隐公十一

---

① 焦循.雕菰集·卷九·格物解二.丛书集成初编[M].北京:中华书局,1985:131.

年》："王取邬、刘、芍、邗之田于郑,而与郑人苏忿生之田:温、原、絺、樊、隰郕、欑茅、向、盟、州、陉、隤、怀。君子是以知桓王之失郑也。恕而行之,德之则也,礼之经也。己弗能有而以与人,人之不至,不亦宜乎?"周天王把自己没有办法占领的土地送给郑国做人情,实际上这些土地郑国人也没有办法占领。这就相当于把自己不保有的,送给别人,所以君子知道桓王会失去郑国了,因为这是从私利出发,是违反恕道的。另《左传·襄公二十三年》："知之难也。有臧武仲之知,而不容于鲁国,抑有由也。作不顺而施不恕也。《夏书》曰:'念兹在兹。'顺事、恕施也。"人有聪明才智实为难能可贵,但是像臧武仲,虽有聪明才智,但却不能被鲁国容纳,究其根本就是其所作所为不顺于事理,也不合于恕道。杜注曰:"念此事,在此身,言行事当常念如在己身也。"[①]可见,恕之含义是做事不能只从自身利益出发,还应该同时考虑他人或集体的利益,体谅他人的处境和感受,在此基础上正确处理人与人之间的关系。

(一)宽以待人

"恕"是能站在对方的立场思考问题,能如此处世的人,因其能时时考虑到他人的感受,所以必然能宽以待人。能待人以宽,是君子的品格之一。

《论语·卫灵公》中孔子说:"躬自厚而薄责于人,则远怨矣!"何晏注曰:"责己厚,责人薄,所以远怨咎。"[②]如人能厚于责己,薄于责人,于人能每存恕心,不强其所不能,而代之以包容与谅解,行有不得,只在自身反求,自然能得人心,不仅身日修,自然也能人益赞,同时其君子之德风也能化人于无形。《孔子家语·弟子行》曾赞蘧伯玉:"外宽而内正,自极于隐括之中,隐括所以直己而不直人,汲汲于仁,以善自终。盖蘧伯玉之行也"。

"隐括",这里指的是用以矫正邪曲的器具。如《韩非子·难势》有:"夫弃隐栝之法,去度量之数,使奚仲为车,不能成一轮。"汉朝桓宽《盐铁论·大论》:"俗非唐、虞之时,而世非许由之民,而欲废法以治,是犹不用隐括斧斤,欲挠曲直枉也。"汉朝刘向《说苑·杂言》:"夫隐括之旁多枉木,良医之门多疾人,砥砺之旁多顽钝。"郭沫若《十批判书·韩非子的批判》:"木箭必待隐括而后成为轮矢,人也必须加以人工然后才成为善人。"这里指蘧伯玉对别人能很宽容,但是对自己

---

① 杜预注. 春秋左传集解[M]. 南京:凤凰出版社,2010:501.
② 十三经注疏·论语注疏[M]. 北京:北京大学出版社,1999:213.

却要求极为严格,一有过失,马上就要矫正,所以蘧伯玉晚年仍"欲寡其过",终身努力地追求仁义道德,这种风范,实为君子楷模。《荀子·非相》说:"故君子之度己则以绳,接人而用抴。度己以绳,故足以为天下法则矣。接人用抴,故能宽容,因求以成天下之大事矣。故君子贤而能容罢,知而能容愚,博而能容浅,粹而能容杂,夫是之谓兼术。"木匠制器,必用墨线来取直,君子治己也应如此,应该严格用道德来规范自己的行为,不能使自己的所思所行有丝毫偏颇。船所以能载人,因其内空而能容人,君子待人也应虚怀若谷,拓宽自己的心量和度量来包容他人。君子能严格要求自己,就能使自己成为天下人效法的榜样;用舟船似的胸怀待人,就能使近者悦,远者来,从而成就治理天下的大业。所以君子以其贤能而能容纳不肖;以其聪明而能容纳愚昧;以其博闻多识而能容纳孤陋寡闻;以其道德纯洁而能容纳品行驳杂,此乃兼容并蓄之法。明·刘基的《郁离子·德量》:"德以收之,量以容之。德不广不能使人来,量不弘不能使人安。"德厚才能感得人来归附,量大才能使人有安全感。如果一个人善察他过,那么人在他面前必然胆战心惊,惴惴不安。

东汉明帝,因其能明辨奸邪,所以称之为"明",但其性情也有狭隘好苛察之偏,好用耳目窥探群臣的隐私,并认为这就是英明。公卿等高级官员屡屡被辱骂,陪伴近侧的尚书以下官员甚至遭到殴打。《资治通鉴·汉纪三十六》载:"帝性褊察,好以耳目隐发为明,近臣尚书以下至见提曳。常以事怒郎药崧,以杖撞之;崧走入床下,帝怒甚,疾言曰:'郎出!'崧乃曰:'天子穆穆,诸侯皇皇,未闻人君,自起撞郎。'帝乃赦之。"

张居正就此点评:"自古君德贵明不贵察。明,如日月在天,万物皆照;察,如持火照物,用力劳而不免有蔽;上愈急,则下愈欺。"[1]故汉朝光武帝说:"举大事者,不忌小怨"(《资治通鉴·汉纪三十二》)。即建立伟大功业的人,要为大局着想,不能忌恨小的仇怨,如此才能得民心,借民力。并且《体论》中也言:"记人之功,忘人之过,宜为君者也。人有厚德,无问其小节;人有大誉,无訾其小故。自古及今,未有能全其行者也。"为人君者,应记住他人的功勋,忘记他人的过错,如此量宏才能使人安,德广才能招人来。因为自古及今,找出从未犯错误的圣人是

---

① 张居正.资治通鉴皇家读本[M].上海:上海古籍出版社,2011:201.

难之又难,以孔子之圣,尚求学《易》以少其过,普通之人又何能无过失呢?

自古成大业者,都能容人之失,以招贤用贤。秦灭后,刘邦与项羽相比,实力远远不及,然而天下归刘不归项,何也?《袁子正书》解释曰:"汉高祖山东之匹夫也,起兵之日,天下英贤奔走而归之,贤士辐凑而乐为之用,是以王天下,而莫之能御。唯其以简节宽大,受天下之物故也。"即汉高祖之所以能取天下,关键在于天下英豪能为之所用,而天下英豪之所以为之用,关键又在于其法令简约、心量宽大。所以子张向孔子请教什么是仁时,孔子回答:"能行五者于天下,为仁矣"(《论语·阳货》)。即在五个方面,推而用之于天下就能实现仁了。具体来说就是"恭、宽、信、敏、惠"。恭以持己,在下之人自然畏敬而无敢侮慢;宽以容众,则远近之人自然心悦诚服来归附而不离散;言行一致,自然能够赢得人们信任而无二心;做事敏捷,自然所作所为容易成就而有功勋;恩惠施人,自然人感其恩而莫不尽力。所以对人以宽是人之为人的应有修养,也是为人君者得天下的必备之德。

(二)崇尚礼让

能够宽以待人、严于律己,自然就不会与人争利,故而也就能让。贾谊在《新书·道术》中说:"厚人自薄,谓之让,反让为冒。"[①]让的实质就是厚人薄己,对人宽容、敦厚,对己苛刻、严格。如果反过来,对自己总能宽恕,犯了过失,总能给自己找到理由,对别人的要求却过于严格,总是苛责于人,这样就会引起他人的怨恨,给自己惹来麻烦。所以《晏子春秋·内篇杂下》说:"让,德之主也。让之谓懿德。"让是一种美好的德行,孔子就以"温、良、恭、俭、让"著称,最后一德就是让。历观古之圣人,皆有让德,《尚书·虞书·尧典》:

> 曰若稽古帝尧,曰放勋,钦明文思安安,允恭克让,光被四表,格于上下。克明俊德,以亲九族;九族既睦,平章百姓;百姓昭明,协和万邦。

曰若,是发语词。稽,是考。放,是至。勋,是功业。钦,是敬。古时的尧帝,功业能称之为"放勋",可谓广大至极。究此大业之根就在于其德行的昭著。尧

---

① 贾谊.新书·道术[M]//百子全书:第一册.长沙:岳麓书社,1993:371.

之德恭敬而不疏忽;通明而不昏昧;文章不乏著见;思虑深刻而又深远。这四德又非虚伪造作,乃是率性而为,自然而然,安而又安。其德美如此,所以付诸行动,则是着实恭敬,无一丝矫饰;谦恭礼让,无丝毫傲惰,所以其德能泽四海,润天下。推其德及其家,则九族睦;推其德及其国,则百姓和;推其德及天下,则天下万邦之风俗无不协和醇美。

另外,孔子之所以赞泰伯为"至德",也因其有"让"之美德:"泰伯,其可谓至德也已矣。三以天下让,民无得而称焉"(《论语·泰伯》)。司马迁《史记·周本纪》载:"古公有长子曰太伯,次曰虞仲。太姜生少子季历,季历娶太任,皆贤妇人,生昌,有圣瑞。古公曰:'我世当有兴者,其在昌乎?'长子泰伯、虞仲知古公欲立季历以传昌,乃二人亡如荆蛮,文身断发,以让季历。"①周朝的兴盛,始于太王,也就是古公亶父。太王生三子:长子泰伯、次子仲雍、三子季历。泰伯为长子,按理天下应该传于泰伯。但季历特别贤明,又生子昌,即历史上的周文王。文王出生时,天有祥瑞,并且文王天性仁爱,太王有意把位传于季历然后再传与昌。泰伯见父有此意,便与弟仲雍以采药为名入深山,然后断发文身,"示不可用,以避季历"②,即表示不能再继位,以便让季历顺理成章继承王位。天下之利最大莫过于疆山社稷,泰伯能以天下让于弟,还有什么不能让呢?所以孔子称其为"至德"。并且其"让"还无痕无迹,托以采药,毁体自废,无丝毫名利之累,全为成全父亲与兄弟,所以称之为"至德"无点滴夸大。钱穆说:"孔子极称让德,又极重名可称隐德,让德亦是一种仁德,至于无名可称,故称之曰至德。"③

在《论语·雍也》中,孔子还赞叹了一位具有"让德"的君子,即孟之反:"孟之反不伐。奔而殿,将入门,策其马,曰:'非敢后也,马不进也'。"何晏注释曰:"不伐者,不自伐其功。"邢昺正义曰:"功以不伐为善也。"④伐,是矜夸。奔,是败走。殿,是居后。策,是鞭。孟之反是鲁国的一位大夫,以谦逊著称。大凡进军,以一马当先者为勇;而军队败退,则以殿后者为功。每次军队败走之时,孟之反都在队伍最后来堵截敌人,以掩护士卒安全撤退。等到快进入城门时,在众人瞩目之下,他又扬鞭策马,大声喊道:"我并不是敢在后面与敌人拼命到底啊,而是

① 司马迁.史记·周本纪[M].长沙:岳麓书社,1988:21.
② 司马迁.史记·吴太伯世家[M].长沙:岳麓书社,1988:237.
③ 钱穆.论语新解[M].成都:巴蜀书社,1985:199.
④ 十三经注疏·论语注疏[M].北京:北京大学出版社,1999:76.

我的马跑得不快啊!"以归罪其马慢,而掩盖其功。此等不矜不伐,实为难能可贵。

孟子曾言"上下交征利而国危矣"(《孟子·梁惠王上》),人与人之间如都从自己的私利出发,不考虑对方的感受,那么必然会引起竞争,人与人之间就会冲突不断。人与人之间的冲突继而会上升到家与家的冲突,集团与集团之间的冲突,甚至是国与国之间的冲突。冲突的范围会不断扩大,冲突的级别也会日益增长,单纯的个人之竞争可能就会演变为国与国之间的战争。但如果人与人之间能够互相体谅,能够交相让,那么人与人之间就能和谐相处,继而人与人之间关系的融洽还能够起到移风易俗的作用。吕坤在《呻吟语·人情》中说:"两人相非,不破家、亡身不止,只回头认自家一句错,便是无边受用;两人自是,不反面、稽唇不止,只温语称人一句好,便是无限欢欣。"①实事的确如此,人与人之间的剧烈冲突,往往只是一言不合,互不相让而已。而一旦有一方相让,则对方也不会再无理取闹,彼此之间从而能够赢得无限欢欣。我国民间一直留传"六尺巷"故事,据清末姚永朴《旧闻随笔》记载:

> 张文端公居宅旁有隙地,与吴氏邻,吴越用之。家人驰书于都。公批诗于后寄归,云:"一纸书来只为墙,让他三尺又何妨。长城万里今犹在,不见当年秦始皇。"吴闻之感服,亦让三尺。其地至今名为六尺巷。

谦让是美德,晏子讲:"凡有血气者,皆有争心,怨利生孽,维义可以为长存。且分争者,不胜其祸;辞让者,不失其福"(《晏子春秋·内篇杂下》)。马克思曾讲人是三种存在物的集合体,即自然存在物、社会存在物、有意识的类存在物。人之为人的本质在于其是一种社会关系的存在,即在于他是一种社会存在物。但人首先毕竟还是一种生物性的存在或自然的存在,人的社会性存在虽然是更为本质的东西,但不能否定其自然性的存在。儒家讲人与动物的区别在于其有礼义,也就是礼义存心赋予了人更本质性的存在,但是这种本质一样也不能否定其生物性或自然性。而作为一种生物性存在,人必然需要物质方面的满足。由

---

① 吕坤. 呻吟语·人情[M]. 北京:学苑出版社,1993:340.

于这种物质性的需求，人必然有争心，此争心如不限制，任其发展，就会产生祸害，所以要倡导仁义、倡导礼让，让人们能够在满足物质利益需求的基础上，实现人与人之间的和谐共处。

二、推己及人

"忠"强调的是做人做事要尽自己所能，恭敬谨慎去做，其强调的对象是人自身，即自身的道德修养，所以当遇到困难或挫折时主张要反求诸己，不可一味地向外抱怨。"恕"强调的是做人做事要以己度人，设身处地考虑对方的感受和利益，其所施与的对象是他人或物，所涉及的是人与人、人与物的关系，目的是要实现人与人、人与物之间整体的和谐，所以强调的是要推己及人。

推己及人用孔子的话来概括就是"能近取譬"（《论语·雍也》）。譬，是比喻的意思。此意是指，从自己切身的想法或利益来体谅、理解他人的感受或利益，并以此作为道德判断及立身处事的基础。人的欲望和利益既有肯定性的一面，也有否定性的一面；既有接受的一面，也有拒绝的一面。与此相应，"能近取譬"有两方面的含义：积极的一面和消极的一面。消极的一面就是前面提及的"己所不欲，勿施于人"，自己不愿意做的事情，应知人同此心，心同此理，人与我一样也有不欲之心，所以要推此心及人心，而不能施于人。积极的一面，很多人认为是消极的反面，把它说成是"己之所欲，施之于人"。其实这句话在儒家经典中从未出现，儒家经典中出现的是"己欲立而立人，己欲达而达人"，己之欲立，即知人与我一样，也有一颗欲立之心，故推之以立人；己之欲达，亦知人与我一样，也有欲达之想，故推之以达人。

事有本末，作事务求其本。"恕"所推之心，是一颗感同身受之心，是一颗爱心，而不是一颗要求、强制之心，如把恕的积极一面理解为"己之所欲，推之于人"就会引出很多问题。李景林老师曾提出"忠恕之道不可作积极性表述"[1]。这里的积极性表述也就是"己之所欲，施之于人"。如果把己之所欲，推之于人，就是把自己的想法、自己的爱好推到他人身上，把自己的价值观强加于人。而世上最愚蠢的事莫过于让他人按照自己的想法去做。实事上此种想法，不仅愚蠢，而且

---

① 李景林. 忠恕之道不可作积极表述论[J]. 清华大学学报,2003(3):2.

自私,其所推的不是爱心、不是恕心,而是强制与要求,这与儒家的思想完全相违背。《庄子·内篇·应帝王》有一则寓言:

> 南海之帝为儵,北海之帝为忽,中央之帝为浑沌。儵与忽时相与遇于浑沌之地,浑沌待之甚善。儵与忽谋报浑沌之德,曰:"人皆有七窍以视听食息,此独无有,当试凿之"。日凿一窍,七日而浑沌死。

南海大帝名儵,北海大帝名忽,中央大帝是浑沌,但浑沌大帝的头却似个肉球,无眼、鼻、口、耳等五官七窍,但对儵和忽非常和善。忽和儵为了报答浑沌,让浑沌也有视、听、食、息之感,便帮助浑沌开凿七窍。忽和儵每天在浑沌头部开一个窍孔,七天之后七窍开好但却把浑沌给弄死了。

这虽是一个寓言,但告诉我们一个道理。人如不明道理,只按自己的想法办事,就会犯下近乎愚蠢的过失。所以"恕"绝不可以作"己之所欲,施之于人"的推理。就此道理,宋王船山就元代学者史伯璇认为忠恕之道可推出"己所欲而以施之于人"这一意思,提出了反对意见:"史伯璇添上己所欲而以施之于人一层,大是蛇足。'己欲立而立人,己欲达而达人',是仁者性命得正后功用广大事。若说恕处,只在己所不欲上推。盖己所不欲,凡百皆不可施于人,即饮食男女,亦须准己情以待人。若己所欲,则其不能推与夫不可推、不当推者多矣。仁者无不正之欲,且其所推者,但立达而已。文王固不以昌歜饱客,而况未至于仁者哉?"①

这段文字可有几层意思:一是"己所不欲,勿施与人"可推。因为己之所不欲,大凡都是人之所不欲,即使是人之所欲,但由于其是不施,也不会伤害到人,从而从消极层面为人的行为划了一条道德底线。二是"己之所欲,施之于人"不可推。因为己之所欲,并非人之所欲,即使己之所欲是人之所欲,其不当推、不能推、不可推的情景又多之又多,如强推以及人,就会伤害到人,所以不可作为人之当行之道。三是"己欲立而立人,己欲达而达人"不等同于"己之所欲,而施于人"。立人与达人,是仁者利己基础上的利人,所推的是一颗纯粹利人之心,是自立、自达之后,不忍他人之不立、不达,其旨在于成人。只有真正具有立人与达人

---

① 王夫之.读四书大全说[M].北京:中华书局,1975:107.

之心,才能做到"己所不欲,勿施于人"。

由此可知,恕的本质是对他人、对社会的一种关爱和责任,其所推之心是一颗爱心和利人之心,正是由于有此心,所以恕道的表现在消极意义上是"己所不欲,勿施与人",在积极意义上,是"己欲立而立人,己欲达而达人",绝对不是"己之所欲,施之于人"。

三、成人

恕的本质就是有一颗时时为人着想的存心,此心全是利人、成人。君子之学为己,所以能成人;小人之学为人,所以其终不可成人。君子求学为了提高自己的道德修养,因其有崇高的道德修养,所以有仁心仁德,能真正的爱人,所以能成人。小人之学为人,全为外在功名利禄而学,即为自己的私利而学,所以既不能成己,也不能成人。《论语·颜渊》:"君子成人之美,不成人之恶。小人反是。"即君子见人行善,因赞叹其所为,便助其成功;见人为恶,因怜其所行,便劝诫以晓其惑。小人则与其相反,见人有善,因恶其与己异,忌其所为,而诋毁阻止;见人有恶,因喜与己同,便投其所好,助其为恶。

因君子成人,所以其不会苛责于人,更不会轻易揭露别人的过失,提倡的是"隐恶扬善"。孔子曰:"吾之于人,谁毁谁誉,如有所誉,必有所试"(《论语·卫灵公》)。天下是非本有公断,然人却易以己之好恶而评判他人。孔子对于人,从不肆意评判。他所赞叹的,必然是试验过的人,知其所言所行,皆合于道。如他赞颜回"好学",赞子路"登堂",必有所据,不是巧言令色。孔子对于所誉都如此谨慎,何况于所毁呢?《格言联璧》有曰:"面谀之词,有识者未必悦心;背后之议,受憾者常若刻骨"。当面赞叹、恭维,有见识的人未必会高兴,因其知此乃巴结、谄媚之言,言者乃便佞之人。如若有人背后议论、指责,当事人若知,则有刻骨之痛,很可能会记恨终身。所以当"子贡方人",即子贡指责别人过失时,孔子说:"赐也,贤乎哉,夫我则不暇"(《论语·宪问》)。也正因为如此,孔子赞叹舜"好问而好察迩言,隐恶而扬善",即大舜能广泛听取底下的意见,并懂得隐恶扬善。

当然,儒家的成人思想,不仅仅是"成人之美"所能概括,它蕴含的是一种对人与物的一种更为广博的爱。儒家提倡人要效法天地之德,天是无物不覆,地是无物不载,人也应该如此以大爱存心。在这方面儒与道是相贯通的,《老子》有:

"圣人不积，既以为人，己愈有。天之道，利而不害，圣人之道，为而不争"。即圣人应无私而不积藏，有德则教愚，有财则济人，尽其所有来帮助别人，这样才符合天道。天道是全然利益万物而不害万物，圣人也应该遵循此则，只利益人而不与人争利。另《易经》也言："天行健，君子以自强不息。""地势坤，君子以厚德载物。"即君子要效法天之道，自我奋发图强，永不止息；要效法地之道，以深厚的德行，来容载万物、利益万物。另《易经·颐卦》还有："天地养万物，圣人养贤，以及万民。"天地养育万物，圣人也要像天地一样，培养贤才，利益天下之民。可见，这种成人思想，已发展为一种民胞物与的心量，人不仅要修己，还要爱人、爱天下万物。

第三节　忠恕违道不远

忠与恕，虽然就其义理来讲各有不同，也各有所指，尽己之谓忠，如心之谓恕。并且二者所侧重也有不同，一个侧重主观的自己，另一个侧重客观的人与人、人与物的关系；一个侧重反求诸己，另一个侧重推己及人；一个侧重成己，另一个侧重成人。但实质上来讲，二者绝对不可分离。人像马克思所说的，是社会关系的总和，像孔子所讲，人是伦常关系的存在，但同时人还是一种个体性存在，个体性存在是关系性存在的基础。忠着重的是人作为个体的人，要尽己所能，诚敬做事；恕是着重人作为关系中的人，要学会换位思考，站在对方的角度思考问题。所以二者必然是同时发生的，缺一不可的，在本质上是同源的，都是同一颗心在不同境遇中的表现。心侧重于己时表现为忠，侧重于人时表现为恕。所以在古文献中，忠与恕有时通用。《国语·周语》载：

> 考中度衷以莅之，昭明物则以训之，制义庶孚以行之，祓除其心，精也；考中度衷，忠也；昭明物则，礼也；制义庶孚，信也。然则长众使民之道，非精不和，非忠不立，非礼不顺，非信不行。今晋侯即位而背外内之赂，虐其处者，弃其信也；不敬王命，弃其礼也；施其所恶，弃其忠也，以恶实心，弃其精也。

韦昭注"考中省己之中心以度人之衷心，恕以临之……忠，恕也"①。人之应事，要自我省察，看自己内心能否保持真诚，如能诚以待人处事，就是忠。如果失去了内心之忠诚，把自己不喜欢的事情施加于人，就不是忠了。此句意中，忠已含有了恕，实际上忠与恕本不可分，都是自己内在一颗心的不同反映，保持内心诚敬为忠，体现为待人接物就是恕。

忠与恕，二者就本源来讲，虽然一致，都是同一颗心的不同映现，但二者具体来讲毕竟含义与所侧重不同，二者之间还有体用与本末的区别。

一、忠为体，恕为用

《大戴礼记·小辨》引孔子语：

> 忠有九知——知忠必知中，知中必知恕，知恕必知外，知外必知德，知德必知政，知政必知官，知官必知事，知事必知患，知患必知备。若动而无备，患而弗知，死亡而弗知，安与知忠信？内思毕必曰知中，中以应实曰知恕，内恕外度曰知外，外内参意曰知德，德以柔政曰知政，正义辨方曰知官，官治物则曰知事，事戒不虞曰知备，毋患曰乐，乐义曰终。

忠乃发自内心之诚敬，所以知道忠必然知自己真实之内心；知自己内心之真实，以此诚敬之心应事，自然能体谅他人的处境，所以能恕。由此可知，忠恕二者虽本于一心，但能忠才能恕，不忠不能恕，能恕者必忠。忠较恕来讲，更为根本。朱子说："忠是体，恕是用，只是一个事物。"②这可以说是对忠恕关系的科学表述。二者是一事，是就二者的本源来讲，但就二者本身来说，忠是体，恕是用，即恕是这颗忠心在应事接物上面的体现。

《大学》讲诚意、正心、修身、齐家、治国、平天下，心正才能身修，所以能否"如其心"地处理人与人之间的关系，关键在于自己的一念挚诚。如果失去了诚意、正心，也就无所谓忠，无忠自然也就谈不上恕了。故《大学》："君子有诸己而后求诸人，无诸己而后非诸人。所藏乎身不恕，而能喻诸人者，未之有也。故治国在

---

① 韦昭.国语注［M］.上海：上海古籍出版社，1988：36.
② 黎靖德编.朱子语类［M］.北京：中华书局，1986：672.

齐其家。"人之处事，要先反求诸己，自家善然后才能劝勉人为善；自家无恶才能求人改其恶。朱子曰：此"皆推己以及人，所谓恕也，不如是，则所令反其所好，而民不从矣"①。可见，侧重于"推己及人"的"恕"，要以侧重于"反求诸己"的"忠"为本。另《孔子家语·三恕》有："君子有三恕，有君不能事，有臣而求其使，非恕也；有亲不能孝，有子而求其报，非恕也；有兄不能敬，有弟而求其顺，非恕也。士能明于三恕之本，则可谓端身矣。"君子有三个方面要心存推己及人的恕道。有君主不能忠心辅佐，有部属却随意地使唤，这就不是恕道；对父母不能力尽孝道，有孩子却要求他回报恩德，这就不是恕道；有兄长不能够尊敬，有弟弟却要求他顺从自己，这也不是恕道。可见，忠于君、孝于亲、悌于兄，是恕道的根本，只有在忠孝基础上才能谈恕。

忠是恕的前提，但反过来，恕却是忠的价值旨归，忠的目的就是要在自利基础上实现利他。朱子讲："忠因恕见，恕因忠出。"②忠虽着重在成己，但在儒家思想中，利己与利人，成己与成人是密切结合在一起的。利己、成己要通过利人、成人来实现，如排斥利人、成人，利己、成己也成为一句空话。所以恕虽由忠出，但忠要靠恕来体现。

二、忠恕：一贯之道

忠恕为什么被曾子称"一贯之道"呢？忠本质是尽己，强调反求诸己，目的是成己，所以忠主内，着眼于主观之己。恕本质是如己，强调推己及人，目的是成人，所以恕主外，着眼于客观之人。故忠恕乃是成己成物、利己利人，合内外之德，本末兼顾，内外兼得，所以被称之为"一贯之道"。

《大学》："大学之道，在明明德，在亲民，在止于至善。"朱夫子说："明德者，人之所得乎天，而虚灵不昧，以具众理而应万事者也。但为气禀所拘，人欲所蔽，则有时而昏；然其本体之明，则有未尝息者。"③明德是人人本具的本性，是自然就有的，不假外求的。"虚灵不昧"，"虚"即不实，我们没有办法看见，也没有办法接触，眼见不到，耳听不到，鼻嗅不到，舌尝不到，连身也触摸不到。但此"虚"的

---

① 朱熹.四书章句集注[M].北京：中华书局，1983：9.
② 黎靖德编.朱子语类[M].北京：中华书局，1986：671.
③ 朱熹.四书章句集注[M].北京：中华书局，1983：3.

东西却灵,即有大作用。"不昧",即不昏,是常放光明,也就是长期作用。"具众理而应万事",理是天理,"具万理"指其合乎道,是关乎实相的真理。"应万事",指能够就事显用,而非全是形而上之虚。这一"虚灵不昧"虽人本自具有,但由于受后天物的熏染,人不能明其明德,所以有时而昏。但看似昏,其本却未失,只是被人后天的欲望所遮蔽而已。所以人之求学就是要明这一明德,也就是复归其本自具有的本性,也即"复性"。这一目的在己不在人,故称为"为己之学",也可说是"成己",即成就自己的道德修养。

但人不仅要成己,还要"亲人"。朱熹作"新民",并引"汤之《盘铭》曰'苟日新,日日新,又日新'"说:"汤以人之洗濯其心以去恶,如沐浴其身以去垢,故铭其盘,言诚能一日有以涤其旧染之污而自新,则当因其已新者,而日日新之,又日新之,不可略有间断也。"①新就是要时时改正自己的错误,"新民"即"言既自明其明德,又当推以及人,使之亦有以去其旧染之污也。"王阳明仍作"亲民",即亲近民众。就是当自己明其明德以后,还要跟民众在一起,教化民众,让民众也能觉悟,也能明其明德。可见,二者虽一作"新民",一作"亲民",但实质含义都是强调人要在自利的基础上利人,在成己的基础上成人。朱子还说:"明德为本,新民为末""'齐家'以下,新民之事也"。即成己是本,成人是末,格物、致知、诚意、正心、修身是成己;齐家、治国、平天下是成人。成己、成人,利己、利人的最高境界就是"止于至善"。至善,是"事理当然之极也"。"极"是极致。"当然之极",就是自然而然的事和理。人能回归到"自然"上,就是止于至善。"自然"就是本体意义上的"理"或"性",圆满的回归"性",就是止于至善。

如依朱子的理解,忠恰好对应的是成己,恕恰好对应成人,成己、成人达到极致就是"止于至善"。忠恕自然就可称为"一贯之道"。这里在逻辑上有一个顺序,即成己是本,也即"忠"是本,"成人"是末、是用,也即恕是末,是用。但在最终的境界上二者是合二为一的,即人与我同体,物与我同归的"民胞物与"的天人合一之境,也即"止于至善"之境。由此可知,"忠恕"乃兼内外、合本末的一贯之道。

---

①　朱熹. 四书章句集注[M]. 北京:中华书局,1983:3.

《论语》大义之八:人性

人性论是了解儒家思想的一个关键所在。关于人性,孔子直接论述并不多,"性"字在《论语》中只出现了两次,一次是子贡感叹,夫子论性与天道,难以得闻;另一次是孔子直接言:"性相近也,习相远也"(《论语·阳货》)。此语后被编入蒙学经典《三字经》,成为街头百姓耳熟能详的句子。但在人们自然成诵时,人们很难知道这里面还蕴藏着儒家关于性与道的最高深的哲学思想。人性论思想,在整个儒家思想中起着一个基础性作用,它构成了儒家其他思想的形而上本体。因此,不理解人性思想,也不能深刻领会儒家其他一切思想。

第一节　孔子直接论人性

关于人性论思想,孔子是很少直面提及的,孔门弟子也是难以得闻。但并不是说孔子不重视,也并不是说孔子没有讲过。孔子直接论述人性就是一句话:"性相近也,习相远也。"这是一个对偶句,性与习对,近与远对。这句话相应也包含两方面含义:一是性相近,二是习相远。

一、性相近

性相近,指的是人与人在本性上区别并不大。性与习相对,习主要指后天的行为习惯;性主要是指人先天就具有的禀赋,是不用学习就具备的东西。先天就具有,即出生时就具备,非生而后有。所以对性的解释,很多学者从"生"入手。

在《论语注疏》中,何晏注曰:"性者,人之所受以生也。"宋邢昺进一步疏道:

"言人感自然而生,有贤愚吉凶,或仁或义,若天之付命遣使之然,其实自然天性,故云:'性者,人之所受以生也。'"①另《荀子·正名》:"生之所以然者谓之性。"《荀子·性恶》又有:"凡性者,天之就也,不可学,不可事……不可学不可事而在人者,谓之性。"这里,荀子明白无误地告诉我们,性是生来具有,不是通过后天学习才得到的东西。董仲舒也讲:"性之名非生与? 如其生之自然之质谓之性,性者质也"(《春秋繁露·深察名号》)。二程亦从此观点:"'生之谓性',性即气,气即性,生之谓也"(《二程集》)。另傅斯年在《性命古训辨证》中,把"性相近,习相远"解作"生来本相近,因习而日异。"并且他还推断,《论语》《孟子》等书中的"性"本应是"生",即现在我们看到的"性"是后来人改的,他曾言"其分别生、性二字者,秦后事也"②。那么生的原义是什么?《说文》:"生,进也,象草木生出土上。"《广雅·释诂》云:"生,出也。"可见,生的原意就是诞生,从无到有的第一次出现。由"生"来释"性",性就是人生来就有的一种禀赋,是不学而能的良知与良能。性是生来就具备,是强调性的先天性,但并不是说人生下来的生物本能是性。这在后面论述孟子的性善论思想时会有提及。并且,既然"性"是人"所受以生"的东西,也就是人之为人的本质,人有性才称其为人,人失其性则与禽兽无别矣。人人均受此性以生,所以人与人在性的本质上并无多大差别,差别的形成在于后天的习性与环境。《论语注疏》云:"性,谓人所禀受,以生而静者也,未为外物所感,则人皆相似,是近也。"③

除此句之外,孔子在《论语》中再没有对性直接论述,故而才有子贡的感叹"不可得而闻之"。但这并不能说明,在孔门弟子中没有懂性与道的。其中必然有两个人懂,其一就是颜回,其对孔子之言是"无所不悦",即都能心领神会。二是曾子,孔子告诉曾子,"吾道一以贯之",曾子言下就明白了,夫子之道是忠恕而已矣。我们俗语经常讲登堂入室,颜回和曾子是入室弟子,子贡和子路是登堂而未入室。夫子之教,都是因材施教,对于根性不够的弟子,对于性与道的教诲可能就少;另一方面,即使讲了弟子可能也没有完全领悟,所以对孔子关于"性与道"的记载就少。

① 十三经注疏·论语注疏[M].北京:北京大学出版社,1999:61.
② 傅斯年.性命古训辨证[M]//傅斯年全集:第二卷.长沙:湖南教育出版社,2003:550.
③ 十三经注疏·论语注疏[M].北京:北京大学出版社,1999:233.

二、习相远

《说文》："习，数飞也。"本义为鸟多次地飞。《论语》中"习"为其引申之义，指人与外界客观事物所发生的联系，即人与外界多次频繁的接触，人的实践活动均可视作"习"。

人的本性虽然相近，但由于接触的环境不同，遇到的人事物不同，所以后来人的行为特征、道德品质等各方面就会存在差异。康有为曾言："习有本于家庭，习有由于师友，习有因于习俗，习有生于国土。或一人一时之习，或数千万里数千万年之习，薰染既成，相去遂远，乃至居行好尚亦复是非悬反者。"①小到一个家庭，大到一个国家，家风不同，民风习俗不同，人们的行为习惯就不同。一个人一时的习惯累积，经历长时间的积淀，这种区别就会越来越大，所以就形成了不同地域的民风，也形成了不同人之间贤与不肖的巨大差异。故朱熹注曰："但习于善则善，习于恶则恶，于是始相远耳。人与人相去之远，至于有治乱之大变，圣狂之悬绝，则全视所习而已。"②可见，后天所习对人的影响是巨大的，所以马克思讲，人在现实性上是一切社会关系的总和。人一出生就处在一定的社会关系当中，就有一定的社会属性，他必定要属于一定的国家、一定的民族、一定的阶级、一定的文化群体。这种社会属性，必定会给他的人格特征以深刻的影响。这种社会属性是由作为社会的主体的人形成的，但同样具有客观性，是人一出生就要面对的一种客观存在。并且这种社会属性还成为人的一种本质属性，故此，人要"慎所习"，即要对后天的社会环境因素要慎重选择与思考。

《三字经》有："昔孟母，择邻处。"《论语·里仁》也有："里仁为美。择不处仁，焉得知？"以孟母之贤能，尚三迁其居以教孟子，况不如孟母之人哉！所以人要对其所居之地慎重选择，要择仁而居。另《论语》之中多次提到交友之道，主张"以文会友，以友辅仁"。《论语·季氏》还提到："益者三友，损者三友。友直，友谅，友多闻，益矣。友便辟，友善柔，友便佞，损矣。"交友之目的在于立身成德，所以对于友不可不择。心直口快、诚实守信、博学识广之人为益友，虚伪不实、阿意奉承、圆滑强辩之人为损友。所谓"近朱者赤，近墨者黑"，与益友交，能闻过而

① 康有为.论语注[M].北京：中华书局，1984：258.
② 朱熹.四书章句集注[M].北京：中华书局，1983：176.

改,日进于善;与损者为友,无闻过之益,而有增过之偏,从而日流于下。故《孔子家语·六本》有言:"与善人居,如入芝兰之室,久而不闻其香,即与之化矣;与不善人居,如入鲍鱼之肆,久而不闻其臭,亦与之化矣。是以君子必慎其所与者焉。"人在后天环境的影响下,善与不善都不知不觉处于变化之中,以至于人都不觉,但渐离渐远,以至于形成贤与不肖的天壤之别,所以人一定要谨慎地选择朋友与环境。

第二节　孔子侧面谈人性

《论语》一书虽然对人性的直接论述并不多,但孔子对人性的间接性表述还是有的,这主要表现在他对命、道、德及仁的论述之中。

一、天命之谓性

命在《论语》中共出现了 24 处,其含义也是多维度呈现,有生命、命运、使命、命令、天命等多重含义。总体来看,"命"蕴含着一种不以人的意志为转移的客观化倾向。并且孔子还多次提到"天命"这一概念,"天命"即天所命,更突出了命的客观性、绝对性含义。孔子表面谈命,实际是就命谈性与道。人生天地间,富贵穷达是人常遇之变象,然而象无论如何变幻,志道之心不可随之而移。所以表面虽"称命",主旨却在"言道",究其原因是孔子尽性而知命。

(一)天

《说文》:"天,颠也,至高无上,从一大。"段氏注曰:"凡言元始也,天颠也,丕大也。颠者,人之顶也,以为凡高之称。始者,女之初也,以为凡起之称,然则天亦可为凡颠之称,臣于君,子于父,妻于夫,民于食皆曰天是也。至高无上,从一大。至高无上,是其大无有二也。"此注释基本向我们传递了三种信息:一是天是自然化的"头顶之天",《尔雅·释天》:"穹苍,苍天也。"二是天有元始之意,《易经·系辞》:"天地之大德曰生",天地滋养万物,为万物之母。《论语·阳货》:"子曰:天何言哉? 四时行焉,百物生焉,天何言哉?"意思是说天虽无语,但四季有规律的运行,天地万物的自然发生都与天息息相关。三是天高高在上,有至大至广之意。《中庸》:"博厚配地,高明配天""天地之道:博也,厚也,高也,明也,悠也,久也"。可见天的典型特征就是高和明。伍晓明先生指出:"'天'——本来意义上的天,或所谓'自然'之天——的自然特征首先就正是高和明。"①随着儒学的发展,天的含义也越来越丰富,其由自然之天,也扩展到了道德化、人格化的天,进而又上升到了形而上之天。

其一,自然之天。《中庸》:"今夫天,斯昭昭之多,及其无穷也,日月星辰系焉,万物覆焉。今夫地,一撮土之多,及其广厚,载华岳而不重,振河海而不泄,万物载焉。"这里所言的天是与地相对而言的自然之天。

其二,道德化、人格化之天。《中庸》:"诚者,天之道也;诚之者,人之道也。"朱注曰:"诚者,真实无妄之谓,天理之本然也。"②"诚"即真实无妄之意。此由"天之道"下贯成"人之道",天在自然的基础上又增加了一层人格化的意义。另在《泰伯》中有:"大哉尧之为君也! 巍巍乎! 唯天为大,唯尧则之。"这里的"则"是仿效的意思,是以天比喻尧对百姓的恩德,这里的天既突出了天孕育万物的仁德,也昭示了天德之广之大。

其三,形而上之天。"子夏曰:死生有命,富贵在天"(《论语·颜渊》)。又《孟子·尽心上》曰:"尽其心者,知其性也。知其性,则知天矣。"杨泽波先生在其《孟子性善论研究》中的解释是:"穷极自己的本心就会知道本心具有仁义礼智之端,也就会知道人的本性固善;知道了自己本性固善,也就知道了天道是怎么回事,知道了这一切都是天道自然之理。"

此时之天,已经完全超越了自然化的天,而成为一种永恒的、道德意义上的精神性存在。它裹挟了一股生生不息的创生之流,并作为形而上之主体,向人昭示着一种不以人的意志为转移的规律性存在。人应该上法天之道,下效地之理,并将其融入自己的生活,使自己的举手投足有道可依,有理可循。"就人而言,人之所以为人的本质之性,乃天之所命,与天有内在的关联;天的无限价值,即具备于自己的性之中,从而成为自己生命的根源。"③

(二)命

《说文解字》:"命,使也。"言天使己如此也。段玉裁注曰:"命也,天之令

① 伍晓明.天命之谓性——片读《中庸》[M].北京:北京大学出版社,2009:74.
② 朱熹.四书章句集注[M].北京:中华书局,1983:31.
③ 马育良.重读《中庸》——关于性情道诚和中节诸问题的若干思考[J].伦理学研究,2005(5):91-95.

也。"《左传·成公十三年》言:"民受天地之中以生,所谓命也。"孔颖达在《易经·乾卦·疏》曰:"命者,人所禀受。"①并且在甲骨文和金文中,"命"和"令"两字往往可以互解。傅斯年通过考证还表明:"'命'字始作于西周中叶,盛用于西周晚期,与'令'字仅为一文之异形。"②可见,命的原义就是用口发布命令,即"指派"的意思。

《尚书·召诰》:"今天其命哲、命吉凶、命历年"。哲与愚对,是生质之异,而皆可以为善,是德命也。吉凶、历年,则禄命也。君子修其德命,自能安处禄命。天"或命之以吉,或命之以凶,或命之以历年长久,这都不可知。所可知者,只看我初政所服行何如。若能敬德,便是自贻哲命,自贻吉祥,自贻历年矣"③。

在《论语·为政》中,孔子曾言:"吾十有五而志于学,三十而立,四十而不惑,五十而知天命,六十而耳顺,七十而从心所欲不逾矩。"什么是天命呢? 天命,即天所命。刘宝楠在《论语正义》里说:"知天命者,知己为天所命,非虚生也。"④即知自己来到世间要做什么事业。孔子一生颠沛流离,只为一件事,那就是"为往圣继绝学,为万世开太平"。此志造次不移,颠沛不屈,真可谓志道据德之典范。究其原因就是孔子"知天命",有着"天之未丧斯文也,匡人其如予何"的笃定。刘宝楠先生讲:"盖夫子当衰周之时,贤圣不作久矣。及年至五十,得《易》学之,知其有得,而自谦言'无大过'。则天所以生己,所以命己,与己之不负乎天。故以天知命自任。'命'者,立之于己,而受之于天,圣人所不敢辞也。"⑤孔子出生于周朝末年,礼乐衰败,所以孔子一生以恢复周礼为己任,旨在实现天下大同。孔子五十以学易,更知天下之大道,所以举手措足,无不以弘道为己任。心存乎道,就不会为外境所累,虽遭陈蔡之困,犹能讲诵诗书,弦歌不辍。孔子一生不辜负天之所生,不辜负天之所命,所以后人言"天不生仲尼,万古如常夜"。

《韩诗外传》:"子曰:'不知命,无以为君子。'言天之所生,皆有仁、义、礼、智顺善之心,不知天之所以命生,则无仁、义、礼、智顺善之心,谓之小人。"即仁、义、礼智四端是人天生就有的,不学而能的。君子知晓此理,所以有顺善之心,以弘

---

① 十三经注疏·周易正义[M].北京:北京大学出版社,1999:9.
② 傅斯年.性命古训辩证[M]//傅斯年全集:第二卷.长沙:湖南教育出版社,2003:30.
③ 张居正撰.尚书直解[M].北京:九州出版社,2010:230.
④ 刘宝楠.论语正义[M].北京:中华书局,1990:45.
⑤ 刘宝楠.论语正义[M].北京:中华书局,1990:45.

传圣道为己任,有着"天欲平治天下,舍我其谁?"的心量与抱负。小人不知人皆具有此四端,所以无顺善之心,心中只求利,不求道。《汉书·董仲舒传》:"对策曰:'天令之谓命。'人受命于天,固超然异于群生,贵于物也。故曰:'天地之性,人为贵。'明于天性,知自贵于物,然后知仁、义、礼、智,安处善,乐循礼,谓之君子。故孔子曰:'不知命,无以为君子。"①即仁、义、礼、智是人受命于天,天生就具备的人之为人的本质、本性。君子明于此道,知人生的目的是要恢复其本性,所以乐得安仁行义,不存任何侥幸心理。

由此可知,知天命就是知自己本具天赋之性,知行仁由义乃己之分内之事,与外人无关。孔子以弘扬圣道为己任,也非由外力强迫,全然是自己自愿而为,是率性而作。所以儒家为学,全是为己之学,知学在自己,目的在于成己,与外人的赞叹、毁谤全无关系。

(三)性

《中庸》:"天命之谓性"。朱子释"命"为"令",释"性"为理,释"率"为"循"。即是天下之人,莫不有性,然性从何而来,又何以得名,概人之初生,就有天赋之理存于内,此理即是性。此性乃天然具有,不假外求,所以就如同天命令一般,故曰:"天命之谓性"。性就是理,乃自然的本体。

郑康成注曰:"天命,谓天所命生人者也,是谓性命。"郑并引《孝经说》:"性者,生之质命,人所禀受度也。"②即性是天所赋予人的本性,乃人的本质,是天然具有的。"命"在这里作为谓语动词,有"赋予""委任"的意思。命上显于天,下化成性,在这里起了一个中介的作用。性本是自然的,是天生就有的,天赋予人就是人性。二程言:"天所付为命,人所受为性。"③"命"实际上就在命者(天)与受命者(生命)之间建立了一种委托性的契约关系,"命"使"天"得以发挥其决定性的支配作用,"性"则使"天"赋予"命"的内容得以表达。④ 正如国学大师唐君毅先生所言:"'命'这个字代表了天和人的相互关系……'命'存在于天人之间

---

① 刘宝楠.论语正义[M].北京:中华书局,1990:44.
② 十三经注疏·礼记正义[M].北京:北京大学出版社,1999:1422.
③ 卫湜.中庸集说[M].杨少涵校理.桂林:漓江出版社,2011:14.
④ 李卯,张传燧:"天命之谓性"《中庸》的生命思想及其教育哲学意蕴[J].湖南师范大学教育科学学报,2016(1):25.

相互的影响和回应以及相互的取予之中。"①

知天命,也就知性,所以就能率性而为。孟子曰:"夭寿不贰,修身以俟之,所以立命也。"(《孟子·尽心上》)人生世间,寿命或长或短,有夭有寿,然君子意在修身,一心尽本分所当为之事,如此安心以俟命,利害听之不闻,祸福任其自至。这种无为而安行的态度,自然能依道复性。故《中庸》有言:"君子居易以俟命,小人行险以徼幸"。即君子知天命,所以能素位而行,随其所欲,无为不安行。穷困通达,丝毫不能扰其心,改其志。小人因不知天命,总是铤而走险,分外营求,即使理不当得之物,也会汲汲以求而不知止。

天命之性,本自真实无妄,但人由于受后天物欲的影响,故而不能明其性。所以子思言"唯天下至诚,为能尽其性。能尽其性,则能尽人之性;能尽人之性,则能尽物之性;能尽物之性,则可以赞天地之化育;可以赞天地之化育,则可以与天地参矣"(《中庸》)。即一念挚诚之心,纯然天理,故能于本具之性,察之极精,行之极致。圣人若能尽己之性,则能推己及人,自利利他,从而能教之化之,使人人皆复其性之本源,故能尽人之性。天下之物,名虽不同,种类万千,但性之体不二,圣人能尽己之性、尽人之性,也能推以及物,爱物养物,使物各顺其自然之性生之长之。人物皆天地之所生,圣人能尽人、物之性,自然也能赞天地化育之功,参天地之道,集天地之德于一身。

二、率性之谓道

"率性之谓道","率,循也。循性行之,是谓道"。② 即顺本性行事就是道。我们一切的言语、行为,日常生活一切的活动,都要顺乎我们自己的本性,这样行出来的就是道。性是先天本具的,是自然就有的,没有后天的功利存其中。"率性"也就是无为而为,没有丝毫的迎合与造作。孟子言:"尧舜,性者也"(《孟子·尽心下》)。即尧舜之所言所行,皆是"无意而安行",是自然而自然地发露,而不是故意有所虚饰。这样形成的道,自然也就没有任何人为的意思在里面。性不因人而异,道自然也不因人而异,是人人应行、能行的。

观天下万事万物,其行都有其应当遵循的轨道,日月星辰、海陆空行皆有其

---

① 唐君毅. 先秦中国的天命[J]. 东西方哲学,1962(2):195-198.
② 十三经注疏·礼记正义[M]. 北京:北京大学出版社,1999:1422.

道，此道不可有一丝偏离。人在社会中生活，人与人之间相互交往，也会形成各自之道，如君有君道，臣有臣道，夫有夫道，妻有妻道，此道也不可须臾离之，离道而行社会就会紊乱。所以道体现出来的是一种应然性，即应该怎么办就怎么办，而不是想怎么办就怎么办。现在人处事，一般是以个人利益为出发点，都是"我想要怎样"，"我的目的是什么"，所以一旦达不到目的，实现不了自己的愿望时，就抱怨、就痛苦。如君臣之间，应该是君以礼待臣，臣以忠效君；父子之间，应是父爱子以慈，子事父以孝；兄弟之间，应该是兄爱护弟弟，弟弟要恭敬兄长。如君不以诚敬臣，只求臣忠于己，则失道矣；如父不以慈爱子，只求子尽孝，也离于道。所以君子之行是只求修己，不求责人。正己才能化人，己能依道而行，才能望他人能依道处事。故当齐景公向孔子问政，孔子曰："君君，臣臣，父父，子子。"君要守君道，臣要守臣道，无论是父子还是夫妇，每个人都要按其本位而行，如此人各尽其道，则社会就会和谐而有序，政治自然安定，此乃人道之大经，政事之根本。

《尚书·大禹谟》有："人心惟危，道心惟微，惟精惟一，允执厥中！""人心"与"危"相联，人心有善有恶，并且人心往往是以利为先，故以"人心"行事则危；"道心"与"微"相联，道虽在人伦日用之中，但人常常是行"道"却不知"道"，所以"道"总以隐微而显。但依道而行，则是顺自然当然之理，所以吉而无害，故子思言"道不可须臾离也"。

因道不可离，所以孔子讲"志于道"。对于道为什么讲"志"？志，《说文解字》："志者，心之所之也"。志就是心所去向的。"志于道者"即心里念念想着此道而不离。《孟子·公孙丑上》言："夫志，气之帅也；气，体之充也。夫志至焉，气次焉。"即心果能志于道，念念不移，锲而不舍，则四肢百骸皆随之运用，则气自收敛。精神摄聚，则照用自出，智慧自然增长。所以《大学》中有说："知止而后有定，定而后能静，静而后能安，安而后能虑，虑而后能得。"朱子释："止者，所当止之地，即至善之所在也。知之，则志有定向。"①因此"知止"就是心有所之，有目标、有志向。而人一旦有了志向，其心就不乱动，故而能静；静则随处而安，凡物都动摇他不得，所以能安；安则遇事便能仔细思量，不忙不错，就能恰当处理事情，所以能虑；处事精详，凡事能以道处之，各得其所止，必然能得，从而圆满自己

---

① 朱熹. 四书章句集注[M]. 北京：中华书局，1983：3.

的志向,止于至善。所以"志"为修道之首,它如定海之神针,又如航海之路标,它虽然至静,却能产生巨动。孔子言"默而识之"者,也即此意也。即人之求道,不能徒务口语而不能存之于心,否则只是增长见闻,不能真正受益。人之求学,要沉静谦默,在心上下功夫,宁静才可志远,淡泊才可明志。

知了"志道"之必然,就知如何"志于道",那就是"道也者,不可须臾离也。"志虽能帅气,但气也能动志。孟子还有言:"志壹则动气,气壹则动志也。今夫蹶者趋者,是气也,而反动其心"(《孟子·公孙丑上》)。意思就是说,志若专一,气就会为之动;相反气若专一,则心思意念,如果不及管摄,也会反之为气所动。就如同奔走过于急促,从而跌倒,这样所驱使的内气,也会使内心更加躁动不安。所以志固然难持,气也不易养,也要慎言语、节饮食。如溺于声色,则耳目易荒;贪于五味,则味觉易钝;嗜于田猎,则精力易耗;喜怒无常,则和平之气易亡。所以圣人志道,须臾不可离。故君子常怀惕栗恐惧之心,虽处暗室屋漏之中,也犹如十目所视,十手所指。其道存于心,不会因穷困而改之,也不会因困难而怯之。因为"人能弘道,非道弘人",弘道之人心中没有难与易,只有应与否,应做之事,虽困难重重,也会勇往直前;不应做之事,虽富贵引诱,也会无动于衷。孟子言:"居天下之广居,立天下之正位,行天下之大道;得志,与民由之;不得志,独行其道。富贵不能淫,贫贱不能移,威武不能屈,此之谓大丈夫"(《孟子·滕文公下》)。广居,指仁说。正位,指礼说。意指"居仁道以为天下广大之居,立礼以为天下之正位,行义以为天下之大路,得志达而为仕,则与民共行乎此,不得志,则退隐独行此道而不回"[①]。处富贵时,虽荣华在前,不能淫其心;处贫贱时,虽饥寒困顿,不能变其节;遇威武时,虽生死攸关,不能挫其志。即守道不屈,立道不移,此可谓真正的大丈夫。

道乃性之显,能依道而行,就能复归于性。道虽不能离,但人并不是时时能依道而行。人由于后天习染不同,气质禀性从而参差不齐,所以人总是会或多或少地偏离其当行之道,那如何回归于道呢?《汉书·匡张孔马传》有:"治性之道,必审己之所有余,而强其所不足,盖聪明疏通者戒于太察,寡闻少见者戒于壅蔽,勇猛刚强者戒于太暴,仁爱温良者戒于无断,湛静安舒者戒于后时,广心浩大者

---

① 十三经注疏·孟子注疏[M].北京:北京大学出版社,1999:163.

戒于遗忘。必审己之所当戒,而齐之以义,然后中和之化应,而巧伪之徒不敢比周而望进。"即要根据自己性情所偏而有所损益,要抑其过补其不足,使其合于道。圣人之所以设礼、乐、刑、政之教皆是由于此。礼是从外来引导人的行为,乐是从内来调节人的情志,政是通过政策、命令来统一人们行为,刑是从事后惩罚的角度来防止人们作恶,四者形式不同,所主不同,但目标一致,都是想办法来把人们的行为统一到道上来,从而实现天下大治的理想。

三、据德以复性

行道有得于心谓"德",所以"德"就"道"来讲,在形而上的成分上又降一层。"德"的古字由"直"与"心"组成,即古"惪"。此类文字可见于战国时期的命瓜君壶和中山王鼎。关于"惪"字,在《说文》里被解释为"得":"外得于人,内得于己也。"段玉裁注:"内得于己,谓身心所自得也。外得于人,谓惠泽使人得之也。"从此意理解,德乃修道过程中产生的。道本来是无为、是静、是本有,德则是有为、是动,动而省修,不使心离于道而有所得,故而有德。"内得于己"是自己有所体悟,有所受用,对应《大学》中的"在明明德",即明了自己本性之明德;"外得于人"是在自己明明德基础上使人明明德,即朱子所说"先觉觉后觉",也就是《大学》中的"亲人"。"内得于己"是自利,"外得于人"是利他,自利利他相结合,就是修身、齐家、治国、平天下之大学问,所以修德就可证道,由道可以达性。另外,《礼记·乡饮酒义》中也有:"德也者,得于身也。"即是指人通过礼乐教化从而能够获得对道的认识,并能够运用于自身,这就是有德。

"道"乃实相之真,乃虚明洞彻,本无动相。人感于物而后有动,如果动而能觉,觉而复明,此谓"明德"。如果动而不能觉,则离道日远,所以修道就是要不断反躬内省,使心不失正。所以孔子讲"志于道,据于德"。道之本体是虚灵不昧,至静至灵但又虚而不实,难以言说的,所以讲"志"。德是感于物而有动,是人之欲初显,所以要"据"。

据,《说文解字》释为:"据,杖持也。"意思是指,德如手杖,必须持之勿失。因为一失,身体就会失正,就会跌倒。如前所述道之本性不动,动者是心,心一动,就应该马上省修,使其不使正,此就是得,即是"德者,得也"。朱子对于"据于德"的解释是:"据者,执守之意。德者,得也,得其道于心而不失之谓也。得之于心而守之不失,则终始惟一,而有日新之功矣。"①道是人的最高追求,是心之所之。而德就是在追求道的过程中,依道而行最初所得,也是道的最初之动相。所以《礼记·乐记》有:"德者,性之端也"。端,即孟子言"四端"之端。《礼记集解》释:"性在于中,而发而为德,德者,性之端绪也。"[3]p1006 由此可见,德为修道之初显。所以对于德必须要持之不离,心念每走一步,都要牢牢抓住"德"这一手杖,使心不使正,从而复归于性。

道是天地人之间本自之真,所指代是宇宙之所以存在的存在,是实相之真。这种真不会因人而异,它是客观的绝对的。德是依道而行的最初表现,如父依其本位而行,自然慈;子依本位而行自然孝。慈与孝是父子之道的表现,所以慈与孝严格来讲是德不是道。但道不可说,所以用慈与孝勉强说之。道无高下、无大小,天道、地道、人道、夫道、妇道皆是道在不同关系、不同伦常中的显现,实则是一,不是二。所以德从横向来讲,如孝、悌、忠、信、礼、义、廉、耻之间也就无大小、无高下。人于父子关系言孝,与朋友关系则言信,于君臣关系则言忠,不同德目都是在不同的伦常角色中的显现。以《孝经》为例,孝经分别言五等之孝,五等之孝中实际已经蕴含了诸德。从事本上来看,孝是基础,人在家不能孝父母,则不能对君忠,不可能对友信,也不可有廉洁之德,不可能有进退之礼。但从理本上分析,则诸德全是一颗赤子之心在不同境遇中的体现。并且,五等之孝之间不可能划一道界限分明的分界线,天子之孝庶人行得,士人之孝卿大夫也不可失,位有尊卑,而孝无加损。都是"各止其所止,各为其所为",即都是每人尽力完成自己的分内之事,依循自己本应行之道而已,哪里有高下之分。

但是德必定是主观性的,是每个行为主体在行道过程中有所得。由于志于道的程度不同,所得也有大有小,有明有暗。所以德从纵向来讲,从个人的主观层次来看还是有大有小的。如孝有大小,有小孝、中孝、大孝的区别。小孝养身,中孝养心,大孝养志。另仁作为人之德,也有高下境界的区分,有安仁、利仁、强仁。安仁是无所求而安于仁,利仁因行仁有利而主动求仁,强仁是惧怕惩罚而被迫为仁。以德为例,则有至德、君子之德、小人之德之差。至德者,则是周公、泰伯之属,如孔子言:"周之德,其可谓至德也已矣"。"泰伯,其可谓至德也已矣。

---

① 朱熹:四书章句集注[M].北京:中华书局,1983:94.

三以天下让,民无得而称焉"(《论证·泰伯》)。至德可以与天地媲美,与日月同光,纯一颗利人之心,为而不害、利而不争,其大不可称,其厚不可量。"君子喻于义,小人喻于利"(《论语·里仁》)。"君子之德风,小人之德草。草上之风必偃"(《论语·颜渊》)。君子之德,由于是道义存心,所以能如风一般感乎人;小人之德,由于是利益存心,所以能如被风吹一般而被君子所感。德除这三者以外,还有一类,即"德之贼"。孔子曾曰:"乡原,德之贼也"(《论语·阳货》)。孟子言此等人:"非之无举也,刺之无刺也,同乎流俗,合乎污世,居之似忠信,行之似廉洁,众皆悦之,自以为是,而不可与入尧、舜之道,故曰'德之贼'也"(《孟子·尽心下》)。此种人能够左右逢源,貌似忠信,而非忠信;行似廉洁,而非廉洁,不顾道理之是非,只图流俗之喜悦。人见他以此得人心,取声誉,便争相效仿,所以乱德惑众,被称为"德之贼"。

总之,德因个人据之程度有异而有差,但德最终源于道与性,人人可以通过据德以证道达性。马一浮讲:"学术一方面不能滞于事物与知识边,止于闻见,而必须以穷理尽性为目的""向外求知是谓俗学,不明心性是谓俗儒,昧于经术是谓俗吏,随顺习气是谓俗人"。[①] "德"作为主体的心性行为,其目的就是要"从德入道"最终以"复性",这是儒家求学的根本目的所在。

四、依仁以达性

孔子最喜谈仁,仁在《论语》中出现的频率也最多,但孔子从未明确告诉我们何谓仁之本。孔子只是针对学生的不同情况,告诉他们如何实现仁,也即所谓的"仁之方"。"仁之方"也即仁在某一方面的体现。孔子教学生,是因材施教。因为每个学生的资质不同,性格各异,遇到的具体的问题也不同,所以孔子给予的答复也不同。如樊迟问仁。子曰:"爱人。"司马牛问仁,孔子曰"仁者,其言也讱"(《论语·颜渊》)。诸如此类的回答,就是所谓"仁之方",即孔子只就仁的一个方面,加以指点,使其作为实现仁的起步工夫、方法。但从其对仁的论述中,我们还是可以窥见"性与天道"的影子。因为"下学而上达",仁之方虽是下学,但是下学一步步上达,我们还是可以把握仁之本体。

---

① 马一浮.马一浮新儒学论著集要[M].北京:中国广播电视大学出版社,1995:19.

孔子诸弟子当中,以颜回的悟性最高,所以在所有弟子问仁的回答之中,给予颜回的回答也最直截了当,直达仁之体。颜渊问仁,子曰:"克己复礼为仁。一日克己复礼,天下归仁焉。为仁由己,而由人乎哉"(《论语·颜渊》)。克,即胜。这里的"己"是人心之私欲,是障蔽仁的总原因。战胜自己的私欲,能够依礼处事,仁之本体自然显现,因为天下皆涵融于自己仁德之内,混然与物同体。即仁原本在人,本无不具,人只是累于己私,不能自克,才流于不仁。求仁不是向外寻求一个仁,只要人自觉内省,拨去不仁就是仁。显而言之,仁非外在,而是人人自有的本质,人只要依此修养省察,自能见仁之本,所以有"为仁由己,而由人乎哉!"

这里,孔子虽未明说仁即是人性,但暗含了人性本善。仁内在于每一个人的生命之内,不是一种向外寻求的东西,而是一种生命的自觉,是人类自身道德的觉醒。所以孔子有言:"仁远乎哉?我欲仁,斯仁致矣"(《论语·述而》)。这句话的表面含义是,仁距我们很遥远吗?如果我决意要行仁,我们马上就会到达仁。仁既然不是一件具有广延性的实体,而是道德原则上的一种规定性,那么"至"就不是空间意义上的到达,而是仁体的当下呈现。问题在于,为什么作为主观的个体,通过个人的主观努力就能达仁呢?朱子给出了明确答复:"仁者,心之德,非在外也。"即仁是人人本具的德行,不是外在于身的,而是人人本自具足的,圣人不加多,愚人不加少。所以为仁,乃人之分内事,与他人无关。既然仁义内在于己,所以人只需反身自省,志道据德,依仁行事,自然能达仁之体。

因为仁是性德之显露,是人人都具备的德行,所以为仁这一门学问也不再是一个能不能的问题,而是一个为不为的问题。因为凡是外在的东西,我们不一定都能求而能得,但内在于己的东西,人人都能求而得之,因为本来就不曾失去。仁是作为生命根源的人性的自然显露,本就未失,只要人能擦拭掉外在之污垢,就会重现生命本具之光明。所以孔子言"为仁由己",又言"君子求诸己,小人求诸人"。君子已经意识到仁乃人人皆具的内在资源,所以心欣欣然而求仁,而不以此为苦,虽居陋巷、饭蔬食饮水也乐在其中。而那些未自觉自身之"仁"的"小人",则只是从事"求诸人"的"为人之学"而已。

由此可知,仁之本就是性之本。仁是人性的展开与运用,人性是以仁的形式功能性地存在,仁性即人性,人性即仁性。"人生的超越不是通过对人性的否定来实现，而是通过对人内在的自我提升能力的开发来实现。"①现实中的每一个人要成就自己，毋需向外索求，只需首先意识到生来就有的自己内心的仁本，然后将仁的自觉化作积极的内在欲求，通过切实的实践将仁用到生活日用中去。这个过程是仁的实现过程，同时也是人性的实现过程。

第三节　孔子人性论思想的开拓发展

孔子关于天命、道、德及仁的论述，全过程贯穿一种人性假设：人性是天赋的，是人人本具的，它在本质是相近或相似的，没有太大差别，造成善恶悬殊的是人的后天习性。

孔子虽然没有明确提出"人性本善"的思想，但已经暗含了这种意思，只是还没有把它客观化出来，加以观念的诠释，所以才造成了子贡的"不可得闻"之叹。在这方面，孟子的人性论则直言性善。故陆九渊言："夫子以仁发明斯道，其言浑无碑缝，孟子十字打开，更无隐遁。"②

《孟子·滕文公上》有云："滕文公为世子，将之楚，过宋而见孟子。孟子道性善，言必称尧舜"。另《孟子·公孙丑上》："今人乍见孺子将入于井，皆有怵惕恻隐之心，非所以内交于孺子之父母也，非所以要誉于乡党朋友也，非恶其声而然也。由是观之，无恻隐之心，非人也；无羞恶之心，非人也；无辞让之心，非人也；无是非之心，非人也。恻隐之心，仁之端也；羞恶之心，义之端也；辞让之心，礼之端也；是非之心，智之端也。人之有是四端也，犹其有四体也"。此处，孟子明确断言"人皆有不忍人之心"，从何处可验？大凡人处事，在从容闲暇之时，总有或多或少的伪装与掩饰。而在事情骤发的情况下，容不得丝毫思虑，此时所发全然真心。由此可见四端乃人心之本具，是自然本有，不加虚饰的。人有四端，犹有四体。四体是人生而有之，四端也是人生而本具。并且由此时的心善，就可证明性善。因为人此时所为，全是自然而然的流露，是无为而为，是率性而为，是性之本体的当体呈现。

关于性善论，孟子随后在与告子争辩中进一步阐述。告子认为人性无有善

---

① 赵法生.孔子人性论的三个向度[J].哲学研究,2010(8).
② 陆九渊.陆九渊集[M].北京:中华书局,1980:398.

与不善,善与不善都是后天的习惯造成的。告子言:"性犹湍水也,决诸东方则东流,决诸西方则西流,人性之无分于善不善也,犹水之无分于东西也"(《孟子·告子上》)。告子认为,性无定体,就像流动的水一样。水流本无定向,决之引之东流则东流,决之引之西流而西流。因此人性也无善与不善,全看其后天所习如何。孟子就其言而反驳:"水信无分于东西,无分于上下乎? 人性之善也,犹水之就下也。人无有不善,水无有不下"(《孟子·告子上》)。水虽东西无常,但却上下有常。虽决东而东流,但势必东方的地势为下;决西而西流,西方的地势必不能高。人性本善,就如同水之就下。水可使其流于高山之上,也可使其溅过人的头顶,但这不是水的本性,是人为的力量迫使如此。人之为恶也同理,人之所以为恶,不是其本性,而是后天的习气使然。

告子进而"以生释性",认为性是与人俱生者,生者能动,则动是性;生者能觉,则觉是性,知觉运动之外,更无别性,所以性无有善与不善。孟子曰:"生之谓性也,犹白之谓白与?"告子曰:"然。"孟子进而问:"白羽之白也,犹白雪之白。白雪之白,犹白玉之白与?"曰:"然。"孟子于是讲:"然则,犬之性犹牛之性,牛之性犹人之性与?"既然凡天生带来的就叫作性,如同"白"这种颜色人与动物皆有,如果把它认为是性,那么就无法将人性与其他动物的性区分开来。也就是说孟子的"人性",不仅是人天生就有的,还是人与动物的本质性区别。"圣人与我同类者","若犬马之与我不同类也"(《孟子·告子上》)。

孟子反对"以生论性",是反对把性看作人生而就有的生物本能,而不是反对把性看作是人天生就具备的禀赋。孟子曰:"人之所不学而能者,其良能也;所不虑而知者,其良知也"(《孟子·尽心上》)。即性出自天,是人本具的,不是通过后天的学习与思虑得来的。"恻隐之心,仁也;羞恶之心,义也;恭敬之心,礼也;是非之心,智也。仁义礼智,非由外铄我也,我固有之也,弗思耳矣"(《孟子·告子上》)。即仁、义、礼、智不是由外铄于内的,是与生俱生、与形俱形,人固有之天性。

因此举天下之人,虽有圣贤愚不肖之差别,但论其本性,皆有此本善之性,所以有"尧舜与人同耳"。所同是本性,所不同的是后天的习性。"心之所同然者何也? 谓理也,义也。圣人先得我心之所同然耳"(《孟子·告子上》)。圣贤之所以为圣贤,乃是由于他们把本性之善发挥得淋漓尽致;愚人之所以为愚人,乃是由于其本性被物欲之蒙蔽。

人正是由于有是心、有是性，所以人之为学的目的就在于复其性。孟子曰："仁，人心也；义，人路也。舍其路而弗由，放其心而不知求，哀哉！人有鸡犬放，则知求之；有放心而不知求。学问之道无他，求其放心而已矣"（《孟子·告子上》）。人生于世间，往往是为物所动，爱小物而忘大体。仁义乃人心之全德，是关乎人的身心性命之大事，何等重要，但人却把它放于心外，不知营求。饲养鸡犬，无关轻重，是何等之小事，人却汲汲营求。此反常之现象成为世间的正常现象，所以学问的核心目的就是收敛放肆之心，放却无关之物。

因性乃人之本具，所以人人都能求此所放之心，人皆可以为尧舜。"舜，何人也？予，何人也？有为者亦若是"（《孟子·滕文公上》）。性之在人，同具于天，同具于人，无大小、无古今、无贤愚。如若尧舜是人不能为，则性就会因人而异，人也不能由愚变贤，天下岂有是理？人与人的区别，不在于性，而在于后天的习惯、习气、环境等因素。在人性上人是平等的，没有丝毫差别，圣人所作所为，凡人亦可，只因人画地自限，自短其志，所以不能也。所以孔子讲"当仁不让于师"，凡道之所在，义之当往，人绝不可畏惧不前，而应勇于担当、敢作敢为。如为天地立心、为生民立命、为万世开太平，哪有承让之理！所以人之为善，绝没有能与不能之说，只有为与不为之别。为之，克己内省，则可为圣；不为，日沦于下，故贤不肖差别大矣。故孟子言："人之有是四端也，犹其有四体也。有是四端而自谓不能者，自贼者也；谓其君不能者，贼其君者也。凡有四端于我者，知皆扩而充之矣，若火之始然，泉之始达。苟能充之，足以保四海；苟不充之，不足以事父母"（《孟子·公孙丑上》）。人有四端，犹如人有四体，是天生就具备，自然本有的。若人自轻其能、自非其是，则是不知自爱，自贱自贼也。人如知此四端皆备于我，进而勤而行之，不惰不辍，则如始燃之火，不可扑灭；如始涌之泉，不可壅竭。故此四端如扩而充之，推己及人，仁无所不爱、义无所不宜、礼无所不敬、智无所不知，则四海之内，无所不治矣。但若不扩不充，则虽有若无，性之体虽虚灵不昧，但终不显用，即使孝养父母之小事，恐也难成。

故人不可自暴自弃，孟子言："自暴者，不可与有言也；自弃者，不可与有为也"（《孟子·离娄上》）。暴，是害。人性本善，不自外求，只需在自身涵养上用功，自能得其性之充与达。但有一种人，自以为是，不受善言，即使好言相劝，也视人为愚,视己为智,所以这等之人,不可与有言。另一种人,甘处于下,不肯向上,即使知此事该做当为,也懒而不做,似这等怠惰之人,不能期望其有作为。《老子》曾言:"上士闻道,勤而行之;中士闻道,若存若亡;下世闻道,大笑之,不笑不足以为道。"道本天地间之真理,是关于存在的存在,是实相之真,但不同人听闻形而上之大道,反响不同,上根之人,信之行之,不辍不疑;中士之人,是半信半疑,似有非有;下士之人,则完全不信其真,而大笑之。自暴之人,可谓下士之人,不可与言。但若知道而不行道,是谓自弃,未免可惜。如此之人,可谓是"怀其宝而迷其邦"。孟子言:"祸福无不自己求之者。《诗》云:'永言配命,自求多福'"(《孟子·公孙丑上》)。因性在己,所以祸福之求也在己。率性而为,依道而行,据德依仁,自然多福。违道逆德,傲惰无礼,自然多祸。所以祸福在己不在于人,命在己也不在于人,故言"永言配命,自求多福"。

孟子的人性论思想与孔子的人性思想是一脉相承的,可以说孟子的"性本善"是对孔子"性相近"的进一步发展。孟子的人性论思想奠定了整个儒家心性论思想的基础。虽然后来荀子提出了"性恶"说,但程朱都认为其所谈的是"习性"而不是人之为人的"本性",所以程子曰:"荀子极偏驳,只一句性恶,大本已失。"①宋明时期的儒学援佛入儒,在具体观点方面虽然有异于孔、孟,但还是坚持"性本善"这一主张的。王阳明曾言:"性无不善,故知无不良,良知即是未发之中,即是廓然大公,寂然不动之本体,人人之所同具者也。"②可以说,"性本善"思想奠定了整个儒学的形而上本体,成为其他一切思想的基础。道、德、仁、礼、乐、孝、悌等等所有的哲学思想都建立"性"之一本体之上,"人性"也成为我们理解其他一切思想的枢纽。

---

① 朱熹.四书章句集注[M].北京:中华书局,1983:198.
② 张立文主编.王阳明全集[M].北京:红旗出版社,1996:66.

《论语》大义之九：中庸

《孔子家语·三恕》记载这样一则典故：

> 孔子观于鲁桓公之庙，有敧器焉。夫子问于守庙者曰："此谓何器？"对曰："此盖为宥坐之器。"孔子曰："吾闻宥坐之器，虚则敧，中则正，满则覆，明君以为至诚，故常置之于坐侧。"顾谓弟子曰："试注水焉。"乃注之。水中则正，满则覆。夫子喟然叹曰："呜呼！夫物恶有满而不覆哉？"子路进曰："敢问持满有道乎？"子曰："聪明睿智，守之以愚；功被天下，守之以让；勇力振世，守之以怯；富有四海，守之以谦。此所谓损之又损之之道也。"

此敧器虚则敧，中则正，满则覆，告知人们一个道理就是要保持"中道"。《论语》中直接谈到"中庸"的只有一次，即在《雍也》："中庸之为德也，其至矣乎！民鲜久矣。"但是这一"中庸"思想却是儒家的一个核心思想，也是圣贤代代相传的一重要的道德原则。《论语·尧曰》："尧曰：'咨！尔舜。天之历数在尔躬，允执其中。四海困穷，天禄永终。'舜亦以命禹。"据皇侃疏："中，谓中正之道也。言天位运次既在汝身，则汝宜信执持中正之道也。"①咨，为嗟叹声。历数，为帝王相承的次序，如同岁月节气的先后一般，所以称为历数。允，即信。天禄，即天位。此时尧有重诚告于舜，所以是叹而后言，自古帝王更替，无不是天之所命。此时天命付于舜，即将帝位传于舜之身。舜必要安天下之民，不可负此天命。而天下之

---

① 皇侃.论语义疏[M].北京:中华书局,2013:516.

事虽系繁杂,然其所遵循的大道却至简,此道就是中。即做事要守中正之德,不可过与不及,也不可偏私,如此兢兢业业,自然天位常存。如若失中,四海之民穷困潦倒,那么天位也要永远失去了。尧之言不可不谓语重心长,舜一生是铭记在心,执两而用中,所以舜传位于禹,亦如是告诫禹。

孔子之后,子思又作《中庸》以传此道。朱熹在《中庸章句序》说:"中庸何为而作也?子思子忧道学之失传而作也。盖自上古圣神继天立极,而道统之传有自来矣。其见于经,则'允执厥中'者,尧之所以授舜也;'人心惟危,道心惟微。惟精惟一,允执厥中'者,舜之所以授禹也。……夫尧、舜、禹,天下之大圣也。以天下相传,天下之大事也。以天下之大圣,行天下之大事,而其授受之际,叮咛告戒,不过如此。则天下之理,岂有以加于此哉?"①可见,中庸之道不仅是人行为的最高标准,也是圣贤之道代代相传的不变之心法,更是安邦治世的不变之法则。天下事虽纷繁复杂,但其理却至简,依乎中庸则一切都能迎刃而解。另外,关于《中庸》的微言大义,朱熹在《中庸章句》题解中又说:"此篇乃孔门传授心法……其书始言一理,中散为万事,末复合为一理,'放之则弥六合,卷之则退藏于密',其味无穷,皆实学也。善读者玩索而有得焉,则终身用之,有不能尽者矣。"②子思作《中庸》,目的就是传承孔子的心法,所以《中庸》侧重于形而上的心性,开篇讲的就是"性"与"道"。"中"在《中庸》之中有明确论述,"中"属于形而上之本体,这一中道是儒家的核心,是孔门代代相传之道。《中庸》一书总体来看,其所言的唯一义理就是"中"。但道不远人,道又蕴含在自然界的万事万物之中,所以它散为万事。但万事终归不离这一理,所以"末又复合为一理",即复合于"中"。由此不难看出"中庸"在儒家哲学思想中处于一个形而上的核心的地位,万事万物都应依乎"中庸"。

第一节 中 庸 释 义

在《论语》中,孔子给予了"中庸"以很高的评价,但"中庸"之道非孔子独创,它是尧、舜、禹代代相传的修身、治国之法宝,它由来已久,有着深厚的历史积淀。

---

① 朱熹.四书章句集注[M].北京:中华书局,1983:14.
② 朱熹.四书章句集注[M].北京:中华书局,1983:17.

《尚书》中屡次提到"中德"，除上面舜亦以命禹的"允执厥中"以外，武王封康叔于卫时，因卫地素染商纣之恶，臣民皆酗酒败德，几至于亡国破家，武王特作《酒诰》以戒之，其中就有言："尔克永观省，作稽中德"，即要常常反观内省，凡是思虑行为都务必要合于中正，无过与不及之差。

在《尚书·立政》中，周公诫成王为政之道时又说道："兹式有慎，以列用中罚。"即刑罚要得中，不可过重，流于暴刻；也不可过轻，失于宽纵。要谨慎裁断，用刑得当。

在《尚书·毕命》良王戒毕公曰："呜呼！父师，邦之安危，惟兹殷士，不刚不柔，厥德允修。惟周公克慎厥始，惟君陈克和厥中，惟公克成厥终。三后协心，同底于道，道洽政治，泽润生民。"当时，由毕化代替君陈治理殷民，康王才如示告诫毕公。殷民能否被化而驯服，关系到全国的安危，然而治国之要，在于要合乎中道。过刚则不免暴刻，过柔又不免纵容姑息。周公之时，殷民反判动摇，周公亲自治之，不敢稍有疏忽，其行为可谓是慎于始。到君陈治殷，遵循周公之遗风，刚柔并用，威惠并行，民风日善。康王希望毕公现在能继周公、君陈之法，把持中道，宽猛相济，刚柔相合，如此推之于政事，自然纲举目张，件件修明，天下无有不治，万民无有不泽。

另《尚书·吕刑》中："非佞折狱，惟良折狱，罔非在中。察辞于差，非从惟从。哀敬折狱，明启刑书胥占，咸庶中正。"意思即是说，刑罚之要莫过于得中，而只有温良和易，心地慈善，又能公正执法之人，才会不失中道。对于案情，要详细审察，不可偏执；要哀悯存心，不可过于苛责；要敬慎从事，不能过于疏忽，如此才能趋于中道，既不冤枉于无罪，也不会姑息于有罪。

另在《孟子·离娄下》中，孟子对商汤，有"汤执中，立贤无方"的评价，即成汤坚持中正之道，举拔贤人不拘泥于一定的常规。

另外在《易经》中，经常看到"中行"这一概念。如《师卦》六五："长子帅师，以中行也"；《泰卦》九二："得尚于中行"；《复卦》六四："中行独复"；《益卦》六三："有孚中行"；《夬卦》九五："中行无咎"等等。一阴一阳的交互作用构成了《易经》的八八六十四卦，所以《易经》整部哲学思想强调就是对立双方的辩证统一，对立双方要互相补充、互相协调，才能使事物和谐发展，过于强调任何一方都不是吉祥的，所以事物的发展要合乎中道，适中才是正确的、最富有生命力的。

据统计,"被《易传》及后来的易学称为'中爻'的二、五爻吉辞最多,合占47.06%,差不多占到了总数的一半;其凶辞最少,合计仅占13.94%"①。由此足见行中道的重要性。

历代典籍对"中庸"之道如此重视,那么何为"中庸"呢?

一、中

"中"的甲骨文字形,就像旗杆,上下有旌旗和飘带,旗杆正中竖立。所以"中"的本义就是"中心""当中"之意,指一定范围内部适中的位置。另《说文解字》:"中,内也。从口。丨,上下通。"段玉裁注:"内也。俗本和也,非是。当作内也。宋麻沙本作'肉也',一本作而也,正皆内之譌。《入部》曰:'内者,入也'。'入者,内也'。然则'中'者,别于外之辞也,别于偏之辞也,亦合宜之辞也。"按段氏的解释,中有三个含义:一是事物的内部,与外对。如《荀子·非相》:"五帝之中无传政";《仪礼·乡射礼》:"皮树中、闾中、虎中、兕中、鹿中。"二是中央、中正,与偏对。《仪礼·大射仪》:"中离维纲";《周礼·射人》:"与太史数射中。"《礼记·射义》:"持弓矢审固,然后可以言中";《晏子春秋》:"衣冠不中,不敢以入朝"。三是合宜。如《战国策·齐策二》:"是秦之计中,齐、燕之计过矣。"

根据上述解释,人们对"中庸"之"中"字的含义,主要有以下两种解释:其一,不偏不倚、合理。朱熹在《中庸章句》标题下注说:"中者,不偏不倚、无过不及之名。"②今人杨伯峻先生将"中"解释为"最合理而至当不移"③。其二,中和。皇侃在《论语义疏》说:"中,中和也。"④邢昺疏曰:"中,谓中和。"⑤这两种解释可以说是最权威的,也是最被人们认同的两种解释。有的学者对第一种解释提出疑义,认为"以不偏不倚解释中似是而非",认为孔子讲主次关系,承认差距,要求矛盾的主要方面与次要方面取得相对平衡。朱熹以"不偏不倚"来解释,则掩盖了矛盾,中变成平等关系,没有差距,没有主次。实质上"不偏不倚、无过与不及"指的就是对立的双方达到一种平衡的状态,不是掩盖了矛盾,而是能够更好地处理

① 黄沛荣.易学乾坤[M].台北:大安出版社,1998:146.
② 朱熹.四书章句集注[M].北京:中华书局,1983:14.
③ 杨伯峻.论语译注[M].北京:中华书局,1980:219.
④ 何晏,皇侃.论语集解义疏[M].北京:中华书局,1985:82.
⑤ 十三经注疏·论语注疏[M].北京:北京大学出版社,1999:83.

矛盾双方的关系。

再来还有一种解释是把"中"，理解为"折中"，即当老好人，不发表自己的意见，既不说好也不说坏，既不赞成也不反对。实际上这才是真正地回避矛盾，而这种态度是孔子最为反对的。从《论语》可知，孔子对"巧言、令色、足恭"，"匿怨而友其人"（《论语·公冶长》）的行为十分厌恶，对"阉然而媚于世"的"乡愿"给予严厉的痛斥，认为"乡愿，德之贼也"（《论语·阳货》）。可见，有些人把"中庸"理解成"折中"是完全曲解了孔子的本意。

二、庸

《说文解字》释庸："用也。从用从庚。庚，更事也。《易》曰：'先庚三日。'"段玉裁注："先庚三日。巽九五爻辞。先庚三日者，先事而图更也。引以证用'庚'为'庸'。"庚，表示变更做法。庸，从庚。所以"庸"的原义是"用"。另《尔雅》："庸，常也。"而"常"，《说文解字》："常，下帬也。从巾尚声。裳，常或从衣。"段玉裁注："下帬也。《释名》曰：上曰衣。下曰裳。……从巾，尚声。从巾者，取其方幅也。引伸为经常字。"常的本意是古人穿的下裙，引申义是"永久的""固定不变的"，如我们经常提及的"三纲五常""常道"。《荀子·天论》："天行有常，不为尧存，不为桀亡。"此句中的"常"也指"常道"。后"常"又引申出"经常""平常"的意思。"庸"有时就取"经常""平常"义。那么"中庸"中的"庸"如何解释呢？

关于"中庸"之"庸"字，一般有三种解释：一是取"庸"的原义，即用。孔颖达在《礼记正义》中说："名曰'中庸'者，以其记中和之为用也。庸，用也。"①其二，常。何晏注《论语》："庸，常也。中和可常行之德也。"②邢昺疏曰："庸，常也。"③朱熹引程子语："不偏之谓中，不易之谓庸。中者，天下之正道，庸者，天下之定理。"④其三，平常。朱熹在《中庸章句》标题下注说："庸，平常也。"关于"庸"的"用""常"两种释义，学术界一般没有异议。但对于朱熹的"平常"的界定是否正确学术界出现两种不同意见。刘宝楠师承汉学，反对以"平常"释"庸"，主张以

① 孔颖达.礼记正义[M].上海：上海古籍出版社,1990：877.
② 何晏.皇侃.论语集解义疏[M].北京：中华书局,1985：82.
③ 十三经注疏·论语注疏[M].北京：北京大学出版社,1999：83.
④ 朱熹.四书章句集注[M].北京：中华书局,1983：17.

"常"释"庸",他在《论语正义》中言:"古训以庸为常,非平常之谓也。"①他还引《周易·文言》的"庸言之信,庸行之谨"及《荀子·不苟》的"庸言必信之,庸行必谨之",曰:"庸,常也。谓言常信,行常谨。"然而杨伯峻却赞成朱熹的注解,他说:"孔子拈出这两个字,就表示他的最高道德标准,其实就是折中的和平常的东西。"②

把"庸"释为"常"比较容易理解。《中庸》:"中也者,天下之大本也"。朱熹:"大本者,天命之性,天下之理皆由此出,道之体也。"③"中"既然是道之体,所以就应该常履而行之,不可须臾离也。但是把"庸"理解为"平常"又作何解释呢?陈淳《北溪字义》说:"凡日用间人所常行而不可废者,便是正常道理。惟平常,故万古常行而不可易。如五谷之食,布帛之衣,万古常不可改易。"④按如此理解就是,正因为平常,像食五谷之属,所以不可废,要常而行之。听起来很有道理,但感觉还是有一些迁强,解释的还不够透彻。难道平常的就应该常而行之吗? 尤其现在社会中不正常的正常现象太多,对于这些现象,难道也要常而行之吗? 能给出最圆满解释的,当属明朝的德清,他在《中庸直指》中说道:"庸者,平常也,乃性德之用也。谓此广大之性,全体化作万物之灵,即在人道日用平常之间,无一事一法不从性中流出者。故吾人日用行事之间,皆是性之全体大用显明昭著处。以全中在庸,即庸全中;非离庸外别用中也。子思得孔子之心传,故述其所传者如此,命其名曰'中庸'。"从此论述中得知,"庸"释为"平常"是从用的角度来讲,"中"作为形而上之道,与普通人的日常生活是紧密结合的,所谓"道不远人""人能弘道"均是此意,指"道"要在人们的平常生活中去运用并实现。实际上这也正是二程的"理一分殊"思想,万事万物统归于一理,但这一理又非独立自存,其必散殊于万事万物之中。人不可脱离事与物去追寻绝对抽象的理,人必须要在日常生活中去践行这一理、去悟这一理,这样才能真正明白理为何物。如此,我们就能把"常"与"平常"的关系搞清楚了。"平常"是就用讲,道体现在平常生活之中;"常"当"常行""常用"讲,体现在"平常"中的道必须要"常行""常用"。明了"中"与"庸"的含义,也就可以谈何谓"中庸"了。

---

① 刘宝楠.论语正义[M]北京:中华书局,1990;247.
② 杨伯峻.论语译注[M].北京:中华书局,1980;64.
③ 朱熹.四书章句集注[M].北京:中华书局,1983;18.
④ 陈淳.北溪字义[M].北京:中华书局,1983;49.

三、中庸

根据前面"中"与"庸"的含义，人们对"中庸"的理解也呈现出如下几种情况：

一是"用中"。汉儒郑玄在《礼记·中庸》里这样解释道："名曰中庸者，以其记中和之为用也。庸，用也。"①但由于"中"有两义，第一义是"不偏不倚"，第二是"中和"，所以又有人认为"中庸"是"中之为用"或"中和之为用"②。

二是把"中庸"释为常行之德。何晏在谈及"中庸之为德也"时说："庸，常也，中和可常行之德也"；朱熹引程子言："不偏之谓中，不易之谓庸。中者，天下之正道，庸者，天下之定理。"并且朱熹也明确说道："中、庸只是一个道理，以其不偏不倚，故谓之'中'；以其不差异可常行，可谓之'庸'。未有中而不庸者，亦未有庸而不中者。"③

三是从"庸"的"平常"这一含义解释"中庸"。钱穆先生认为"中庸"观念的重点是在"庸"字；"庸"乃是指人人应行、人人能行之事所言。"庸"的根据在于"中"，所以称为"中庸"。中庸之所以是人人所应行、所能行之事，皆系因其发自性命。所以性命与"中庸"，实在是"相即"而不可离。④

细分析，这三种含义并不相悖。"中"与"和"的具体含义，在《中庸》一书中虽有明确划分，"中"为体，"和"为用，但实质体用是密切联系的整体，离体无法谈用，用不可离体。所以把"中庸"释为"中之为用"或"中和之为用"均有道理，这在现实生活中也不会引出歧义。再来，"中"作为"道"之体，必然是常行之道，而这常行之道，必然要在日常生活中运用才能显，即"道不远人"，"人能弘道，非道弘人"。

"中庸"之道虽然人人能行，也人人应行，但如真正用"中"却真真正正需要博学、审问、慎思、明辨、笃行的功夫，故孔子称"中庸"之德为"其至矣乎"，并感叹"民鲜久矣"！"至德"这个概念在《论语》中出现过两次：一次是"泰伯其可谓至德也已矣！三以天下让，民无得而称焉"（《论语·泰伯》）。人生天地间，大都

---

① 十三经注疏·礼记正义[M].北京：北京大学出版社，1999：1442.
② 金景芳，吕绿纲.论中庸[J].孔子研究，1993（3）：128.
③ 黎靖德.朱子语类[M].北京：中华书局，1986：1483.
④ 钱穆.中国学术思想史论丛：卷二[M].北京：生活·读书·新知三联书店，2009：91－92.

受利益所惑,并把对物质利益的追求作为一生的奋斗目标。天下之利虽大,但泰伯能"三以天下让",心丝毫不为之所动,心中只有承全父亲与兄弟的大义,所以被孔子称为"至德"。另一次是孔子赞文王:"三分天下有其二,以服事殷。周之德,其可谓至德也已矣"(《论语·泰伯》)。人臣事君,虽为臣之本分事,然而以纣之无道,国祚日益衰颓,文王发政施仁,民心不向纣而向周,天下大势三分之二已归向文王,文王如若以仁伐暴,定然易如反掌,然文王仍以臣之礼事纣,可谓时可为而不为,势可取而不取,所以不是"至德"又何以称之呢?

那中庸又为什么称为"至德"呢?答案实际上就在孔子的原话之中,因为"民鲜久矣"!天下之事,做过了些,便为失中;做不及,则为未至,都非尽善尽美之道。只有"中庸"之理,既不太过,也无不及。然而人生于世,由于自己的气禀所拘,受自己的情绪所控多,按道理所行少,更不能谈率性而行,所以不是太过,就是不及,很难得于"中道"。孔子说:"天下国家可均也;爵禄可辞也;白刃可蹈也;中庸不可能也"(《中庸》)。经营天下国家治平之大事,至繁又至艰,然而如若人资质聪敏,励精图治,也不难;面对厚官重禄,人是难辞,然而品德廉洁的,也不难辞;白刃摆于面前,面临生死考验,能够勇而不惧,也是难为,但资质强毅的真正勇者,也能舍生取义。唯有"中庸"之道,虽是人日用常行的,看似容易,然而只要知之不真,行之不彻,就不能进入中庸之道。

《中庸》中说:"君子之道费而隐,夫妇之愚可以与知焉,及其至也,虽圣人亦有所不能焉。……君子之道,造端乎夫妇,及其至也,察乎天地。"费,用之广也。隐,体之微也。"隐"非是决然不见不闻谓之"隐",是指"道"虽然至大至广但又在至近之间,就在人们日用生活之中,只是不被人知,故谓之"隐"。此"道"是无物不有,无时能弃,所以愚夫愚妇作为人乃万物的灵长,当然也可以明道。但是若推到极致,极尽广大精微之体,虽圣人亦难尽知尽行。道如天地无不覆育,无人不具此道,但人由于气禀不一,资质有别,对于道的体悟自然不同。中庸含本涉用,乃道之本体的自然呈现。达乎中庸之人,自然也是知道、行道、达道之人,所以中庸被称为"至德",丝毫不为过。

第二节 得乎中庸的方法

"中庸"作为"至德",虽是难为,但非不能为,人要得乎中庸,还是有方法可循的。

一、和而不同

《中庸》："喜、怒、哀、乐之未发,谓之中。发而皆中节,谓之和。中也者,天下之大本也。和也者,天下之达道也。"朱熹曰："其未发,则性也,无所偏倚,故谓之中。发皆中节,情之正也,无所乖戾,故谓之和。大本者,天命之性,天下之理皆由此出,道之体也。达道者,循性之谓,天下古今之所共由,道之用也。此言性情之德,以明道不可离之意。"①即人每日之中,与物相接,顺己意则喜,拂己意则怒,得其所欲则乐,失其所欲则哀,此本是人之常情。但人与物勿接之时,人不受外物所诱,既不着喜,也不着悲,无所偏倚,这就是中。倘若人不依道而行,而是顺着自己的情绪做事,乐不知有节,哀不知有度,如此则离道日远。所以人要使自己的喜、怒、哀、乐之情有所节制,不可无喜也不可过悲,这就是和。中乃天命之性,是道之本体,万事万物皆由此出;和乃是达道之法,依和而行,自然可以达道。

世界是一个多种生物构成的统一体,人也处在与其他生物的密切联系之中,可以说整个地球,整个世界就是一个生命共同体。这个生命共同体用科学术语来说,是作为一个"系统"存在的,这个"系统"如要和谐、稳定向前发展,系统内各元素之间就应该是一个相互协调的关系,而不是一个互相冲突的关系。所以"和"这个概念,它有两方面的含义,一是对每一个系统元素来说,有一种限制或节制的作用。如对于人,人就不能无限地扩大自己的欲望,不能完全按照自己的喜好行事,如果一意孤行,从人与自然的关系看,就会对自然界造成掠夺性开发;从人与人的关系来看,也会造成个人主义盛行,人与人之间关系的冷漠。所以人一定要把自己的欲望调节在合理范围之内,增强大局意识,要依道而行。二是,从系统整体来讲,"和"有一个调节作用,能实现系统整体的合力。系统元素之间的关系不是普通的线性关系,更不是简单的加减关系,而是一种复杂的非线性关系。这种关系可能使合力迅速扩大也可能迅速缩小。正如老子所言:"差之毫厘,失之千里",初使条件的微小变化可能对结果造成巨大的影响。"和"的作用就是要使系统整体朝着正方向运动,对系统产生正面的有利的影响。可见,"和"

---

① 朱熹. 四书章句集注[M]. 北京:中华书局,1983:18.

是把系统个体与系统整体有效结合的手段，所以也就构成了"天下之达道"。

中华民族是一个有智慧的民族，当西方人还陷在绝对的同一中时，中国人就提出了"和而不同"的卓越思想。据《国语·郑语》记载，西周末年的史伯就曾说："夫和实生物，同则不继。以他平他谓之和，故能丰长而物归之；若以同裨同，尽乃弃矣。"不同的事物互相谓之"他"，"以他平他"即不同事物之间相互作用，才能产生新的事物。"以同裨同"只是同类事物的加减而已，自然不会产生新事物。可见，不同事物之间的矛盾是事物发展变化根源的思想，在古中国早已有之。另《左传·昭公二十年》晏子关于和同之辨的一段话也堪称经典：

> 齐侯至自田，晏子侍于遄台，子犹驰而造焉。公曰："唯据与我和夫！"晏子对曰："据亦同也，焉得为和？"公曰："和与同异乎？"对曰："异。和如羹焉，水、火、醯、醢、盐、梅，以烹鱼肉，燀之以薪，宰夫和之，齐之以味，济其不及，以泄其过。君子食之，以平其心。君臣亦然。君所谓可而有否焉，臣献其否以成其可；君所谓否而有可焉，臣献其可以去其否。是以政平而不干，民无争心。"

当时梁丘据对齐景公唯命是从，齐景公很高兴，说唯有据与自己相和。晏子由此展开和同之辨。据只是同，而不是和。和好像做羹汤，用水、火、醋、酱、盐、梅等调料烹调鱼肉，再用柴烧煮，继而厨师再加以调和，使味道适中。味道太淡就增加调料，味道太浓就加水冲淡，这才是和。君子喝汤，也是用来平和心性。君臣之间的关系也是同样道理。国君所认为可以的，其中也包含了不可以的，臣下进言指出不可以的地方而使可以的部分更加完善；国君所认为不可以的，其中也包含了可以的，臣下进言指出其中可以的部分而去掉不可以的。因此。政事平和而不违背礼仪，百姓没有争夺之心，这才是和。像据那样，对齐景公的话，无论好与坏，只是一味赞同，是同不是和。后晏子又以乐为例，乐之和，同汤之和理本无异，是由一气、二体、三类、四物、五声、六律、七音、八风、九歌各方面相配合而成，由清浊、小大、短长、急缓、哀乐、刚柔、快慢、高低、出入、密疏各方面相调节而成。君子听了这样的音乐，可以平和心性。心性平和，德行就和谐。可见"和"之理就是使不同因素之间相互协调，恰到好处，而不是一味取同。

《周语》下又云："夫政象乐,乐从和,和从平。声以和乐,律以平声。……夫有和平之声,则有蕃殖之财。于是乎道之以中德,咏之以中音,德音不愆,以合神人,神是以宁,民是以听。"乐之美在于"和",而"和"又与中德相联系,可以达到神宁民听的效果,也就是能达到宇宙的大和谐和社会人生的大和谐。此处所谓"中德"实际上即是"允执厥中"的中庸之德。

孔子言"君子和而不同,小人同而不和"(《论语·子路》)。朱熹注："和者,无乖戾之心;同者,有阿比之意。"朱注复引尹氏曰："君子尚义,故有不同。小人尚利,安得而和。"①君子喻于义,存心公,其与人相交,不会为利而相害,故能和。君子虽和,但不与人同,事有不当,必然会直言进谏,而不违圣贤之道。小人喻于利,其与人交,总怀阿谀之意,背道以顺人情,所以其能与人同。君子是外不同而实和,小人是外同而实不和,只因其存心有公与私之别。

"和"是多样性的统一,有益于接纳不同意见,所以对事物的发展有积极推动作用。老子讲："万物负阴以抱阳,冲气以为和",《中庸》也有言："致中和,天地位焉,万物育焉。""中"为天下之大本,"和"为天下之达道,如能守和,则万物并育而不相害,四时并行而不相悖。万事万物各遵其序,各守其理,各得其常,如此少有所长,老有所养,共生共荣。

二、执两用中

任何事物都有对立的两极,中是不过也无不及,不左也不右。"中"为道,按"中道"行事即依道而行,是吉无不利。但如偏执任何一方,都会贻害无穷。如知与行,偏于知而少行,则不免浮华骄慢;偏于行而少知,则又不免于固执己见。

孔子在《论语·泰伯》中言"好勇疾贫,乱也。人而不仁,疾之已甚,乱也。"朱熹注："好勇而不安分,则必作乱。恶不仁之人而使之无所容,则必致乱。二者之心,善恶虽殊,然其生乱则一也。"②好勇之人,呈血气之强,又不肯安分守己,即使为盗做一些伤天害理之事,可能也在所不惜。但假如自己一心能向善,对不能为善的不仁之人疾恶如仇,使之在社会无法容身,也会激起对方的愤恨,而为乱于社会。此两者,其存心可谓一恶一善,但失于中道,都会有害于社会。所以《大

① 朱熹.四书章句集注[M].北京:中华书局,1983:147.
② 朱熹.四书章句集注[M].北京:中华书局,1983:105.

戴礼·曾子·立事》云:"君子恶人之为不善,而弗疾也。"即善人虽不喜恶人为恶,但不能疾之太甚,以免使其泄私愤而为恶。

所以做事要符合中道,不可偏执于任何一端。那如何才能持于"中道"呢?孔子在《论语·子罕》有言:"吾有知乎哉?无知也。有鄙夫问于我,空空如也。我叩其两端而竭焉。"另外孔子也在《中庸》中赞大舜:"舜其大知也与!舜好问而好察迩言。隐恶而扬善。执其两端,用其中于民。其斯以为舜乎!"《论语正义》曰:"盖凡事皆有两端,如杨朱为我,无君也,乃曾子居武城,寇至则去。墨子兼爱,无父也,乃禹手足胼胝,至于偏枯。一旌善也,行之则诈伪之风起,不行又无以使民知劝。一伸枉也,行之则刁诉之俗甚,不行又无以使民知惩。一理财也,行之则头会箕敛之流出,不行则度支或不足。一议兵也,行之则生事无功之说进,不行则国威将不振。凡若是,皆两端也,而皆有所宜,得所宜则为中。孔子叩之,叩此也。竭之,竭此也。舜执之,执此也;用之,用此也。处则以此为学,用则以此为治,通变深化之妙,皆自此两端而宜之也。"①

凡事有两端,一个是正,一个是反;一个是过,一个是不及。如强与弱、善与恶。舜与孔子都能对此两端了然于胸,知其优与劣,然后用其中。孔子自谦"无知",实则不然,能叩事情两端而告来者,把正与反、本与末、优与劣都透彻分析,已然是博学而多才,其目的就是使来者能权衡利弊,达于中道。所以孔子不仅是一位智者,更是一位优秀的师者。舜能执两端而用其中,自然也是对事情本末、精粗知之甚细,了知甚精,然后择裁而用中。所以"执两而用中"必然要以"执两"为基础和前提,然后才能"用中"。王阳明在《传习录》中所言,"知得过、不及处,就是中和",即只要能够认识到何者为"过",何者为"不及",自然就能了解什么是"中和"之义了。如孔子论"文"与"质",孔子对二者知之甚精,才能提出"文质彬彬,然后君子"。

《论语·雍也》:"质胜文则野,文胜质则史。文质彬彬,然后君子。"包曰:"野如野人,言鄙略也。史者,文多而质少。彬彬:文质相半之貌。"正义曰:"礼有质有文。质者,本也。礼无本不立,无文不行,能立能行,斯谓之中。失中则偏,偏则争,争则相胜。君子者,所以用中而达之天下者也。"②君子求学,文与质要兼

---

① 刘宝楠. 论语正义[M]. 北京:中华书局,1990:333.
② 刘宝楠. 论语正义[M]. 北京:中华书局,1990:233.

得，二者可以相有，但不可相胜。如若偏于质朴，文采不足，则不免如村野之人一般，显得粗鄙简略；但若专尚文采，诚实不够，则又不免流于浮华造作。只有文质相当，内有诚实忠信之德，外有威仪文采之饰，本末相称，彬彬有礼，才可谓君子。故当棘子成问："君子质而已矣，何以文为？"子贡语之曰："惜乎，夫子之说君子也！驷不及舌。文犹质也，质犹文也。虎豹之鞟犹犬羊之鞟"（《论语·颜渊》）。驷，即四马。鞟，去毛之皮。当时棘子成厌恶周末时期重文不重质的风气，人们都注重表面的虚饰，不注重内在的道德修养，民风有失纯朴，所以才有此问。君子求学，虽贵乎质，无质不立，但无文也不行。文与质二者，不能相胜，但必相有。若徒有其质，尽去其文，则君子与小人，则如去毛的虎豹之皮与去毛的犬羊之皮那样，难以分辨了。

执两才能用中，这也反映在孔子对弟子的教化之中。孔子对弟子的性格特征，对其长短、优劣可谓知之倍细。在《论语·先进》中孔子曰："柴也愚，参也鲁，师也辟，由也喭。"愚，愚直；鲁，迟钝；辟，偏激；喭：鲁莽。高柴愚直，曾参迟钝，颛孙师偏激，仲由鲁莽。这表明孔门弟子的气质个性多有所偏，不合中道，故而孔子十分注重因材施教，教以中行，目的在于纠正气质之偏，确立义理之正。

《论语·先进》记载了这样一个故事，子路和冉有同时向孔子请教知与行的问题。因为大凡事情都是知易行难，所以知道了一个道理是不是马上要付诸行动呢？孔子对子路说："有父亲和兄长在，听到了哪能马上行动呢？"但孔子对冉有的回答却恰好相反，直截给予肯定说"行动"。公西华听了，不免疑惑，请教夫子，为什么同一个问题却有截然不同的回答呢？夫子回答说，学虽莫贵于力行，但人的材质不同，教人要因材而导之，不可一味执一。冉有生性怯弱，凡事均畏缩而不前，所以告之以"闻斯行之"，以使其勇往直行，以变其柔弱之习，补其不足以趋于中。子路则是勇猛有余，而谨慎不足，所以告之以"有父兄在"，使其安分守己，以较其妄动之失，抑其太过而趋于中。可见，孔子教二者，正是执两而用中。《尚书·洪范》曰："沉潜刚克，高明柔克"。沉潜则进之以刚，正是退而进之，以补其不足；高明而治之以柔，正是兼人而退之，以抑其太过。

三、通权达变

执两端而用中，人们特别容易想到的就是一个几何图形。一条线段，有两个端点,代表过与不及,取其中,中点就代表了中。这种联想是必然的,这是一种抽象的近似正确的解释,但也最容易引起人们的误解。中代表的不是一个点,而是"中道";"用中"代表的是一种权变的智慧,而不是在两点之间取一个静止的点。因为世界现象千变万化,事物处在普遍联系与变化之中,所面临的矛盾是林林总总、重重叠叠,即使取中点,哪里又有定点可言?

这在孟子中解释的特别详细。《孟子·尽心上》:"杨子取为我,拔一毛而利天下,不为也。墨子兼爱,摩顶放踵利天下,为之。子莫执中,执中为近之。执中无权,犹执一也。所恶执一者,为其贼道也,举一而废百也。"杨子专讲利己,只知有己,不知有人,即使能拔一毛之微就能利益天下的事,他也吝而不为。墨子提倡兼爱,主张对人不分亲疏,一视同仁,只要能利人,即使自顶至踵,全身心承受劳苦,也会欣然为之。杨子与墨子可谓绳之两端,木之两头,是正反对立的两方。子莫不取杨子之为我,也不取墨子之兼爱,而执中于二者之间。执中如此,可谓近道矣。然而孟子讲"执中无权,犹执一也。"即中本无定在,绝对不是静止的中间那一点,而是要随时而变,随事而变,该为人时就为人,该为我时就为我。如果执中而不变,实际上就是执着于中间那一点,这和执着两端也没有区别。并且执一的危害更大,因为它看似近道,实际上是损道。张居正言:"今举一为我,而仁之百端尽废矣。举一兼爱,而义之百端尽废矣。举一执中,而时中之百端尽废矣。"①"中"并非一定在。"中"是指我们在做事过程中,要权衡利弊,要合时宜,要恰当。而世间之事常变而已矣,同样一件事,不同时间、不同地点的情况下,采取的措施就会不一样,要因地、因时而制宜。所以"用中"必须要注意权变,如果忽视了"变",就如同子莫的"执中"一样,只是"执一"而已。

《中庸》:"君子之中庸也,君子而时中。小人之中庸也,小人而无忌惮也。""时",就是随时之意,即要随时根据事情的变化而变化,从而处于中道。《朱子语类·卷五十八》载:"问:'孔子时中,所谓随时而中否?'曰:'然。'"朱注又言:"君子之所以为中庸者,以其有君子之德,而又能随时以处中也。小人之所以反中庸者,以其有小人之心,而又无所忌惮也。盖中无定体,随时而在,是乃平常之理也。君子知其在我,故能戒谨不睹、恐惧不闻,而无时不中。小人不知有此,则肆

① 张居正.张居正讲解孟子[M].北京:中国华侨出版社,2009:389.

欲妄行,而无所忌惮矣。"①事物是不断变化的,每一阶段的情况都不尽相同。君子能"中庸"者,在于君子能"戒慎乎其所不睹,恐惧乎其所不闻",能以道存心、以理存心,遇事能虑近体远,所以能据时势之变,而无不处中。小人只以利存心,遇事又肆无忌惮,不知戒慎恐惧,所以会走极端。

"用中"之道关键在于要因时势的变迁而学会变通。故此,孔子特别注重"时"这一概念。《论语·乡党》:"色斯举矣,翔而后集。曰:'山梁雌雉,时哉时哉!'子路共之,三嗅而作。"朱子曰:"言鸟见人之颜色不善,则飞去,回翔审视而后下止。人之见几而作,审择所处,亦当如此。"②即鸟能该饮时饮,该啄时啄,能够见机而作,人也应如此,该止则止,该去则去,要合于中道。

在《论语·宪问》中记载了这样一则故事。公叔文子是卫国大夫,以简默廉洁著称,所以当时人们说他"不言、不笑、不取"。有一次孔子遇公明贾,于是问公明贾这是否是事实,即公叔文子真得如传言所说,不说话、不喜笑、丝毫不取财于人吗? 公明贾对曰:"以告者过也,夫子时然后言,人不厌其言;乐然后笑,人不厌其笑;义然后取,人不厌其取。"即所说之人不切实际,夸大言辞,公叔文子是该言时言,言不妄发,发必合理,所以人不厌其言,疑其不言;公叔文子是该笑时笑,既不会因谄人而笑,也不会因被诱而笑,均乐而正而后笑,所以人不厌其笑,疑其不笑;公叔文子也非不取财,只是不妄取,必见利思义,该取则取,该不取则不取,所以人不厌其取,疑其不取。公明贾之言虽也不免有夸大之嫌,但公叔文子如果真如此,则诚是中道中人。

孔子曾言:"可与言而不与之言,失人;不可与言而与之言,失言。知者不失人,亦不失言"(《论语·卫灵公》)。此句现有两意,一是从道而论。言贵则道贵,如人有闻道之资而不言道,则失人,即错失利人之机。言轻则道轻,如人无闻道之资,仍费尽口舌以言道,则失言,即让人对至贵之道产生轻慢。二是从人才而论。彼乃造诣精深,事理通达之人,应可与言却不言,以至有才之人不得其用,故是失人;彼人庸碌无能,或造诣未至,乃不可与言之人,而仍与之言,彼不能听受,我徒然聒噪,正是失言。无论是从道论,还是从人才论,二者都不契机,都是失时,所以都不得其中。所以必然是契时契机才能达于中道,万事万物莫不如

---

① 朱熹.四书章句集注[M].北京:中华书局,1983:19.
② 朱熹.四书章句集注[M].北京:中华书局,1983:122.

此。万事万物瞬息万变,如不因时而变,单纯强调执中,则必难得中。

第三节　成乎中庸的境界

"中"作为一种常道,是人人能行,人人应行的。"中"属道体,率中而行,与自然规律相符,所以百益无一害。"中"虽然是人性分中事,人人都能行,但人们由于道德品质及智慧等各方面的差异,人们在用中的具体实践中,就有高有劣,有境界上的差别。第一种境界,是人们"尚中",即有意识的追求中道,以避免过与不及。再来就是心中无所谓中与不中,但时时又在中道之中,即无可无不可的境界。

一、无过与不及

《论语·先进》载,子贡问:"师与商也孰贤?"子曰:"师也过,商也不及。"子贡又问:"然而师愈与?"子曰:"过犹不及。"师即颛孙师,也即子张。商是卜商,也即子夏。子贡问孔子,子张与子夏二者,谁较为贤能?朱注曰:"子张才高意广,而好为苟难,故常过中。子夏笃信谨守,而规模狭隘,故常不及。"①然而师虽过,但并不胜商,二者都有其偏,其失均等,都非中道。即"中庸"非过也非不及,任何方面太过或不及,都不是中庸之道。那反过来讲,中庸就是"无过不及"。"无过不及"成为中庸的核心要义。子张多才多艺,做事易太过,这《论语》中曾多次记载,如《论语·先进》:"柴也愚,参也鲁,师也辟,由也喭。"柴是高柴。参是曾参。师即子张。由就是仲由,即子路。愚是不够明智。鲁,是迟钝。辟,是务外少诚,马融曰:"子张才过人,失在邪僻文过。"朱注曰:"辟,便辟也,谓习于容止,少诚实也。"②喭是粗俗。教育就是要变化气质,去其习染,以达到长善救失的目的。孔门弟子,并非天生贤圣,都有着各自的特点,也有各自的偏颇。高柴为人,谨慎忠厚有余,但是智慧不足;曾参是迟钝而乏敏捷;子张过分注重外在的仪容举止,而少些许忠厚;仲由则是偏于粗鄙而少温文尔雅之容止。各弟子均有所偏,所以要通过教化,以导其正。对愚与鲁者,要充之学问,以增其智;对于辟者,

---

①　朱熹.四书章句集注[M].北京:中华书局,1983:126.
②　刘宝楠,论语正义[M].北京:中华书局,1990:457.

要实其忠信;对于喭者,要文之以礼乐。然后,由偏而得中,逐步进入圣贤之域。

　　子张在《论语》一书中曾多次问政、问行、问崇德辨惑,孔子告之以核心要义就是"主忠信"。这一方面是因为"忠信"乃政与行的基础所在,另一方面,也是因子张"便辟"而"过于中"的特点因材施教。在《论语·颜渊》中,子张有一次问"达",即什么样的人才是通达之人。子张本人的理解就是,声誉传扬在外,于家于国都有名望的人才是通达之人。孔子因此释之,真正的通达不在于名望,而在于实行,真正能够修德于己,言行一致,秉性正直、喜好礼义之人,才是真正通达之士。故在子张"问行"一节中,尹氏曰:"子张之学,病在乎不务实。故孔子告之,皆笃实之事,充乎内而发乎外者也。"[1]

　　关于子张与子夏的过与不及,在《论语·子张》中也有一段记述,也可说明问题。有一次子夏的弟子向子张请教交友之道,子张先反问子夏的观点。子夏的弟子说:"可者与之,其不可者拒之。"即凡直谅、多闻之士,则可与之交;而便辟、善柔之人则宜拒绝。而子张回答说:"异乎吾所闻:君子尊贤而容众,嘉善而矜不能。我之大贤与,于人何所不容? 我之不贤与,人将拒我,如之何其拒人也?"子张交友的观点是,对于才德出众之人,要恭敬有礼;对于庸常的众人,也要容纳而不厌弃。人如有善言善行,则要不吝赞美之辞;而人如能力平凡,无过人之处,也要怜悯其不能。总之,就是可之则敬之近之,不可者也无所拒。朱子注:"子夏之言迫狭,子张讥之是也。但其所言亦有过高之病。盖大贤虽无所不容,然大故亦所当绝;不贤固不可以拒人,然损友亦所当远。"[2]由此也可知,子张处事,有"过之"之嫌,子夏处事有"不及"之嫌。

　　在《礼记·仲尼燕居》中,孔子就有讲:"师,尔过而商也不及。"子贡越席而对曰:"敢问将何以为此中者也。"孔子答曰:"礼乎礼,夫礼所以制中也。"既,通过礼的约束,可以使人的行为合于中道。礼是缘情而作,由于礼的教化,所以能情理兼顾,既发乎情还要顺乎理。中国文化尚礼,所以中国既不提倡禁欲主义,也不会使人的欲望泛滥。中国历史上既没有欧洲中世纪的禁欲主义,也没有启蒙运动时期,感官欲望及个人主义的过度膨胀。礼是顺乎情而设,既考虑到人们情欲的需求,同时也要给予一定的限度,不使其过度滋长。所以后来荀子说:"先

---

① 朱熹.四书章句集注[M].北京:中华书局,1983:138.
② 朱熹.四书章句集注[M].北京:中华书局,1983:188.

王之道,仁之隆也,比中而行之。曷谓中? 曰:礼义是也"(《荀子·儒效》)。宋儒袁甫也说:"道以礼为的,礼以中为的,礼即中也","中庸即礼也"。① 礼就是中,过于礼就是过于中,不及礼就是不及中,只有合乎礼的行为才合乎中庸之道。

正是由于受礼乐文化教育的影响,中国文化本身也呈现出一种中庸之美。如孔子曾赞:"《诗》三百,一言以蔽之,曰:'思无邪'"(《论语·为政》)。即人之思念出于天理之正,无人欲之邪思。屈原也曾赞:"国风好色而不淫,小雅怨诽而不乱"。另孔子也曾就《关雎》评论道:"《关雎》乐而不淫,哀而不伤"(《论语·八佾》)。即《关雎》这首诗,快乐而不浮荡,哀婉而不悲伤,恰合中道。对此朱熹的解释非常精当:"淫者,乐之过而失其正者也;伤者,哀之过而害于和者也。"《关雎》"其忧虽深,而不害其和;其乐虽盛,而不失其正,故夫子称之如此"②。这种哀乐有节的中道表现,是中国文化一个显著特色。

此时之中道主要体现的还是执两而用中,以校过与不及之偏,从而达于中。但此时之中,还是执两而用中,首先有所执,要执"两",其次还有"中"的观念存在,有明确的目的性,即趋于中。此时虽也能得乎中,但却是在分别过与不及,权衡利弊而巧妙用中的结果。

二、无可无不可

《论语·微子》载:

> 子曰:"不降其志,不辱其身,伯夷、叔齐与?"谓柳下惠、少连:"降志辱身矣,言中伦,行中虑,其斯而已矣。"谓虞仲、夷逸:"隐居放言,身中清,废中权。""我则异于是,无可无不可。"

伯夷、叔齐、虞仲、夷逸、朱张、柳下惠、少连是古代被遗落的人才,被称为"逸民"。在这七位之中,孔子一一评说。立志高而不肯稍有降屈,持身洁不能有一丝污染,当属伯夷与叔齐。二人为孤竹君之子,因不愿继位,先后都逃往周国。周武王伐纣,二人扣马谏阻。武王灭商后,他们耻食周粟,采薇而食,饿死于首阳

---

① 袁甫:《蒙斋中庸讲义》卷四《景印文渊阁四库全书》第199册,608-610.
② 朱熹.四书章句集注[M].北京:中华书局,1983:66.

山。柳下惠、少连则不同,柳下惠"不羞污君,不卑小官"(《孟子·公孙丑上》)。即不以侍奉无道之君为耻,也不以自己官小而觉卑。"遗佚而不怨,厄穷而不悯"(《孟子·公孙丑上》),即自己被遗弃,也不怨恨;自己穷困,也不忧愁。"援而止之而止。援而止之而止者,是亦不屑去已"(《孟子·公孙丑上》),即在当去之时,如有人留他,他便止而不行。这等"援而止之而止者"以浊者自浊,清者自清的心态,可与众人共处,而不失其正,故孟子尊其"和圣"。虞仲是古公亶父的次子。古公亶父生三子即长子泰伯、次子虞仲、三子季历,季历生子昌,即文王。当时古公想传位于季历再及昌,所以泰伯与虞仲以采药为名上山,后逃亡到了荆蛮,并按当地风俗身刺花纹,剪短头发,以示不可用,从而顺理成章让位给季历。虞仲、夷逸都隐居以独善其身,所以行不必中虑,言不必中伦,但二人都洁身自好,所以"身中清"。但二人虽放言,非中虑中伦,但韬晦得其宜,所以"废中权"。这几人都是古时之贤圣,其行不可不谓高,其志不可不谓洁,然却均有执一之蔽。伯夷、叔齐、虞仲、夷逸均以绝世离俗为可,以和光同尘为不可;柳下惠、少连则以和光同尘为可,以绝世离俗为不可。伯夷、叔齐不可稍有降志辱身之嫌,柳下惠、少连则不以"邦无道则仕"为耻。可以说,他们均是各执其所执,各执其所是,均先有自己的主意与看法在先。孔子则与此不同,无可无不可,即没有一个先入为主的成见。用之则行,舍之则藏,行其当行,止其当止,因时制宜,无一定之则,此可谓中庸的最高境界。清儒陈乾初说:"圣人不求异,故异;有可有不可,故无可无不可。盖伯夷叔齐有不可,无可;柳下惠少连有可,无不可;余子亦然,皆所以为异也。"①

与此言可以相参照的是孔子在《论语·里仁》说到的:"君子之于天下也,无适也,无莫也,义之与比。"适与莫,古注有多种解释:一见郑注。郑读为"敌慕",注云:"适,匹敌之敌;莫,无所贪慕。"意为君子对于天下人,无专主之亲,无特定之疏,唯以道义是从。二见皇疏与邢疏。皇疏引范宁语:"适莫,犹厚薄也。比,亲也。君子与人无有偏颇厚薄,唯仁义是亲也。"邢疏亦云:"适,厚也;莫,薄也。"②三是朱子的解释,朱子引谢氏语:"适,可也。莫,不可也。圣人之学不然,

---

① 陈确. 陈确集·卷十二[M]. 北京:中华书局,1979:543.
② 刘宝楠. 论语正义[M]. 北京:中华书局,1990:147.

于无可无不可之间,有义存焉。"①意为凡天下事,应当随事而应,不能有先入为主之私。如有一件事来,心主于行,就是适,心主于不行,就是莫。二者都失于偏,未尝得乎中。以上三义,虽具体释义不同,但有一共同点,即儒家思想对于亲与疏、厚与薄、可与不可等对立的两端不分别,纯以一颗公心、一颗道义之心应事,应如之何便如之何。心中无一毫之私,无点滴之偏,所以就能行其中,得其正。

亲与疏,厚与薄,乃事之两端。无亲疏、无厚薄,就是没有执着于两端,所以也没有执着于中,此时所作所为,皆以义为先。义之当为则为,义之不当为则不为。此时没有强调要执中,亦不强调行与不行,只看道义所在,道义当亲则亲,当疏则疏;道义当行则行,当不行则不行。一切都在无可无不可之间。

无过不及,还强调了"中","无可无不可"则既无执、也无中与不中之分。无执,是不执着一个想法或看法,没有什么可与不可,一切因时而定,随缘而现。无所执,当然也就无所谓中,因为有中即有所执,就又回归到执中。

又《论语·述而》中这样描述孔子:"温而厉,威而不猛,恭而安"。孔子所现皆然一派中和风貌。学者王弼就此言:"温者不厉,厉者不温;威者心猛,猛者不威;恭则不安,安则不恭,此对反之常名也。若夫温而能厉,威而不猛,恭而能安,斯不可名之理全矣。故至和之调,五味不形;大成之乐,五声不分;中和备质,五材无名也。"②但凡温者则难以厉,孔子以温、良著称,但温良之中自有不可侵犯之威仪,所以温得其中。人但凡威者,则又易过于猛,如子路"行行如也"便是。但孔子威严之下无丝毫暴戾可存,所以威得其中矣。但凡人之恭者难以安,孔子庄敬以自恃,然而却自然而不勉强,泰然而不窘迫,所以得敬之中也。孔子之所以得其中,皆是自然而然,无执亦无别。温之所以得其中,是其德高自然不怒而威;威之所以得其中,是其一片仁爱故可畏又可近;恭之所以得其中,是因其动作周旋合乎礼而忘恭。孔子之中,皆由内而外,因其有中和之涵养蕴于内,故有中和之貌显于外,这均是其德高的自然显露。

执是心有所动,无执是回归于静。"人生而静,天之性也。感于物而动,性之欲也"(《礼记·乐记》)。回归于静,即回归性。人复归于性,人就能率性而为,率性即是道。道是自然之法则,能率性就能依道而行,自然就会无往而不宜,时

---

① 朱熹. 四书章句集注[M]. 北京:中华书局,1983:71.
② 程树德. 论语集释[M]. 北京:中华书局,2016:652.

时刻刻能处于中。此时之境界就是孔子的"随心所欲不逾矩"。"随心所欲"就是无所执，没有丝毫功利性与目的性，自然而然去做；"不逾矩"就是在规矩法度之内，合乎道，处于中，没有丝毫不适宜。此时之境也是孟子的"由仁义行，非行仁义也"（《孟子·离娄下》）。"非仁义行"是有所执，即以行仁义是人之当为之事，以行仁义为美，心中还执有"仁义"，此行是由外而内，有所执而行。"由仁义行"是无所执，是仁义内化于心，举手投足皆是由内而外的自然流露，对仁义既无所执，对仁与不仁也无所分，但所行却无一不是仁。这种境界，也是孔子所讲的"安仁"。利仁与强仁都是有所执。利仁是因行仁有利而行仁，强仁是害怕不行仁有害而行仁，二者一正一反均有所执。安仁是无所执，其心与仁浑然一体，此时之心全体是仁，但却无一丝仁的观念，所行却无一非仁。

总之，无可无不可，是心无丝毫执着与挂碍，也无丝毫分别与执着，皆是无为而为，无作而作，无为所以无不为，无作所以无不作。此时心与理合，心与道同，故所行无不义，所为无不中。此时之作，即率性而作，心全然复于性，与性之本体合一。这种境界就是儒家求学的目的，也是任何人应该努力的方向。

《论语》大义之十：经权

谈及儒家哲学，人们普遍会有一感受，就是儒家哲学是一门非常古老的学问，对于现代化的今天还有意义吗？并且儒学好像是一门很严肃、很保守的学问，似乎并不注重创新。实则不然，儒学虽古老，但也有现实的应用价值；虽严肃但同时也非常活泼。儒学虽对常道非常重视，但同时也非常注重权变。儒学是经与权的统一，常与变的融合。

第一节　经立大常，权应万变

"经"的古字为"巠"。"巠"字的底部为一个类似于织布工具的"工"字，工字上面的曲线就代表织出的布线的形状。在逐步的发展过程中，"巠"字左边增加了"系"部，而经过隶书、楷书的演变，又写作了"經"，发展到后来的汉字，逐步简化后写作"经"。经，《说文解字》："织也。从糸巠声。"段玉裁注："织之从丝谓之经，必先有经而后有纬，是故三纲五常六艺谓之天地之常经。《大戴礼》曰：'南北曰经，东西曰纬。'"经之本义为"织也"，与"纬"字相对，意指直线。织布必先有经，而后有纬。并且经是长而直的线，所以经后来引申为常、不变、原则等。

《礼记·中庸》："凡为天下国家有九经。"《孝经·三才》："夫孝，天之经也，地之义也，民之行也。"此几处中的"经"就代表着一种不变的法则，是我们必须依据的一种常道。另外，汉时把《易》《诗》《书》《礼》《春秋》定为"五经"，立于学官。唐朝时，《春秋》分为"三传"，即《左传》《公羊传》《谷梁传》；《礼经》分为"三礼"，即《周礼》《仪礼》《礼记》。这六部书再加上《易》《书》《诗》，并称为"九经"，也立于学官，用于开科取士。宋朝时，在原来九经的基础上，又增加《孟子》《论语》《尔雅》《孝经》，共称为十三经。这些书之所以被称为"十三经"，就是因为其有着恒久的价值和意义，有着不因时间和空间的变幻而变化的"常"性。另外，我们在口语中称某些书为"经典"，也是因其有着恒久的价值而言。

那什么是"权"呢？《说文解字》："权，黄华木。从木，雚声。一曰反常。"即"权"的本义是指黄华木，因其坚硬、难以变形，被用于秤之杆、锤之柄、挂之杖。后引申出一种权衡度量的含义，如《孟子·梁惠王上》："权，然后知轻重；度，然后知长短。"权衡、度量之物必然是常变之物，不同之物，其量的体现必然不同，所以"权"后来又引申为权衡、通变或权变，与"经"恰成相对之词，所以《说文解字》释"权"有"反常"义。另段玉裁还引《论语》的"可与立，未可与权"；《孟子》的"执中无权，犹执一也"；《公羊传》的"权者何，权者反于经，然后有善者也。"进一步把权解释为"反常"。

经权，从最初的本义的织线和黄华木，逐渐发展演变为"常"与"变"这一对具有哲学意义的概念和范畴。"经"代表着一种常道，一种不变的原则。"权"指在具体情况面前，要因地因时而制宜，要根据特殊情况采取灵活性策略。当然，"权变"这种含义并非孔子首创，早在《尚书·吕刑》就有："上刑适轻，下服。下刑适重，上服。轻重诸罚有权。刑罚世轻世重，惟齐非齐，有伦有要。"虽然刑罚一经制定就应该做到有法可依、有法必依，不可随意更改，但在使用过程中，轻重出入之际，也有权宜，不可一味执一。如上等重刑本应受到重罚，但如其情尚轻，则应只使他受下刑。如事重者莫过于杀人，但假如其所杀是一万恶之人，或出于特殊情形，就应该从轻给予处罚。事轻者莫过于骂人，但假如所骂者是生己、养己的父母，就应该加之以上刑，从重处罚。刑罚的斟酌损益，就像用秤锤量物之轻重一样，务必要合乎中道。量刑轻，并不是故意放纵，是当轻则轻；量刑重也不是故意惩罚人，而是当重则重。总之刑罚之用，要合乎人情，宜于时变，要缘情定罪，考虑人与人之间的伦常大义。穆王这里是借刑罚之用，告诉我们一个道理，即用刑者在遵守"经"这一常道时，不可不知权变；权变之中，又不可不本于经。

朱子曰："经者，道之常也；权者，道之变也""经是万世常行之道，权是不得已而用之"。① 西汉韩婴指出:"夫道二,常之谓经,变之谓权。"②经是万世应遵的不变之原则,它具有一种普适性,一种无条件性、绝对性。权指面临具体情况、具体问题,尤其是两种或几种道德原则相冲突时,如何权衡利弊,以达到最好的效果。经与权是常与变的统一,是原则性与灵活性的高度融合。世间任何事物没有一成不变,都处在无休止的变化之中,但变化也有一定的规律,也遵循一定的常道。如太阳东升西落,昼夜交替;冬去春来,四季往复。日月星辰无一不在变化之中,年年岁岁没有绝对同一的风景,但这变化又不是无规律之变化,其中必有常理可循。世界没有绝对的同一,也没有完全的差别,都是对立的统一。经与权就是对立统一关系的完美体现,它既强调对常道的遵循,又提倡要因时势而变。这种常与变的结合,体现了儒家对事情发展的科学把握,也显示出了儒家哲学思想的博大精深。

"经"体现的是一种道理或原则的不变性,它侧重于理或道的角度,所以它是"常"。如儒家的一些道德原则,"己所不欲,勿施于人""严于律己,宽以待人",还有比如子女之孝父母,学生之尊敬老师等等,这些道理都有一定的"常性",不会随着时代而改变。但是道理要运用于现实,就必须考虑现实的具体情况。一棵大树,虽然每年都会春天发芽,秋季结果,但每一年的情况都会不同,它要根据每一年的阳光、水分与土壤的具体情况而开出不同的花朵,结出不同的果实。经与权也是如此,经代表一种道理,权代表了一种应用。道理为常,不可违背,但应用要注意权变。经作为一种常道,它主要体现了其理论的一种抽象性原则,正因为这种抽象性原则,所以它才具有普适性,也正因为这种抽象性,它才没有顾及现实生活中的具体性。而任何应用都是抽象与具体的统一,权的作用就是要把抽象的理论应用到现实当中,所以它必然要视具体情况而"变"。程颐说:"权者,经之所不及也;经者,只是存得个大纲大法正当的道理而已。"③经主要体现了一种道理,权则侧重于道理应用时的具体性与灵活性。二者即是常与变的统一,也是理论与现实的统一。

① 黎靖德.朱子语类[M].北京:中华书局,1986:885.
② 韩婴.韩诗外传集释[M].北京:中华书局,1980:34.
③ 程颢,程颐.二程集[M].北京:中华书局,1981:470.

第二节　守经与行权

中国哲学与西方哲学不同,西方哲学重逻辑与思辨,强调运用逻辑的或概念的方式达到对知识的确定性追求。这种哲学思维方式,使他们在抽象层面,或在概念的把握方面走在了前列,使科学在西方进一步完备化、系统化。但同时,这种思维方式也容易使人在理论与现实之间,在抽象与具体之间难以有效的融合,形而上与形而下之间有一个不可逾越的鸿沟。中国哲学重伦理道德,它既注重形而上之道也注重形而下之器,并且形而上的实现要通过形而下的人伦日用,所以中国哲学自开始就是一个理论与实际并重的体系。在这样一个体系中,它没有发展出西方独具特色的逻辑与思辨,科学虽在中国一度领先,但由于没有逻辑与思辨等工具的强大支撑,所以在近代反而落后于西方国家。但由于中国哲学是形而上与形而下的统一,理论与现实之间一直紧密结合在一起,人们在生活中很容易就能找到其理论上的指导。方东美把形而上学区分为三种类型,即超绝型、超越型、内在型。因为他理解的"超越",又包含"内在"的含义,故他实际上是将形上学划分为两大类型:超绝型与超越型。他称西方哲学传统属于超绝型,其最大特征便是运用"二分法"将完整的世界、完整的人生划分两截,造成形而上的价值理想与形而下的现实世界的悬隔不通。中国哲学由于没有这种悬隔,辩证法早早在中国就建立起来。18 世纪,当黑格尔在批判绝对同一的时候,中国早在孔子的哲学中就提出了"和而不同"的思想;当黑格尔提出对立统一规律,看到矛盾的积极性时,中国在《左传》中就有"和实生物"的思想,并且《易经》整部经典无时无刻不在向我们描述一幅活生生的辩证法。

经与权就是这种辩证思维的体现。孔子是典型的经权合一思想的代表,他从不抽象地谈论问题,而是要"下学而上达",在人伦日用中使人明白无所不适的"常道"。所以孔子的哲学思想不是一味守经,也不是单纯行权,而是经与权的高度融合。

一、守经

如果说儒家思想注重"守经",大多数人会认同。在《论语·述而》中,孔子自言:"述而不作,信而好古,窃比于我老彭。"正义曰:"《说文》云:'述,循也。作,起也。'述是循旧,作是创始。"①即孔子自认为其只是传述古人思想,均无创新。孔子注重"述"无疑是正确的。孔子一生都是"祖述尧舜,宪章文武"。"述"主要体现为对"经"这一常道的守。经主要代表了一种常道,它是作为一种抽象的道理存在的。孔子"述"或"守"的就是这种"道",即以文武周公为代表的"道统"。

"道"是儒家最重视的一个概念,孔子曾多次谈到"道",甚至以"朝闻道,夕死可矣",给予道以很高的价值目标。道体现的是自然界本有的一种法则,它不因人、因时、因地而变,所以对于"道",只能遵守,不可偏更不可离。《易经》之三易,实际上就体现了一个原理,就是大道不易,事相却时时在变易之中,但趋吉避凶的道理又很简易,只要顺道而行即可。孔子期许自己,五十以学《易》,可以无大过,亦是此理。正因道体现的是自然之理,所以人小行之得小福,大行之得大福。小到一个人,如行为处事,时时以道为本,自然可以成德立身;大到一个国家,其治国理政,如能以道为遵,也可事日隆、国日昌。故《文子》有:"国之所以存者,得道也。所以亡者,理塞也。故得生道者,虽小必大;有亡徵者,虽成必败。国之亡也,大不足恃;道之行也,小不可轻。故存在得道,不在于小。亡在失道,不在于大。"孔子以一代圣哲,岂能不知此理,故一生唯道是从,以弘道为己任。孔子对"道"的执守在《论语》中表现得淋漓尽致。

(一)人能弘道,非道弘人

孔子在《论语·卫灵公》中有言:"人能弘道,非道弘人。"朱注曰:"弘,廓而大之也。人外无道,道外无人。然人心有觉,而道体无为;故人能大其道,道不能大其人也。"朱子并引张子曰:"心能尽性,人能弘道也;性不知检其心,非道弘人也。"②道有大用,但道本身不能显,所以道不能弘人。但道不外于人,人如能率性而为,依道而行,在修身上克尽工夫,进而自然能齐家治国平天下,如修至极处,也可与天地同参,道之大用自然豁然开朗。然若人终生不知其道,不知修身之要,也不免流为俗众。故道随人而显,才大者,道亦大,才小者,道亦小。正义曰:"故人能自大其道,即可极仁圣之诣,而非道可以弘人。故行之不著,习矣不察,

① 刘宝楠.论语正义[M].北京:中华书局,1990:251.
② 朱熹.四书章句集注[M].北京:中华书局,1983:167.

终身由之，而不知其道，则仍不免为众。"①因人能弘道，所以人不可自诿，而应有一种勇于担当的精神与气魄。《论语·泰伯》中，曾子曰："士不可以不弘毅，任重而道远。仁以为己任，不亦重乎？死而后已，不亦远乎？"朱子释："弘，宽广也。毅，强忍也。非弘不能胜其重，非毅无以致其远。"②人生天地间，要以弘传道统为己任，要立志为圣作贤。因其所负之任重，所行之路远，所以不可不具"弘""毅"之德。人只要一息尚存，此志就不可有少许松懈，应全力以赴而笃行之。

孔子一生就是弘道一生，毕生以承传文武周公之道为己任。《礼记·礼运》："大道之行也，与三代之英，丘未之逮也，而有志焉。"孔子生于周衰之际，不可亲见五帝之德风，不可亲睹其大道，但却有志弘传，使其不绝于世。《中庸》有："仲尼祖述尧舜，宪章文武"。古之帝天下者，其道之盛首推尧舜，所以孔子远而祖述其道；古之王天下者，其法之备首推文武，所以孔子近而谨守其法。故当他看到季氏用八佾之礼舞于家庙，则不禁愤然感叹"是可忍也，孰不可忍也。"季氏本为大夫，按礼只能舞四佾之礼，现在却僭天子的八佾之礼，是无视礼法，目无君主的行为。而纲纪法度乃道之所显，僭礼即是弃道，当然是不可以的。

实际孔子周游列国十四年，其主旨就是"为往圣继绝学"。据《论语·子罕》记载，孔子周游列国其间，曾受困于匡地。因鲁国阳虎施暴于匡民，匡人憎恨之。一日孔子经过匡地，匡人见孔子相貌似阳虎，遂举兵围困了孔子。孔子所从弟子，皆担心孔子之安危，独孔子无有丝毫惧色，孔子言："天之未丧斯文也，匡人其如予何？"道不自显，必以文显；道不自弘，必得人弘。昔文王在之时，先前圣贤之道传在文王。文王既殁，先前圣贤之道任在孔子。文之显隐、道之行废，必由天命。如天不丧其道，匡人又如何违天以害人呢？孔子虽遭不测之变，仍能泰然处之，正是其传道的一份"弘"与"毅"。另外，孔子陈蔡绝粮七日，在"从者病，莫能兴"的情况下，犹能如日常一样讲诵诗书，弦歌不辍，也出于其对弘道的一份责任与担当。

孔子自言，其五十而知天命。天命，即天所命，也即上天赋予自己的一份使命。孔子知天命，即知此生所为何事。孟子师孔子，也曰："夫天未欲平治天下，如欲平治天下，如今之世，舍我其谁也"（《孟子·公孙丑下》）。即"孟子知天命

---

① 刘宝楠. 论语正义[M]. 北京：中华书局，1990：636.
② 朱熹. 四书章句集注[M]. 北京：中华书局，1983：104.

生德当在我也。是故知有仁、义、礼、智之道,奉而行之,此君子知天命也"①。孟子以天命自任,以"舍我其谁"的抱负,体现了其对弘扬圣贤之道的一种义不容辞的担当。这种担当是不会因时而变,因势而移的,所以道不行,孔子要"乘桴浮于海",孟子也是周游于各国,而志不屈。

(二)守死善道

因道乃自然之理的呈现,所以人必须守道。孔子曾言:"笃信好学,守死善道"(《论语·泰伯》)。即人对于道要专之务之,虽处穷困、虽逢人议论、虽遭困厄都不能动摇。孔子一生就是守死善道的一生。孔子周游列国十四年,所遭困厄无计其数,其志不得以舒。倘若孔子能屈其志,顺人情,以孔子之才,不可能不被人赏识。《论语·阳货》载:

> 阳货欲见孔子,孔子不见,归孔子豚。孔子时其亡也,而往拜之。遇诸涂。谓孔子曰:"来!予与尔言。"曰:"怀其宝而迷其邦,可谓仁乎?"曰:"不可。""好从事而亟失时,可谓知乎?"曰:"不可。""日月逝矣,岁不我与。"孔子曰:"诺。吾将仕矣。"

阳货是季氏家臣,曾经囚禁季桓子而专把国政。因孔子在鲁国素有名望,阳货欲见之。孔子因其是乱臣,而不往见。阳货于是派人馈送礼物与孔子,孔子以礼当回拜。于是孔子趁阳货不在家而往回拜,不巧却与阳货相遇于途中,于是有了上面这一段对话。可见,孔子非无从政之机,而是要视道而行。道之不在,则人之不往,君子唯道是从。

另《论语·微子》记载,柳下惠担任鲁国士师,曾三次被罢黜。有人劝他说,为什么不离开鲁国到他国去呢? 柳下惠言:"直道而事人,焉往而不三黜? 枉道而事人,何必去父母之邦?"即柳下惠之所以被罢黜,是因为直道而行,不屈己以随人。但人大多是悦佞而恶直,若严守正直之道以事人,自然无往而不黜。但若枉道以事人,阿谀奉承以悦君,在鲁国就能安其位,守其禄,又何必离开生己养己的父母之邦呢? 与此同理,如若孔子枉道而事人的话,也就没有必要周游列

---

① 刘宝楠. 论语正义[M]. 北京:中华书局,1990:45.

国了。

《孟子·公孙丑上》曰："行一不义，杀一不辜，而得天下，皆不为也。"行一不义之事，杀一无辜之人，已经是非道，以此取天下，圣人绝不为。故《鹖子》言："君子不与人谋则已矣，若与人谋之，则非道无由也。故君子之谋，能必用道，而不能必见受也；能必忠，而不能必入也；能必信，而不能必见信也，君子非仁者，不出之于辞，而施之于行。故非非者行是，而恶恶者行善，而道谕矣。"即君子做事，绝不枉道而行，一定要依循道义，一定要做到尽忠无私、诚实守信，能见用则罢，不能见用也不会曲意奉承，以求见信、见用。面对并不理想的社会环境，真正的志士仁人，是不会改变自己对道义的坚守以求得社会认可的。君子之学为己，小人之学为人。君子是为了成就自己的道德学问，而不是为了获得外界的赞誉与功利，所以君子会直道而行。孟子说："古之人，得志，泽加于民；不得志，修身见于世。穷则独善其身，达则兼善天下"（《孟子·尽心上》）。古之人志在以道济天下，当其得志之时，能居其可为之位，推其仁德于人民，则不敢不恪力尽职；而如不得志，虽有仁人之心，却不能施泽于人，则只能自修仁德，独善其身。

孔子曰："君子易事而难说也。说之不以道，不说也；及其使人也，器之。小人难事而易说也。说之虽不以道，说也；及其使人也，求备焉"（《论语·子路》）。为君子办事很容易，但是却难以取其喜悦。因君子之心公而正，如以声色货利等非理之事，行阿谀奉承之径，以取悦君子，势必遭拒而不悦。但君子任人，总是量才而用，而不求备于人，所以君子易事而难悦。小人则不同，因其喻于利，如以声色货利，行谄谀逢迎之事，势必能悦其心。但小人任人，不攻其所长，而求其所短，总是刻责于人以求完备，所以小人易悦而难事。总之，君子志于道，所以悦人之顺理，故爱惜人才；小人心不由道，所以悦人之顺己，故轻视人才。

君子守死善道，在君子看来，守道与弘道有着比生命更高的意义和价值。《论语·卫灵公》："志士仁人，无求生以害仁，有杀身以成仁。"好生恶死，是人之常情、常态，然如关乎仁义纲常之大事，在生死面前，君子宁可杀身取义，也不会避死以偷生。孟子曰："生亦我所欲也，义亦我所欲也；二者不可得兼，舍生而取义者也"（《孟子·告子上》）。生与义二者之间，孰轻孰重，已昭然若揭。仁义之道重于泰山，它比生命都可贵，那么富与贵在君子看来自然也不能与道相比。孔子讲："富与贵，是人之所欲也。不以其道得之，不处也。贫与贱，是人之所恶也。

不以其道得之,不去也。君子去仁,恶乎成名?君子无终食之间违仁,造次必于是,颠沛必于是。""士志于道,而耻恶衣恶食者,未足与议也"(《论语·里仁》)。人之所遇,有顺与逆;人之所处,有富与贫,也有贵与贱。富与贵是人之所愿欲,贫与贱是人之所想避。然欲与避皆有其道。如不以道得富贵,无功而受禄,无德而居位,君子不处。君子重在修己安人,然学成不一定见用,守信不一定使人必信己,不应得贫贱也会偶得之,虽如此,君子也会乐天知命,不会舍道而避贫贱。君子于道是须臾不离,困难不移,时时以道修身立事,外在的毁与誉、荣与辱,都不会使其心于道有所离。

二、行权

孔子守经的同时,也在行权,并且孔子也特别注重行权。孔子在《论语·子罕》有言:"可与共学,未可与适道;可与适道,未可与立;可与立,未可与权。"学、道、立、权是学习的四种不同境界。求学的人很多,但大多数是"喻于利",有志于求道之人少;而同是修道之人,如果执德不固、行道不坚,则未必有立,所以可与立之人又少矣;既便可与立,但是讲到行权,则要随机而变,而变的结果又能合于道,这等人更是少之又少。所以权变的学问,乃真正大学问,非通权达变之人,难以作之成功。

那为什么要行权呢?因为世界是一个普遍联系与发展的整体,无时无刻不在变化之中,并且影响变化的因素又多种多样,一微小因素的变化,则可能造成结果的巨大差异,所以权变是必不可少的。

(一)情理法兼顾

《论语·子路》载:

> 叶公语孔子曰:"吾党有直躬者,其父攘羊,而子证之。"孔子曰:"吾党之直者异于是:父为子隐,子为父隐,直在其中矣。"

叶公为楚国大夫。有一次,他对孔子说,他家乡之中有直道而行者,其父亲偷了别人家中的羊,儿子不仅丝毫不袒护父亲,还亲自证明此事。父子乃至亲,他都丝毫不隐瞒,从中可见其正直。孔子继而说,他的家乡也有直道而行者,但却与此不同。子有过,父亲为之隐瞒,不使外人得闻其过失;父亲有过,子为之隐,亦不使外人得闻其过失。俗语说:"家丑不可外扬",父为子隐,子为父隐,恰恰是情理法的融合与兼顾。"直"绝对不是抽象的直,必须是仁爱之心蕴于内,正直之行才能喻于外。此处孔子是就事论理,而不是其父真有偷羊之举。言为人子者,对父要有孝;为人父者,对其子要有爱。真心孝父母,如父母有过,为人子者必然不是要暴露与指责父母的过失,进而使之绳之以法,而是要在爱敬基础上加以怜悯,进而帮助其改正。子女有过,为人父母者,自然也是慈爱大于指责,以帮其改正。所以父母与子女,岂能忍心扬亲人之过失,甚至还为其过作证明呢?所以父子至亲之间,虽不可废法,但必须兼顾情。另《孔子家语·始诛》载:

> 孔子为鲁大司寇,有父子讼者,夫子同狴执之,三月不别,其父请止。夫子赦之焉。季孙闻之不悦,曰:"司寇欺余,曩告余曰:'国家必先以孝',余今戮一不孝以教民孝,不亦可乎? 而又赦,何哉?"冉有以告孔子,子喟然叹曰:"呜呼! 上失其道,而杀其下,非理也。不教以孝,而听其狱,是杀不辜。"

孔子为鲁国的大司寇,掌管刑狱,当时有一起父子相讼的案件。孔子没有马上判决,把两个人都关起来了,过了三个月,既不审理,也不判决。后来,做父亲的请求不要审判,孔子便将他俩都放了。季孙听到了这个事情就不高兴,因孔子主张以孝治天下,此时如杀不孝以教人孝,不是很好的机会吗? 后孔子知此事,不由叹道:"在位者,不能帅先行以正道,百姓如有罪,则给予处罚,是没有尽好领导者的责任;不教百姓以孝道,如有不孝就任其狱讼,这就等同杀害无辜之人。"夫子此语含二层含义,一来领导者要首先反省有没有教,要正己化人;再来,就是要体恤人情,判案当中不只有法律,还有情理都应考虑在里面。试想,孔子如立刻把那个不孝的儿子处以极刑,可能也变成那个父亲一辈子的遗憾。孔子是借这个事件来提醒老百姓,来安抚、教化百姓。

另外《史记·滑稽列传》记载:"子产治郑,民不能欺;子贱治单父,人不忍欺;西门豹治邺,人不敢欺。三子之才,谁最贤哉? 辨治者当能别之。"子产治理郑国,因其特别有能力,百姓不能欺骗他,所以治理得特别好。西门豹治邺,因其严正法令,敢与恶势力斗争,所以人们不敢为非作乱。宓子贱治单县,因其贤德,百姓不忍违背他的教导,所以单县得治。三者治国,如果从表面来看,似乎无有区别,都达到了治世的目的。但如果细分之,则有高下之别。其中以子贱最高,子产次之,西门豹再次之。人不敢为,是没有被压抑到一定程度;人不能为,是没有尽思竭虑;人不忍为,是能者不做,敢者不想,所以最为贤哉!三者之中,在情理法之间,子产因其才能高超以理胜,西门豹以其严正律令以法胜,宓子贱是情理法三者兼顾,而得乎中以胜。所以《说苑》赞:"宓子贱治单父,弹鸣琴,身不下堂,而单父治。"

情理法兼顾是说三者之间要有一个权衡,但并不是讲,一定要讲人情。时势在变,三者之间的轻重缓急也在变。如果说,孔子没有杀不孝以教孝,现在也就不能杀,则是不懂权变的道理了。教育人民最好的方法虽然是德教,但是对教化了也不改,引导了也不听的人,还是要加以刑法的惩处。如果人犯了过失也不能得到应有的惩处的话,无异于助纣为虐。尤其对于一些顽固之徒,若其犯了严重的罪过,如果量刑不够,只会给其留下再度犯罪的理由。《袁子正书》言:"先仁而后法,先教而后刑,是治之先后者也。"即施行仁义还要以法令来辅助,施行教化也要用刑法来巩固,仁义虽为教化的主要方面,但法令刑法也必不可少。故《群书治要·六韬》载:

> 文王问太公曰:"愿闻治国之所贵?"太公曰:"贵法令之必行。必行则治道通,通则民大利;民大利则君德彰矣。"

文王以仁德著称,但仁德的彰显却不可失去法律的辅助。仁德失去中道也会过犹不及,对恶行的纵容就是对善行的扼杀。

《礼记·檀弓上》曰:"君子之爱人也以德,细人之爱人也以姑息",孔子不杀之目的在于给予人们以教化,儒家主张严刑之目的也在于教化。情理法三者之间一定要处于中道,但此中道的具体表现是要因时而异的。既不能太讲人情,否则可能给团体惹很多麻烦,因为人情太过则规矩就没有了,无规矩则没有方圆,就会造成结党营私的后果。孔子讲礼之用时,谈过礼虽贵"和",然而必须以外在的礼节来约束人的行为,如果只考虑让每个人都高兴,而没有用礼法与规矩来提醒与要求,那结果自然是每个人都不守规矩,整个集体就会处于混乱。

(二)常与变兼顾

人们经常说"知常应变""以不变应万变"，实际上讲的就是权变要注意常与变的关系。因为事物每时每刻都在变化之中，世界上没有一成不变的事物。希腊哲学家赫拉克利特说："人不能两次踏进同一条河流。"他还说过："世界是一团永恒的活火，在一定的分寸上燃烧，在一定的分寸上熄灭。"这可以说是对常与变的经典描述。世界永远处在变化之中，它是一团永恒的"活火"，但这团活火的燃烧与熄灭却是在一定分寸上进行的，即要遵循一定的规律。再来《易经》的主旨就是强调变与不变的统一，世间万象永远在变化，人如能发现并遵循变化中的不变，就会趋吉避凶。

孔子主张要根据事情的变化，而有所损益，但变化之中一定要把握其中的不变的"常道"。中华民族素来被称为礼仪之邦，礼在中国文化中占据着一重要的地位。孔子作为儒学创始人，毕生以恢复周礼为己任，《论语》之中更是多次谈到礼。《礼记·礼器》曰："礼，时为大，主随时更化也，不失其权也。"即礼要随着时代的变迁有所损益，但损益同时不可破坏其常。在《论语·为政》中，子张问孔子："十世可知也？"即十代之后的事能否预见。因为凡往者易见，而未来者难知，但齐家、治国莫不有道，任何一代的兴与废也必有其本，所谓鉴往而知来，我们能否根据以往之事来预见将来呢？孔子曰："殷因于夏礼，所损益，可知也；周因于殷礼，所损益，可知也。其或继周者，虽百世，可知也。"因，是相袭而不改。损，是减损。益，是增益。马融曰："所因，谓三纲五常。所损益，谓文质三统。"①朱注曰："三纲五常，礼之大体，三代相继，皆因之而不能变。其所损益，不过文章制度小过不及之间，而其已然之迹，今皆可见。则自今以往，或有继周而王者，虽百世之远，所因所革，亦不过此，岂但十世而已乎！"②殷有天下，依于夏朝之礼制，有损有益。原有而不合时宜者，废之，谓之损；其为时需而原无有者，立之，谓之益。周有天下，依于殷朝之礼制，其所损益亦然。其或继周而有天下者，亦必依于周礼而有所损益，如是虽百世亦可知也。

有损有益，是世之常法，世间绝无一成不变之事。损与益也有常理，礼有需损益者，有不能损益者。需损益者，必是礼之枝末，即其形式也；所不能损益者，

①　刘宝楠.论语正义[M].北京:中华书局,1990:71.
②　朱熹.四书章句集注[M].北京:中华书局,1983:59.

必是礼之根本也,也即五伦十义也。礼有"礼意"与"礼仪"。礼仪是随时酌定,而礼意是不变的。"礼者,敬而已矣"(《孝经·广要道》)。礼的本质是恭敬,也就是要通过外在的行仪,把内在恭敬表达出来。恭敬之心是任何时候都不能变的,但外的礼仪则要因时而变。如跪拜礼在过去是表达内心恭敬的最普遍化的形式,现在如果要把跪拜礼普遍化就不合时宜。但是如果只强调内心的恭敬,而忽视外在的行仪也不对。因为诚于中,形于外,内在的恭敬还需要外在的形式去表达、去体现。故熊十力曾说过:"仪则可更,而不可使无也。五帝不沿乐,三王不袭礼,故礼可更也。礼义廉耻,国之四维。四维不张,国乃灭亡。故礼不可无也。"①

在《论语》中,孔子多次谈到礼的损益。《论语·子罕》:"麻冕,礼也;今也纯,俭,吾从众。拜下,礼也;今拜乎上,泰也。虽违众,吾从下。"麻冕是古时的一种礼帽,用麻制成。在孔子时,戴这种礼帽的人已改用纯制,即用丝织品。丝原比麻贵,但麻因其细密难成,所以非常麻烦。现以丝代麻,手工简易省约,所以谓之俭。俭虽非礼,然是制度节文之小节,无害于义,所以孔子随众。为人臣者拜见君主,依礼应在堂下即拜,故云"拜下"。现如今,臣见君皆升入堂上拜之,故云"今拜乎上"。王肃注:"时臣骄泰,故于上拜"②,即臣子流于骄慢而为泰。泰则有失君臣之义,关乎伦常之大事,所以孔子虽违众,仍然拜于下。可见,圣人处世,不问流俗,只问义理。合乎义理,虽违众,仍行之而不怯。从不从众无常法,可与不可无定论,只问道义何在。

曾子言:"夫礼,贵者敬焉,老者孝焉,幼者慈焉,小者友焉,贱者惠焉。此礼也。"(《大戴礼记·曾子制言上》)即孝顺、恭敬、仁爱是礼的核心,是礼的质。礼所表现出来的礼仪,是礼之文,其目的是要体现其中的质,质是不能变的,文则要因时而变,变的依据在于其蕴含的质,只要能体现质,当变则变,当不变则不变。

(三)矛盾的主与次兼顾

世界是一个普遍联系的整体,矛盾也就无处不在。矛盾有主次之分,同一矛盾也有其主要方面与次要方面。所以处理事情时,就不能一味地走教条主义的路线,在看到事物次要矛盾的同时,要抓住其主要矛盾。而矛盾的主与次又不是

① 熊十力.读经示要[M].北京:中国人民大学出版社,2006:35.
② 刘宝楠.论语正义[M].北京:中华书局,1990:323.

一味不变，还要具体问题具体分析，所以君子处事，不可能不权变。《孟子·离娄上》载：

> 淳于髡曰："男女授受不亲，礼与?"孟子曰："礼也。"曰："嫂溺，则援之以手乎?"曰："嫂溺不援，是豺狼也。男女授受不亲，礼也。嫂溺，援之以手者，权也。"曰："今天下溺矣，夫子之不援，何也?"曰："天下溺，援之以道。嫂溺，援之以手。子欲手援天下乎?"

淳于髡是齐国的辩士，因孟子矢志不渝、守道不变，故而设辞以讥讽孟子。他假设一情景，假如嫂子掉入河中，做叔叔的应不应该伸手相救呢? 依礼，男女有别，相救则违礼，但不救则害命。孟子直言以救，并言"授受不亲"是礼，是不应当违背的，但当处嫂子溺水的突然变故面前，不救则伤天害理，犹如豺狼。淳于髡见此，感觉自己略胜一筹，所以进而发问，现天下之人，皆如溺水之嫂，处于水深火热之中，孟子是不是也应该从权而伸手相救，不能再坚守自己的道德原则了? 孟子答，援天下要以道，援嫂要以手。即援天下与援嫂看似相似，实则不同。天下之民虽陷溺于苦厄之中，必以先王仁义之道才能济世安民，非如嫂溺，援之以手即可救。所以如枉道而救天下，则是先失援救的工具，徒手而救人，自然不可。也就是说，援嫂之溺水，溺水事大，授受不亲事小，如执于礼而不救则是因小而失大。援天下之溺，依道而行是矛盾的主要方面，此时如枉道而为，则会产生离经叛道的反面效果。《孔子家语·六本》还记载一故事：

> 曾子耘瓜，误斩其根。曾皙怒，建大杖以击其背。曾子仆地而不知人，久之有顷，乃苏，欣然而起，进于曾皙曰："向也参得罪于大人，大人用力教参，得无疾乎。"退而就房，援琴而歌，欲令曾皙而闻之，知其体康也。孔子闻之而怒，告门弟子曰："参来勿内。"曾参自以为无罪，使人请于孔子。子曰："汝不闻乎，昔瞽瞍有子曰舜，舜之事瞽瞍，欲使之未尝不在于侧；索而杀之，未尝可得。小棰则待过，大杖则逃走。故瞽瞍不犯不父之罪，而舜不失烝烝之孝。今参事父委身以待暴怒，殪而不避，既身死而陷父于不义，其不孝孰大焉? 汝非天子之民也，杀天子之民，其罪奚若?"曾参闻之曰："参罪大矣。"

遂造孔子而谢过。

在这一则事例中,曾皙责曾子,并以杖挝其背,曾子不仅不为之怒,还能欣然而起,更难能可贵在于还故意弦歌让曾皙听见,侧面告诉曾皙他的身体无恙,以免曾皙为他担心。可见曾子之心念念是为父母着想,丝毫不考虑己之痛,只恐父母因担心他的身体而不安,此心可谓至孝。但孔子却责其不孝,实则孔子考虑的是孝之大者,是矛盾的主要方面。曾子不违父命,固是难得,但假如曾皙在暴怒之下伤害了曾子,一是曾皙则有害子之嫌;二是儿子受到了伤害,曾皙一旦恢复理智,则最为伤心。所以这样做,一旦出现意外,则是陷父亲于大不义,如此曾子可谓大不孝。所以孔子教曾子"小棰则受,大杖则走",这就是抓住了矛盾的主要方面,不能因小失大。舜之事父可谓大孝,因父瞽瞍愚昧顽固,当父亲需要之时,舜无不在其侧;当其父害他之时,则又绝对不能成功。舜可谓权之大者,既不陷父亲于大恶,又能成就自己的孝行,总能因时而变。

第三节　经权关系辨析

经与权,常与变,是一个问题的两个方面,缺一不可。无经,则丢失了事物存在的本质;失权,则本质便不能得以显现。所以经与权相辅相成,二者是辩证的统一。

一、知常必须应变,应变才能显常

经代表了一种常道,它是形而上之本体,这一本体是无所谓变的,所以是常。但是此常道的应用,则要视环境而变,即必须要应变。前面《中庸》一章,我们曾讲道"子莫执中"的例子。当时杨子主张爱己,墨子主张兼爱,即爱人。二者各执一端,一左一右。子莫则取二者之间,既不等同杨子的为我,也不苟同墨子的兼爱,子莫似乎近乎中道。但孟子讲"执中无权,犹执一也",即中没有所谓的定在,如果固执于中,实际上与杨子和墨子也无太大区别,只是执着于中间一点而已。并且这种所谓的执中害处最为大,因为圣人所谓中道,是不偏不滞,承事而应,虽有执中之名,实际是无所执。正是因为无所执才有执,常得以显。如固执不变,看似有所执,实则无执,常所以灭。孔子曾言:"毋意,毋必,毋固,毋我。"即孔子做事,从无所执,不臆测、不偏执、不固执、不自大。其心如镜之常明,没有一丝蔽障;又如水之常平,没有一丝偏执,天理存于心,而能随时随事而应。

孟子曾言:"伯夷,圣之清者也;伊尹,圣之任者也;柳下惠,圣之和者也;孔子,圣之时者也"(《孟子·万章下》)。盖天下之道,如按一道扩充开去,达到极处,便可成圣。伯夷宁死不食周之粟,已达清之极;伊尹侍商汤,以天下事均为己之分内事,已达任之极;柳下惠以量容天下,视天下无不可与之人,已达和之极。三人均造其极而为圣,但孔子是不偏不倚。朱子释:"孔子仕、止、久、速,各当其可,盖兼三子之所以圣者而时出之,非如三子之可以一德名也。"①即孔子做事不拘泥于成规,能相机行事、依时而定,所以能兼三子之德,被称为圣之时。明了此理,也就明了应变以显常之理,不变之常总是蕴含在万变之用当中。所以《礼记·礼器》有:"礼,时为大,主随时更化也。不失其权也。"即礼要不断根据具体情况而更换其形式,以突出礼的实质。另《易经·贲卦》有:"观乎天文,以察时变,观乎人文,以化成天下。"《论语·里仁》有:"君子之于天下也,无适也,无莫也,义之与比。"此几名均是强调要把"常与变"有效结合起来,要观乎天地之常道,以应天地之万变。另外《淮南子·氾论训》给我们举出了几则典故,恰恰说明了权变的重要:

《周书》有言曰:"上言者,下用也;下言者,上用也。上言者,常也;下言者,权也。"此存亡之术也,唯圣人为能知权。言而必信,期而必当,天下之高行也。直躬其父攘羊而子证之,尾生与妇人期而死之。直而证父,信而溺死,虽有直信,孰能贵之?夫三军矫命,过之大者也。秦穆公兴兵袭郑,过周而东,郑贾人弦高将西贩牛,道遇秦师于周、郑之间,乃矫郑伯之命,犒以十二牛,宾秦师而却之,以存郑国。故事有所至,信反为过,诞反为功。

上指代为人君者,下指代为人臣者。为人君者治国必以道,不以道治国,则必国危而民乱。所以君所言必为经典之言,为臣下采用。为人臣者,要效力于君

① 朱熹.四书章句集注[M].北京:中华书局,1983:315.

于国,要把经世之道付诸于用,必然要因时因势而权变,所以其言乃权变之言,为人君者宜采而用之。经典之言反映常道,权变之言体现权变。常与变都是关乎国家存亡的大学问。常固然可贵,但必须要权变。这里刘安举了几个例子,一个就是《论语》中"直躬攘羊"的故事,还有一个就是"尾生守信"的故事。尾生和一女子相约在桥下见面,但女子失约,而尾生为了守信约,站在桥下一直等,直到上涨的河水把他淹死。为人正直,讲求信用固然没错,但如果正直得要检举父亲,守信守到被河淹死,则就不为人赞叹。

此处,《淮南子》又举一例,秦穆公曾发兵去偷袭郑国,在经过东周向东挺进之时,郑国的商人弦高恰好去西方贩牛,在途中碰到了秦军。弦高急中生智,假托郑国君的命令,用十二头牛犒劳秦军、礼待秦军。此举使秦军误认为郑国已知道这次偷袭计划,便不敢贸然前进,恐前方有变,故而撤退,由此郑国得以保存。伪造命令、假传军令,本是欺骗的行为,但如此却保存了国家,立了大功,又怎能给予指责,而不加以赞叹呢? 此举恰恰是以变来显常。如弦高知秦之将攻郑国,而无所作为,乃是弃爱国之大义于不顾,弃为人臣之职于不顾,不可谓忠,也不可谓孝。今以诈而免国之难则正是为人臣者当尽之道。

另《孔子家语》也记载一典故。孔子离开陈国,途经卫国蒲地时,恰好碰上卫国贵族公叔氏叛乱。孔子被叛军扣留。孔子有一弟子公良孺,骁勇善战,拼死保护,于是叛军同孔子进行了妥协。叛军敬佩孔子乃守信之人,于是提出释放孔子的条件,就是孔子要发誓不去卫国告密。孔子于是承诺了叛军,但孔子一出城就奔卫国而去。子贡问孔子:"誓言怎么能违背呢?"孔子说:"被威胁做出的誓言不算数"。孔子可谓信之大者,因其心以大道为重,所以不计较个人之荣辱得失。

以上是从小事着眼,以中国文化的传承这一大事来看,经中亦必须有权。中国文化强调知常应变,可以说不应变,常也就不复存在。一棵大树正是由于每年都会根据不同的时令而开出不同的鲜花,结出不同的果实,所以才能有其旺盛的生命力。经与权的关系也是如此,正是由于能够根据不同的情境而有所变化,所以经才能显其大用,才能被称之为经。如经离开权,常如不能应变,常也就如同已经枯萎的古树,不再有生命力。中国文化正是由于强调经与权的统一,常与变的结合,所以能不断根据新情况、新问题而适时创新,才能保持中国文化的生命力,使其在不同时代、不同环境、不同挑战面前,都能独成一体系,在不同时代都能开出灿烂的花朵、结出丰硕的果实。

《诗经·大雅·文王》有:"周虽旧邦,其命维新"。冯友兰把这两句诗简化为"旧邦新命"。"旧邦"指的是源远流长的文化传统,"新命"指的是现代化和社会主义建设。冯友兰明确表示"阐旧邦以辅新命",是其毕生的奋斗方向。陈来先生对此说道:"'旧邦'就是具有古老的历史和文化,'新命'就是在历史的连续中不断地有新的发展。从这个观点看古希腊、罗马、巴比伦、埃及都是有旧邦而无新命,有古而无今。只有中国的历史文化一直连续发展,有古有今。"①中国文化绵延数千年而不衰,面对几次外来文化的冲击,始终能保持自己的独立体系,在历史的长河中,继往开来、薪火相传,成为四大文明古国之中仅存的一个。其所以生生不息的原因有很多,但是中国文化能够应变、能够与时俱进,这是其永葆生命活力的根本原因所在。

儒学几千年的发展史就是一部创新史,旧邦新命、知常应变是对整个儒学思想几千年发展的最好诠释。以孔、孟、荀三者为例,三者都是儒家的主要代表人物,其思想一脉相承,但又不完全相同。在人性论上,孔子讲"性相近,习相远",人性本善的思想还处于隐性状态,没有直接表述。孟子则直接提出人性本善的思想,认为仁义礼智这"四端"是人本具的,是先天就有的,圣、贤、愚、不肖者都有此本善之性。荀子提出了"性恶"论,认为人天生好利、贪生,故必须进行礼义教化,使人去恶就善。荀子虽然在人性观上有异,但与孔子和孟子还是一脉相承的,基本观点还是要施行礼乐教化。另外,在德与法之间,孔子崇尚德治的,但并不否定法治,其中德为主,法为辅。孟子则把孔子的仁政思想发挥到了极处,认为仁政的核心就是推己及人,强调"以不忍人之心行不忍人之政"。荀子则在法治方面有了进一步进展,但荀子强调法,并不是以法为主,也是要以德治为主,但同时要加强法治。三者都不失儒家之精髓,都强调礼乐的重要性,但又各有特色。中国文化的发展一直保持"知常应变,但又不失常"的特色。到宋明理学,由于援佛入儒,在心学、理学方面有一大的进展,但却不失儒家之本色,使儒学在旧邦新命的基础上再一次兴盛起来。

---

① 陈来. 从"贞元之际"到"旧邦新命":写在冯友兰先生全集出版之际[N]. 中华读书报,2002 - 08 - 21.

二、应变不可离常,知常才能应变

有经不能无权,无权不能显经。但权变不是任意之变,其变必有可循之则。河水一直在流,但其流向不变;权变要因时而变,但不能失常。常体现了天地间不变的法则,所以须臾不可离。《易经·恒卦》有:"雷风,恒。君子以立不易方。"即雷风动荡等自然现象是变,处于变的情况之下,君子的行为是"立不易方",即常。即就事情等诸相来讲,是变;但就道理来说,道理总归是一,是常。处变之时,要不失其常道,失常就会起到离经叛道的后果。《易经·说卦传》有言:"昔圣人之作《易》也,将以顺性命之理也。是以立天之道,曰阴与阳。立地之道,曰柔与刚。立人之道,曰仁与义。"又有:"天地之道,贞观者也。日月之道,贞明者也。天下之动,贞夫一者也"(《易经·系辞下》)。世间万物无不处变之中,《易经》以六爻画卦,就是要显示天地之间的千变万化,进而在变之中追寻其蕴含的不变之道。天下万事万物莫不有道,道是"范围天地之化而不过,曲成万物而不遗。"圣人做易,其目的就是要人顺应自然的本有之道;每一卦之目的就是提示人如何在不同卦象面前,依道而处,逢凶化吉。"《蹇》便是处蹇之道,《困》便是处困之道,道无时不可行。"①《易经》通篇贯穿一理,即顺道则吉,逆道则凶,故说"道,不可须臾离也。"

《春秋·公羊传》:"权者何?权者反于经,然后有善者也。权之所设,舍死亡无所设。行权有道,自贬损以行权,不害人以行权。杀人以自生,亡人以自存,君子不为也。"此句话出于桓公十一年,郑庄公去世,当时的礼法是立长不立幼,但宋庄公欲立世子忽的庶弟突为郑国君,想把忽驱逐出去,于是就劫持了祭仲,要他拥立突。祭仲若不答应,"则君必死,国必亡。"若从其言,"则君可以生易死,国可以存易亡。"祭仲迫于时势而答应,突返回郑国,立为厉公。这句话告诉我们两方面的道理,一是行权的重要性,尤其是在某种特殊情境之下,以权行经是合乎道的,这体现了常与变的辩证统一。另一方面,行权不是随意变化,它要以经为基础,目的是为了行经,"杀人以自生,亡人以自存"是绝对不可以的。也就是权在表现上看来似乎反于经,但其实质是为了更好地行经,是以经为基础的。董仲

---

① 程颢,程颐. 二程集[M]. 北京:中华书局,2004:76.

舒曰："权虽反经，亦必在可以然之域，不在不可以然之域"（《春秋繁露·玉英》）。王弼的《周易注》在解释《系辞上传》"巽以行权"时提出的："权，反经而合道，必合乎巽顺，而后可以行权也。"[①]即权变有一定的度，要在经所允许的范围之内，不可超出此范围。

《淮南子》特别注重行权，但同时其也特别注重守经。其中《氾论训》有："故圣人所由曰道，所为曰事。道犹金石，一调不更；事犹琴瑟，每弦改调。故法制礼义者，治人之具也，而非所以为治也。故仁以为经，义以为纪，此万世不更者也。"道是从理上讲，是人必须遵守的规律。但道必须见诸事，显诸用，见事显用则必须有权，不能照搬套用。所以道如金石，其调不改；事则如琴瑟，每弦改调。法令刑罚及礼仪等典章制度，都是治理国家的工具，并不是治理国家的目的，所以必须要因时因地而有所损益。但其所因循的根本，则是仁义道德，这是万世不能改的常道。所以从本质上看，经与权并不矛盾。经与权是常与变的统一，其中经为主，权为辅。行权不是为了权而权，而是为了守经以行权，权本于经。权不可无经，离开了经的权，就无所谓权。就此，朱熹曾言："经是万世常行之道，权是不得已而用之"（《朱子语类·卷三十七》）。因此，权不应该被滥用、被庸俗化。权必须以经为原则，不能被绝对化和普遍化。

行权要以经为基础，并且真正能通权达变之人必然也是能坚定守常之人。孔子论为学，有学、道、立、权四种境界，其中权变为最高，而权变必然建立在学、道、立的基础上，没有学、道、立的功夫，权变的度就掌握不好，就会有过或不及之偏。《孟子·离娄下》："大人者，言不必信，行不必果，惟义所在。"君子对于言行，应该随事而应，不可先有成见，要必须如何等等。比如言语，虽以信为贵，但若遇非义之事，如一味讲求信义，则不免有拘泥不通之嫌，如尾生守信，则未免迂腐。行虽贵果，但若时势不允，如仍执于果，则未免又太过于固执。所以真正之贤圣，言非不信，但其心未尝执着于信；行非不果，但其行也非执着于果。其所做所为只看义理所在，义之当为，必勇往而直前；义不当为，则决然而止步。当然，真正能够做到"言不必信，行不必果"必然是所谓的"大人"。孟子曰："大人者，不失其赤子之心者也"（《孟子·离娄下》）。"赤子之心"即无丝毫物欲之蔽，纯

---

① 十三经注疏·周易正义[M].北京：北京大学出版社，1999：314.

然天成,乃心体之本然。可见大人,并非俗众庸人,必然是能志道据德的贤人君子。人只有在志道、据德方面下一番学、道、立工夫,才能真正做到通权达变。《孟子·尽心上》记载:

> 公孙丑曰:"伊尹曰:'予不狎于不顺,放太甲于桐,民大悦。太甲贤,又反之,民大悦。'贤者之为人臣也,其君不贤,则固可放与?"孟子曰:"有伊尹之志则可,无伊尹之志则篡也。"

公孙丑有一次问孟子说,汤去世,伊尹辅佐太甲,但太甲不明义理,伊尹于是放太甲于桐宫,即汤王墓侧,使其独自省思,以望其改过。当时民皆大悦,谓伊尹能行权以匡君。等太甲悔过自新,能守仁安义,伊尹又自桐宫迎接太甲回亳,以主持政事,当时民心也特别高兴,谓伊尹能以忠诚感动君主。那么由此事来看,是不是为人臣的贤者,如遇君主不贤明,是不是可以效仿伊尹放太甲那样,也放逐其君主呢?孟子答说,臣之事君有经有权,伊尹放太甲,全凭一颗公心,其所以放太甲,不是为放而放,全是一片爱民之心,无丝毫私利掺其中。其上信于君,君不认为其所为是逼迫;其下取信于民,民不认为其所为是专制。所以太甲能迁善改过,放与迎,民心也都大悦。但若无伊尹之志,而擅行废兴之权,则是睥睨神器,盗弄国柄,成为篡逆之奸臣,万世之罪人。可见,同样是行权,如无守常之志,一则是不能取信十人,二则也难得其中道。孔子告曾子"小杖则受,大杖则走",因其心存有大孝,不能丝毫陷父母于不义;孟子嫂溺要援之以手,因其心有大义;弦高妄言以救郑,因其有大忠;伊尹放太甲,因其有大公。可见权变必然要以守常为基,无常不能应变,应变必然要守常。董仲舒言:《春秋》有经礼,有变礼。"一明乎经变之事,然后知轻重之分,可与适权矣"(《春秋繁露·玉英》)。即人必然是对于经与权、常与变,了然于心,然后又知轻重缓急,才能言权变。常与变永远是对立的统一,舍一求彼,都会无济于事。

第四节　经与权的现实意义

经与权的核心实际上就是"知常应变",其中知常是本,应变是末,知常才能应变,应变才能显常。传统文化必然要根据时代的发展与社会的需要而有所变,但变不离常。习总书记在十九报告中提出了文化发展的总目标:"要坚持中国特色社会主义文化发展道路,激发全民族文化创新创造活力,建设社会主义文化强国"。而"中国特色社会主义文化,源自于中华民族五千多年文明历史所孕育的中华优秀传统文化"①。即建设成社会主义文化强国,必然要依靠传统文化,必然要实现传统文化的创新性发展。而实现这一任务,就得要处理"常与变"的关系。

要想"知常应变",先决条件就是要知道中国优秀传统文化的"常"在哪儿,也即它的精华是什么。习近平总书记在讲话中多次强调要对传统文化进行挖掘和阐发,对其进行科学分析,促进其创造性转化与创新性发展。这是非常有道理的,我们必须先要对传统文化进行挖掘和阐发,这样才能知其"常"在哪,能领略传统文化的精髓,然后才能科学分析,即哪里应该守,哪里应该变。再来才能是创新与发展,即知常与应变。但是现在有一误区,就是一谈到传统文化,人们首先就是想到"精华"与"糟粕"这两个概念。这样一种思维方式使人们一接触传统文化就开始区别哪些是精华哪些是糟粕。好像在传统文化中不找出一些糟粕,就是复古主义似的。精华与糟粕最早是由鲁迅在《拿来主义》一文中提到的,后来毛泽东也提出过"取其精华、去其糟粕"。习近平总书记也明确强调:"我们要对传统文化进行科学分析,对有益的东西、好的东西予以继承和发扬,对负面的、不好的东西加以抵御和克服,取其精华、去其糟粕。"②这本是辩证地、一分为二地看问题的科学态度,但是不能否认现在某些人在论及传统文化时有一种滥用的态度,即不论是什么思想,还没有深入挖掘其理论实质,也没有进行科学分析,就开始断定什么是精华与糟粕。本来是辩证看问题的态度,逐渐演变成形而上看问题的态度。这种权变实际上就没有首先做到"知常",所以变也不能做到因时因地而制宜。所以谈创新与发展,第一个工作就是要深入文化本身,了解其精髓。

上海社科院周山研究员曾指出:"我们必须更审慎地对待儒家思想资源,不能工具性地使用儒家经典,阐发现实政治所需的内容,而应该更深入、更精确

① 2017年10月18日,习近平在中国共产党第十九次全国代表大会上的报告。
② 2014年10月13日,习近平在中共中央政治局第十八次集体学习时的讲话。

地解读原典。"①现在人们为了迎合工作需要,望文生义,断章取义,工具性使用儒家经典的现象普遍存在。此时的儒学是外在于身,是在需要的时候想起,然后从中查找可以借用的思想以论证自己的观点。而不是真正了解儒学、深入儒学,知其真正精华在何处,然后由内而外运用儒学。只有学懂、学通儒学,我们才能既不会否定传统,走向历史虚无主义,也不会认为只要是传统的就是完全正确的,走向价值保守主义。才能真正弄明白什么是精华与糟粕,然后知常应变,实现传统文化的创造性转化与创新性发展。

实现传统文化创造性转化与创新性发展的总目标,实质就是要用中国优秀的思想文化武装人们的头脑,使其成为人们价值观的源泉,从而使人们树立正确的价值观和人生观,能够正确地看待问题并解决问题。要达到这样一目标,必然要具体分析实施策略。既然要用优秀传统文化武装人们的头脑,那么对象就不是少数的个人,必然的社会中的大多数,并包括普通百姓在内,所以这样就必然要实现传统文化的大众化。再来,用思想武装人民的头脑,就不是一蹴而就的,必然要依靠教育。

实现传统文化的大众化是可行的、也是应行的。中国文化以儒家为核心,儒家虽然讲心性、讲道,同时也告诉我们性与道是人人本具的,圣贤之道非高不可攀,"为仁由己",人只要努力,"我欲仁斯仁至矣",皆可为尧舜。所以在理论上传统文化是人人可学、人人应学的。其次,儒家思想虽有超越性的一面,但是这种超越性从未离开过现实,它恰恰是要通过现实生活的人伦日用,以达性之体,讲的是"下学而上达"。所以儒学必然要在人们的切实生活中才能真正发挥其生命力。再来,儒学是推己及人、是利己、利人的学问,讲的就是在亲亲的基础上仁民、爱物,它是自利与利他的统一,是成己与成人的统一。所以儒学绝不是抽象的说教,必然是经世致用的大学问。但是目前,儒学的发展离这种经世致用越来越遥远,学院化倾向越来越浓厚。这种倾向是偏离儒学的初衷的,儒学向来推崇的是知行合一、文质并重。现在偏重的是知不是行,是文不是质。目前民间掀起的一场场国学热,如一些读经班、文化讲座等等,这些活动由于没有科学的引导可能存在或多或少的问题。但这说明一个问题,一个是民间需要儒学,二是儒学

<hr>

① 汤拥华,王晓华."中国文化问题与儒学当代创新"高层论坛综述[J].社会科学战线,2008(1):280.

实现大众化存在着可能性。

儒学的大众化目前已经广泛引起人们的重视,方克立说:"70 年来,现代新儒家学派中不乏硕学鸿儒,他们一个个著作等身,名扬海内外,但是在中国始终没有形成一个真正有群众基础的'新儒学运动'(这是他们自期的),新儒家的影响基本上还是停留在学院内和少数知识分子中间,一般老百姓是根本不管你那一套'内圣外王''返本开新'的。"①蒋保国也明确提出,儒学一定要通过世俗化,从而变成普通民众自己的"生命的学问"。"主张以贴近普通民众情感需要的方式求得儒学的现代发展。"②

总之,儒学不应该只局限在学者的书斋里,更应该融入百姓的生活之中;儒学不应该仅以晦涩难懂的面目出现,也应该以百姓喜闻乐见的面目出现;儒学的成果不应该仅仅是论文或著述,也应该包括对民众的宣传与教育。所以我们应该以通俗易懂的语言与方式,对老百姓讲出中国人的理想与抱负,讲出中国人孝悌忠信的榜样,讲出中国优秀传统文化的价值与意义,让传统文化真正融入百姓生活,成为人们自觉的道德意识。

然而要使一种文化或一种思想成为人们的自觉道德意识,则必须依靠教育。《礼记·学记》开篇说道:"发虑宪,求善良,足以谀闻,不足以动众。就贤体远,足以动众,未足以化民。君子如欲化民成俗,其必由学乎!"君子发布命令,谨慎思虑,还必广泛征求善良之士以辅佐,但也只能做到小有名声,却不足以感动群众。君子如能亲近仁德之人,降低身份礼贤下士,还能广施恩德体恤远方之人,虽能够感动群众,仍然不足以教化人民。君子如果要教化人民,使其形成良好的社会风俗习惯,一定要从教育入手。教育的核心就是通过上施下效,使人民能改恶就善。

治理任何社会问题,必须要究其根本,即找到问题的根源。现在社会中存在的一系列问题,如食品安全、环境恶化、青少年犯罪、利己主义盛行等等,如果究其根源,不容否认价值观念模糊是其主要的原因。这个问题既是个大问题,也是一个不容易解决问题。因为它不像其他比较具体的、可操作的问题,通过某一项制度或法律的制定,就能马上解决。解决价值观念上的问题,必须要靠教育。

① 方克立. 现代新儒学与中国现代化[M]. 长春:长春出版社,2008:50.
② 蒋保国. 儒学世俗化的现实意义. 孔子研究[J]. 2000(1):35.

《淮南子·泰族》中有说:"不知礼义,不可以行法。法能杀不孝者,而不能使人为孔、曾之行;法能刑窃盗者,而不能使人为伯夷之廉。孔子弟子七十,养徒三千人,皆入孝出悌,言为文章,行为仪表,教之所成也。"教育是从源头上提高人们的道德素质,是"禁于未然之前";法律是在人们犯罪后使之得到应有的惩罚,是"禁于已然之后",所以教育任何时候都是治理国家的重中之重。

对《论语》这一部书我们虽列了十个专题,分别加以探讨。但十个专题之间是一个密切联系的整体,彼此之间有着千丝万缕的联系。但如果要用一个词来总结《论语》,我们可以说这是一部极其珍贵的关于教育的哲学著作。它教育我们如何求学、如何做人、如何治理国家,它是教育人们如何成己成人、如何利己利人、如何亲亲而仁民,仁民而爱物的旷世巨著。从古到今它一直闪耀着耀眼的光芒,今后它还会继续照亮后人前进的道路,为人们指明前进的方向。

参 考 文 献

[1]朱熹.四书章句集注[M].北京:中华书局,1983.

[2]何晏注,邢昺疏.十三经注疏·论语注疏[M].北京:北京大学出版社,1999.

[3]赵歧注,孙奭疏.十三经注疏·孟子注疏[M].北京:北京大学出版社,1999.

[4]郑玄注,孔颖达疏.十三经注疏·礼记正义[M].北京:北京大学出版社,1999.

[5]王弼注,孔颖达疏.十三经注疏·周易正义[M].北京:北京大学出版社,1999.

[6]毛亨传,郑玄笺,孔颖达疏.十三经注疏·毛诗正义[M].北京:北京大学出版社,1999.

[7]孔安国传,孔颖达疏.十三经注疏·尚书正义[M].北京:北京大学出版社,1999.

[8]郭璞注,邢昺疏.十三经注疏·尔雅注疏[M].北京:北京大学出版社,1999.

[9]许慎撰,段玉裁注.说文解字[M].上海:上海古籍出版社,1981.

[10]孙希旦.礼记集解[M].北京:中华书局,1989.

[11]李隆基注,邢昺疏.孝经注疏[M].上海:上海古籍出版社,2009.

[12]焦循.孟子正义[M].北京:中华书局,1987.

[13]刘宝楠.论语正义[M].北京:中华书局,1990.

[14]杨伯峻.论语译注[M].北京:中华书局,1980.

[15]钱穆.论语新解[M].成都:巴蜀书社,1985.

[16]程树德.论语集释[M].北京:中华书局,2016.

[17]司马光撰.胡三省音注.资治通鉴[M].北京:中华书局,2011.

[18]司马迁撰.史记[M].北京:中华书局,2014.

[19]马一浮集[M].杭州:浙江古籍出版社,1996.

[20]马一浮.复性书院讲录[M].南京:江苏教育出版社,2005.

[21]肖群忠.中国道德智慧十五讲[M].北京:北京大学出版社,2008.

[22]张居正.资治通鉴皇家读本[M].上海:上海古籍出版社,2006.

[23]熊十力.读经示要[M].上海:上海书店出版社,2009.

[24]黄怀信主撰:大戴礼记汇校集注[M].西安:三秦出版社,2004.

[25]王国轩,王秀梅译注.孔子家语[M].北京:中华书局,2009.

[26]熊十力.体用论[M].北京:中华书局,1994.

[27]陈来.古代宗教与伦理[M].北京:生活·读书·新知三联书店,1996.

[28]王先慎.韩非子集解[M].北京:中华书局,1954.

[29]傅永聚,韩钟文主编.儒学与西方哲学研究[C].北京:中华书局,2003.

[30]杜维明.儒家思想新论——创造性转化的自我[M].南京:江苏人民出版社,1996.

[31]李景林.学何以能乐[J].齐鲁学刊,2005(5)

[32]李景林.忠恕之道不可作积极表述论[J].清华大学学报,2003(3).

[33]董卫国.忠恕之道思想内涵辨析[J].中国哲学史,2013(3).

[34]罗安宪.“学而优则仕”辨[J].中国哲学史,2005(3).

[35]姜栋.从“礼”字管窥中国传统文化中“礼”的起源[J].河北法学,2011(2).

[36]袁永飞:“志道、据德、依仁、游艺”的推阐[J].道德与文明,2016(5).

[37]高书文.由“艺”而“仁”而“德”而“道”[J].孔子研究,2013(3).

[38]胡念耕.孔子“中庸”新解[J].社会科学战线,1997(2).

[39]张世英.为学与为道[J].北京大学学报,1991(5).

[40] Rawls, John, A Theory of Justice, Massachusetts, Harvard University Press,1971.

后　记

不知经历了多少个日夜，书稿终于要完成了。此时此刻，有太多的感受，有太多的话，却不知从何说起了。

《易经》有讲："书不尽言，言不尽意。"此时有一个最强烈的感受，就是罗尽天下美词，难以表达《论语》的大义无穷。现只是偶选十章，浅谈这些年来研读《论语》的感受，而《论语》的大义又怎能是这十章所能涵盖的呢？《论语》两万余言所涵盖的思想智慧，可能是几十万言、几百万言也诠释不尽的。它蕴含了一种优秀的文化，承载了几千年的中国文明史。它高可配天，厚可配地，悠久可配日月。它小可以充实每一个人的心灵，大可以经纶治国平天下之大功。它传承了古圣先贤的智慧，也照亮了后来者行进的方向。所以朱子曰："天不生仲尼，万古如常夜！"

整个书稿的写作是非常辛苦的，我经常是在夜阑人寂的情况下伏案而作。此时一切都静悄悄的，只能听到敲打键盘的声音，只有在眼睛跟不上心力的时候，才想到应该休息了。但此时也是最幸福的，因为圣贤的经典，每一句都如一颗耀眼的明星，不经意间就会照亮我们的心灵。人虽然与动物一样，有着物质性的身体，但构成人的本质性规定的却是人的精神。法国现实主义作家司汤达说过："轮船要煤烧，我的脑筋中每天至少要三四立方尺的新思潮。"郭沫若曾把这句话视作"警策的名言"，并发誓要成为一个挖煤工，"要往图书馆里去挖煤去"。实际上，我们不仅仅要去图书馆挖煤，更应该去中国浩如烟海的文化典籍中，去《论语》中挖煤。因为这里面承载的是性与天道的大智慧，是关系到每一个人安身立命的最实用的哲学。

　　记得刚来哈尔滨的时候,我是不太喜欢这座城市的。不喜欢这座城市的嘈杂,不喜欢这座城市的寒冷,不喜欢这里漫长的冬季。好像是初来乍到,对这座城市比较陌生的缘故,总感觉这里好像少了一丝中原地带的宁静,并且这里的春天都是在急切的盼望中姗姗来迟。随着时间的流逝,转眼间已经在这里生活了整整二十年了。这座城市于我而言,由陌生变得熟悉,由淡漠也变得亲切了。我看到了这座城市日新月异的变化,也看到了这座城市凝练着的东北人的豪爽与大气,更重要的是在这座城市我认识了我的亲人和老师! 他们为我的生活打开了另一扇窗户,从这里我看到了人世间最美的风景。他们告诉我,幸福的生活不是用金钱买来的,而是要用智慧来经营的;他们告诉我,家庭的幸福是要用恩义、情义和道义牵系的,而不是理和法维持的;他们告诉我,人生的意义真的就像爱因斯坦所说的,"不在于索取了什么,而在于奉献了什么!"圣贤距离我们真的并不遥远,圣贤之路就在脚下! 只是我们低视了自己,画地自限罢了!

　　庄子说:"天地有大美而不言,四时有明法而不议,万物有成理而不说。"愿我们每一个人都能用智慧的双眼看到并切身感受到天地之大美、四时之明法、万物之成理!

　　在此向所有帮助和关心过我的人表示最诚挚的感恩!

安会茹

2018 年 8 月 25 日于哈尔滨